W0052516

MOND

MAGIE

Mond Magie

Ein Carlton Buch

© Carlton 1998
© Copyright der deutschsprachigen Ausgabe by
Gondrom Verlag GmbH, Bindlach 1998
Titel der englischen Originalausgabe:
„Moon Magic" von Lori Reid

Carlton Books
20 St. Anne's Court
Wardour Street
London W1V 3AW
Great Britain

Alle Rechte vorbehalten
Kein Teil dieses Werkes darf ohne schriftliche
Einwilligung des Verlages in irgendeiner Form
(Fotokopie, Mikrofilm oder ein anderes Verfahren)
reproduziert oder unter Verwendung elektronischer
Systeme vervielfältigt oder verbreitet werden.

© Copyright für alle Fotos Carlton

Produktionsbetreuung:
Print Company Verlagsges. m.b.H., Wien
Deutsche Übersetzung: Isabella Bartke
Lektorat: Christina Krajicek
Satz: Kaltenbrunner+Dorfinger OEG

ISBN 3-8112-1639-2

BILDNACHWEIS

Die Herausgeber danken folgenden Quellen für die
freundliche Genehmigung zum Abdruck der Fotos
in diesem Buch:

AKG London 17or, 23/Bibliotheque Nationale, Paris
52, 69, 72, 88/British Library, London 45, 49, 61, 77,
80/Musée Conde, Chantilly, Frankreich 64/Erich
Lessing 24; **Ancient Art and Architecture
Collection Ltd.** 25oM; **Bridgeman Art Library/**
British Library, London, Januar Fest: Wassermann,
Bedford Hours, French (c.1423) 84/Giraudon/Musée
Conde, Chantilly, Frankreich, Die weibliche und
männliche Anatomie, Très Riches Heures du Duc de
Berry, frühes 15.J.h. 38/Oriental Museum, Durham
University, Küchengott mit Mondkalender 1895,
Chinesische Qing Dynastie (Holzschnitt auf Papier)
10 l/Victoria and Albert Museum, London, Juli: Ernte
und Schafschur, von den Brüdern Limbourg, Très
Riches Heures du Duc de Berry (frühes 15.J.h.) 56;
Corbis UK Ltd./Richard Bickel 110/Richard
Cummins 111/Galen Rowell 114; **Equinox, The
Astrology Shop, London** 41; **ET Archive** 20ol,
26u; **Mary Evans Picture Library** 107; **Getty
Images** 29, 102, 103, 112, 115; **Robert Harding
Picture Library** 17ul/Jutta Klee 30; **Image Bank**
109/David De Lossy 113; **Images Colour Library**
90; **Kobal Collection** 37, Sharon Stone im Casino
(Universal Pictures 1995) 92, Anna Neagle, Herbert
Wilcox und Herbert Yates (RKO) 94/5; **Pictor
International** 15, 31ur, 3ol, 32, 34, 36, 97, 98, 100,
101or, 101ur, 104, 105; **Topham Picturepoint** 7,
18u, 33/Associated Press 92ur/Nationalgalerie Oslo,
Der Schrei 1893, von Edvard Munch 35.

Es wurde versucht, Quelle und/oder Inhaber des
Urheberrechts jedes Fotos zu nennen und zu
kontaktieren. Für etwaige unbeabsichtigte Fehler
oder Auslassungen, die in weiteren Ausgaben dieses
Buches korrigiert werden, bittet Carlton Books
Limited um Entschuldigung.

MOND MAGIE

LORI REID

Wie die Mondphasen unser aller Leben beeinflussen
und wie man diese positiv nutzen kann.

GONDROM

INHALT

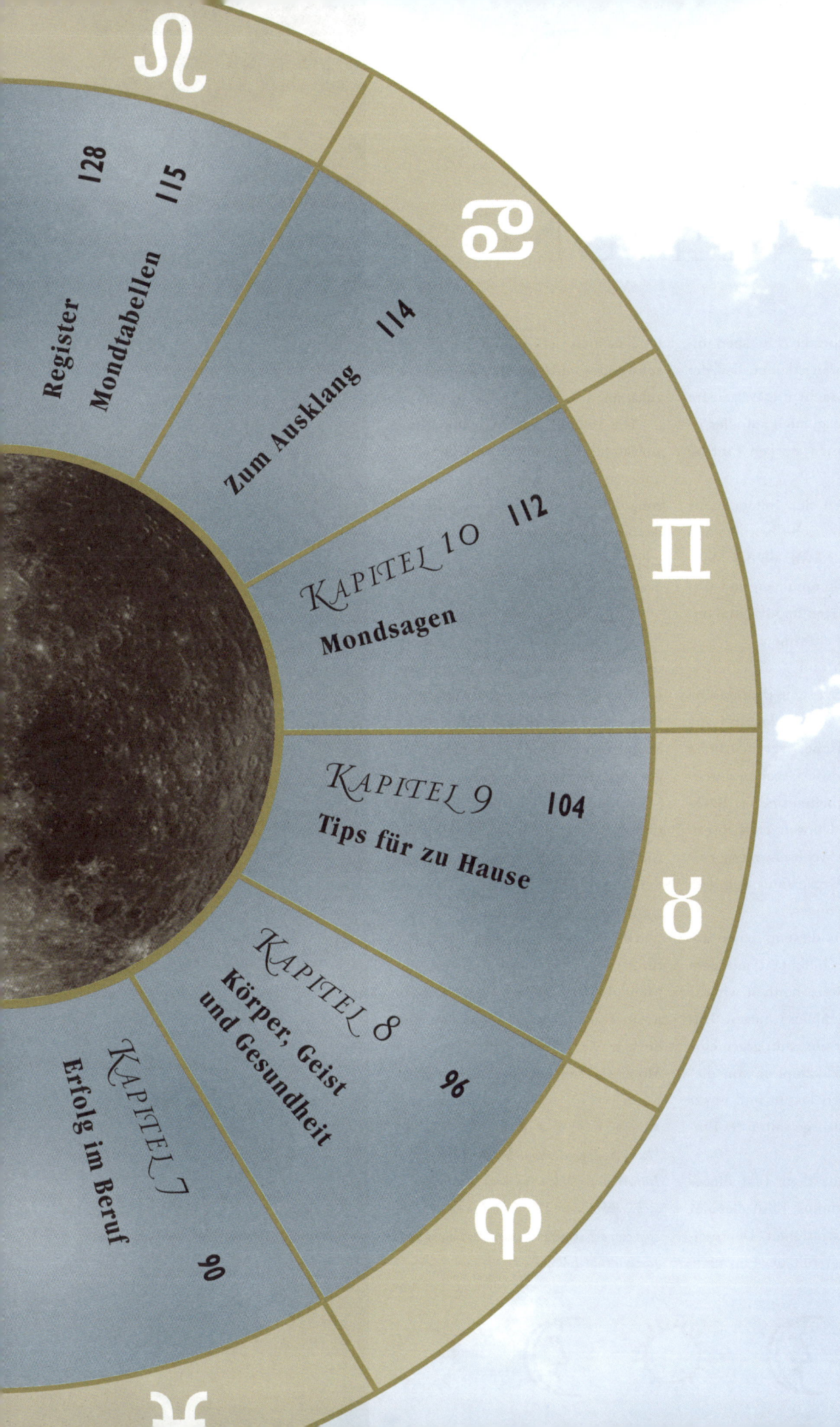

EINLEITUNG

Schon in frühester Zeit haben unsere Vorfahren erkannt, daß der Mond, dessen Macht die Weltmeere zu bewegen vermag, auch auf alles irdische Leben einen starken Einfluß ausübt.

Heute werden sich immer mehr Menschen der Tatsache bewußt, daß die wechselnden Rhythmen des Mondes auf unsere Stimmungen und Gefühle, unsere tiefsten Impulse und unsere Handlungen einwirken.

Wenn der Mond seine Phasen durchwandert, setzt seine rhythmische Bewegung einen „Pulsschlag" in Gang – eine dynamische, veränderliche Energie, die uns wie Gezeiten durchflutet. Unser Verhalten und die Reaktion auf unsere Umwelt entspringen der individuellen Wechselwirkung zwischen unserem Organismus und dem Pulsschlag des Mondes.

Wenn wir uns diesem Tempo anpassen und im Gleichtakt mit dem Rhythmus arbeiten, können wir die Energie des Augenblicks nutzen. Das bedeutet, daß wir uns, statt gegen eine Entwicklung anzukämpfen, von diesem Strom tragen lassen und unser Tun mit den Naturgewalten in Einklang bringen.

Fällt man aus dem Takt dieses natürlichen Rhythmus, führt dies nur allzu oft zu Frustrationen, Depressionen und einem Gefühl der Entwurzelung, da man viel Zeit und Energie verschwendet, um gegen die Flut anzukämpfen.

Die Winkel, in denen der Mond zur Sonne steht, seine Konstellation zu anderen Planeten und seine Wanderung durch die Sternzeichen sind Teil des breiten Spektrums natürlicher Energien, das all unserem Tun im Laufe des täglichen Lebens zugrunde liegt.

Es ist dieser natürliche Rhythmus – höchst subtil und intensiv zugleich –, den wir alle berücksichtigen müssen, um uns die Mondenergie nutzbar zu machen, sie mit unserer Zeit in Einklang zu bringen und aus jedem Augenblick das Beste zu machen.

In diesem Buch werden Sie alles über den faszinierenden Zyklus des Mondes erfahren. Entdecken Sie, wie der Mond unser tägliches Leben regiert, wie er den Nachthimmel erhellt und die Gezeiten der Weltmeere beeinflußt. Lesen Sie über Finsternisse, Mondphasen und ihre Bedeutung für unser Dasein – und vor allem: entdecken Sie, wie Sie die Magie des Mondes einfangen und nutzen können.

✳ ☆ ✳ ☆ ✳ ☆ ✳ ☆ ✳ ☆ ✳ ☆ ✳ ☆

Hoch am Himmel scheint der Mond wie ein Leitstern in der Nacht und weist Wanderern und Seefahrern den Weg. Pünktlich wie die Uhr zeigt sein sich ständig veränderndes Gesicht allen Lebewesen auf Erden das Vergehen der Zeit an.

KAPITEL 1

MONDRHYTHMEN

Still und geheimnisvoll erleuchtet die Silberscheibe des Mondes den finsteren Mitternachtshimmel und verwandelt alles, was sie mit ihren blassen, schaurigen Strahlen berührt. Die ständig wechselnde Form des Mondes fasziniert und inspiriert Künstler, versetzt Liebende in Verzückung und zeigt dem nächtlichen Wanderer den Weg.

Die Zeiten sind jedoch vorüber, in denen die Menschen durch einen kurzen Blick auf den Mond die Zeit ablesen konnten. Heute leben wir in Großstädten, deren Beleuchtung unsere Sicht auf den Nachthimmel stört, und wir sehen eher auf unsere High-Tech-Uhren als auf die Sternenkonstellationen über unseren Köpfen. Und dennoch: Das sich wandelnde Antlitz des Mondes unterliegt einem Rhythmus, der sich jeden Monat unfehlbar wiederholt. Der Zyklus von Neumond zu Neumond ist in 29½ Tagen vollendet.

Die Mondphasen

Jeder Monat ist in vier Hauptphasen unterteilt: Neumond, Erstes Viertel, Vollmond und Letztes Viertel. Da der Mond aber während seiner Reise um die Erde ständig zu- bzw. abnimmt und jede Nacht seine Form verändert, kann sein Zyklus noch weiter, nämlich in acht Abschnitte unterteilt werden. Die ersten vier sind zunehmend, die zweiten vier abnehmend. Der neunte Abschnitt bringt den Zyklus wieder zu seinem Anfang:

1 Neumond
2 Zunehmender/Erster Sichelmond
3 Halbmond/Erstes Viertel
4 Zunehmender Dreiviertelmond
5 Vollmond
6 Abnehmender Viertelmond
7 Letztes Viertel
8 Abnehmender Sichelmond oder „Balsamischer" Mond
9 Zurück zum Neumond

Jeder Abschnitt dauert ungefähr 3½ Tage.

SONNEN-STRAHLEN

MOND   **ERDE**

Der Mond umkreist die Erde und wird von den Sonnenstrahlen beleuchtet.

Zunehmend oder abnehmend?

In welchem Abschnitt er sich auch befindet, der zunehmende Mond hat die Form eines „Ds", der abnehmende Mond die Form eines „Cs". Merken Sie sich das „D" wie dicker werden und das „C" wie kleiner werden.

GEBORGTER GLANZ

Der Mond selbst strahlt kein Licht aus. Er leuchtet, weil er das von der Sonne erhaltene Licht reflektiert. Wenn der Mond die Erde umkreist, treffen Sonnenstrahlen auf seine Oberfläche auf und beleuchten verschiedene Partien seines Gesichts. An jenem Punkt seiner Reise, wenn er direkt zwischen uns und der Sonne steht, reflektiert der Mond kein Licht auf die Erde, da die Sonnenstrahlen auf jenen Teil des Mondes auftreffen, der uns abgewandt ist. Dies macht ihn von der Erde aus betrachtet unsichtbar – ein Stadium, das auch als dunkle Phase des Mondes bekannt ist.

Der Zyklus des Mondes

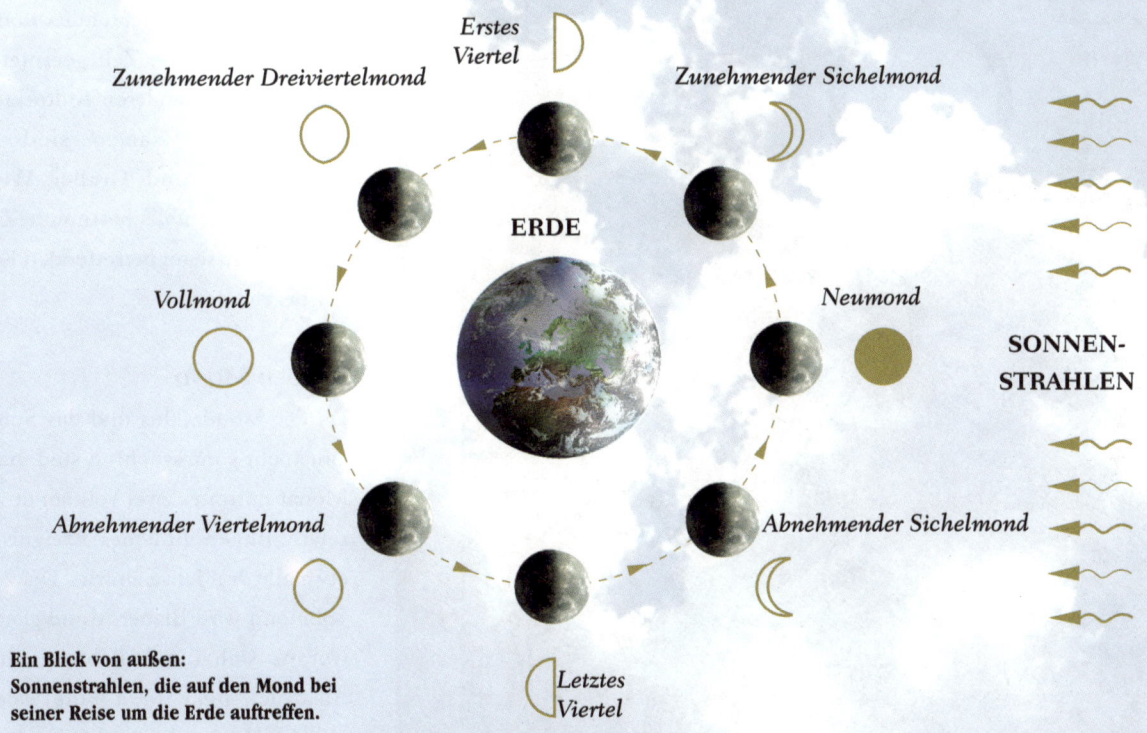

Ein Blick von außen:
Sonnenstrahlen, die auf den Mond bei
seiner Reise um die Erde auftreffen.

Wenn der Mond die direkte Linie verläßt, treffen die Sonnenstrahlen in einem Winkel auf. Das erste Bild des Neumondes, eine silbrige Wimper am schwarzen Himmel, wird sichtbar. Der Mond beginnt zuzunehmen, und ab nun, da mehr und mehr seines Antlitzes von der Sonne erhellt wird, scheint er jede Nacht zu wachsen, bis er den halben Weg um die Erde zurückgelegt hat. An diesem Punkt ist der Mond von der Sonne am weitesten entfernt und steht ihr genau gegenüber, so daß sein ganzes Gesicht von ihr beschienen wird. Man sieht von der Erde aus den Vollmond.

Jetzt beginnt der Mond den zweiten Teil seiner Reise um die Erde. Wenn er uns in Richtung Sonne umkreist, kehren sich seine Phasen um und er scheint abzunehmen, da ein immer kleinerer Teil seiner Oberfläche von der Sonne erhellt wird. Er nimmt vom Vollmond über das Letzte Viertel bis zur Sichel ab und wird schließlich unsichtbar, wenn er wieder mit Erde und Sonne eine Linie bildet.

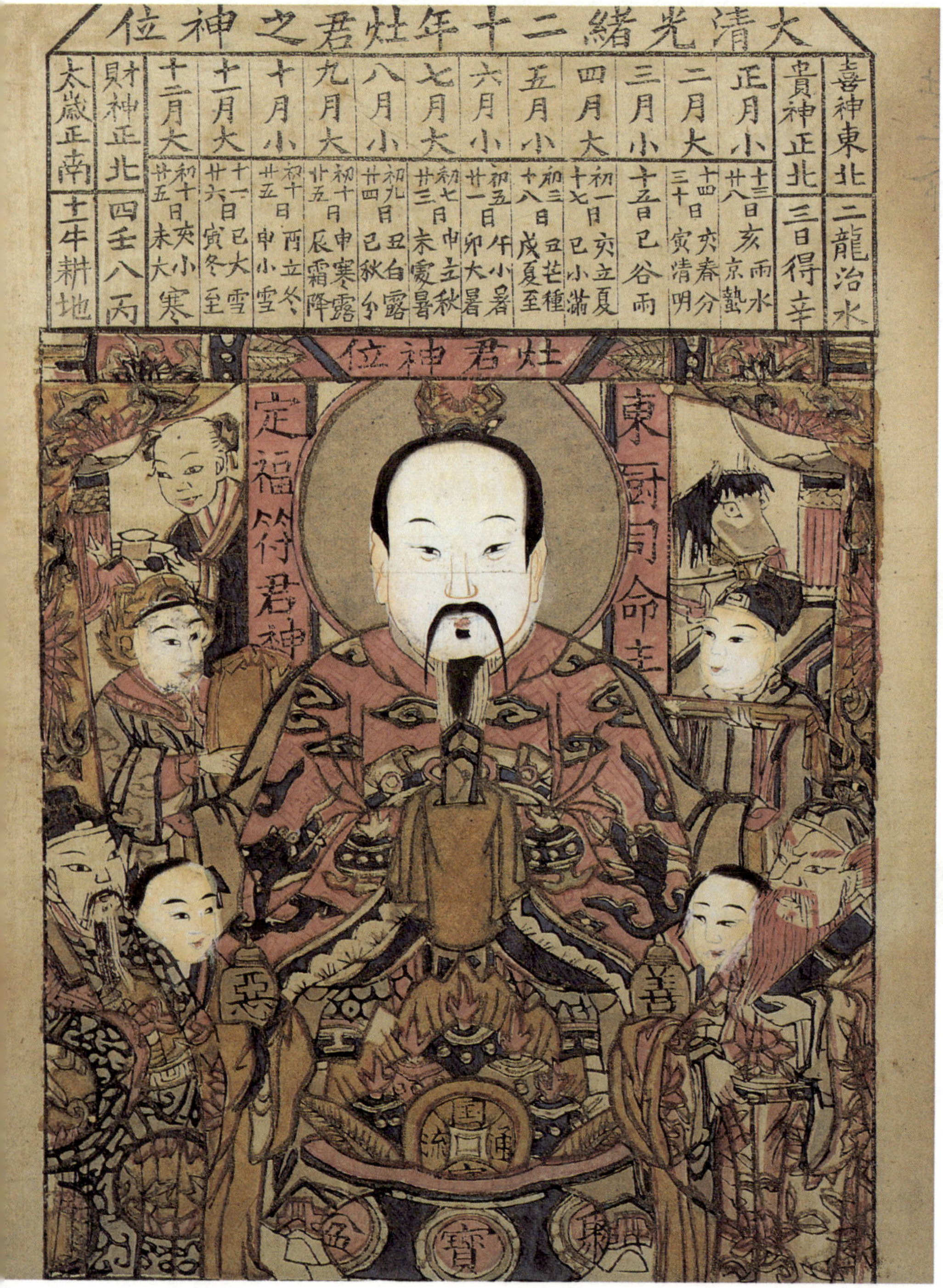

Der Vollmond

Es gibt zwölf Vollmonde im Jahr, einen pro Monat, die in vielen Kulturen Namen erhielten. Diese Namen unterscheiden nicht nur die einzelnen Monde und Monate voneinander, sie erinnern auch an ganz bestimmte Ereignisse, die immer zu dieser Zeit des Jahres stattfinden. Erntemond und Jägermond sind beispielsweise traditionelle europäische Bezeichnungen für die Vollmonde im September und Oktober, da zu dieser Zeit geerntet und gejagt wird. In anderen Kulturkreisen gebräuchliche Namen sind etwa Krähenmond und Großer Wintermond, die ebenfalls bestimmte Zeiten und Ereignisse im betreffenden Kalender bezeichnen.

BLAUER MOND

Da der Mondzyklus und das Sonnenjahr nicht ganz synchron sind, hat ein Monat mitunter zwei Vollmonde – ein relativ ungewöhnliches Ereignis, das etwa alle drei Jahre eintritt. Der zweite Vollmond wird Blauer Mond genannt, woraus sich der beliebte englische Ausdruck *once in a blue moon* – gleichbedeutend mit „höchst selten, alle Jubeljahre einmal" – ableitet.

Der Begriff „Blauer Mond" wird auch verwendet, wenn der Mond durch atmosphärische Verschmutzung, wie etwa nach einem starken Vulkanausbruch, blau erscheint. Dies ist ein höchst seltenes Phänomen. Aufzeichnungen über einen Blauen Mond fand man etwa nach dem Ausbruch des Vulkans Krakatoa.

Östliche Kalender, wie sie zum Beispiel die Chinesen verwenden, basieren auf dem Lauf des Mondes, während jene im Westen nach der Sonnenzeit berechnet werden. Ein großer Unterschied zwischen diesen Systemen wird mit dem Neujahrstag deutlich. Im Westen fällt dieser immer auf den 1. Januar, im Osten dagegen variiert er von Jahr zu Jahr.

Die Mondphasen

Seit Jahrhunderten wissen Menschen auf der ganzen Welt, daß der Mond das Handeln aller Lebewesen der Erde beeinflußt. Polizeistationen stellten beispielsweise bei Vollmond eine deutliche Zunahme an Gewalttätigkeiten fest. Ein anderes Beispiel: Namhafte Chirurgen beobachteten Abweichungen in der Geschwindigkeit des Blutflusses und nahmen an, daß diese mit den verschiedenen Phasen des Mondzyklus zusammenhängen.

Der zunehmende Mond führt zu und regeneriert, der abnehmende Mond hingegen entzieht und reinigt. Alles Entstehende ist von den Qualitäten der gerade herrschenden Mondphase geprägt. So weist etwa ein Mensch, der während der zwei Wochen des zunehmenden Mondes geboren wurde, die entsprechenden Eigenschaften dieser Phase auf.

DER FEINE UNTERSCHIED

Im Laufe der Jahre wurden Beobachtungen gemacht, die noch feinere Unterschiede ergaben. So scheint es, als ob auch Menschen, die während anderer Mondphasen geboren wurden, etwa zur Zeit des abnehmenden Viertelmondes, gewisse Eigenschaften mit jenen teilen, die in der gleichen Mondphase das Licht der Welt erblickten. Sie unterscheiden sich jedoch von jenen, die in einer anderen Phase des Mondzyklus, etwa der Phase des Ersten Mondviertels, geboren wurden.

Wenn Sie die Mondphase zum Zeitpunkt Ihrer Geburt kennen, können Sie außergewöhnlich wertvolle Einsichten in Ihren Charakter, Ihre Emotionen, Ihr Verhalten und Ihre Motivation im Leben erlangen. Dieses Wissen kann Ihnen Ihre innersten Antriebe, Ihren elementaren Lebenssinn und den Beitrag, den Sie an die Gesellschaft leisten können, bewußt machen.

Ausgestattet mit dem Wissen, das Ihnen diese Einsichten vermitteln, werden Sie langsam beginnen, Ihre Reaktionen zu verstehen und sich auf einen individuellen Rhythmus einzustimmen, der Sie Monat für Monat begleiten wird. Dies ermöglicht Ihnen, die Bedürfnisse Ihres Körpers zu befriedigen, seinen wechselnden Ansprüchen gerecht zu werden und Ihre ganze Energie optimal zu nutzen.

LANGFRISTIGE ZIELE

Da sich der Lauf des Mondes Monat für Monat wiederholt, werden Sie herausfinden, daß es Ihnen immer leichter fallen wird, Schritt zu halten. Bald werden Sie bestimmte Handlungen immer für jenen Zeitpunkt einplanen, von dem Sie wissen, daß er dafür der günstigste ist.

KOSMISCHE KALENDER

Seit frühester Zeit dient der Lauf der Gestirne, vor allem der des Mondes, den Menschen als große kosmische Uhr. Zuerst bedingt der Mond die Unterteilung in Tag und Nacht. Dann bilden Gruppen von sieben Tagen, gerechnet von einer Mondphase zur nächsten, eine Woche. Von Neumond zu Vollmond bis zum nächsten Neumond sind es vier Wochen, ein ganzer Mondzyklus ergibt also einen Monat – das Wort „Monat" kommt übrigens vom altgermanischen Wort für Mond.

Manche Völker nahmen den Mond als Grundlage ihrer Zeitrechnung, andere die Sonne. Der alte chinesische Kalender basierte, wie auch der islamische Monat, auf dem Mond. Der heutige westliche Kalender beruht grundsätzlich auf der Sonne, enthält jedoch auch Elemente des Mondzyklus. In diesem System wird ein Jahr auf Basis jener Zeit berechnet, die die Sonne benötigt, um zu ihrer Ausgangsposition zurückzukehren. Die Monate entsprechen ungefähr den Phasen des Mondes.

Die gemischten Einflüsse von Sonne und Mond auf die westliche Zeitrechnung erkennt man am besten an den religiösen Feiertagen. Weihnachten beispielsweise richtet sich nach der Sonne und wird deshalb immer am 25. Dezember gefeiert. Doch der Ostersonntag, ein Relikt eines alten Mondkalenders, basiert auf einer komplizierten Berechnung, die den Lauf des Mondes berücksichtigt, und fällt daher jedes Jahr auf ein anderes Datum.

Im Puls der Mondzyklen

Vielleicht ist Ihnen schon aufgefallen, daß die Phase Ihrer Geburt mit jenen Tagen des Monats übereinstimmt, an denen Sie besonders energiegeladen und einfallsreich sind. Diese Zeit sollten Sie nutzen, um Ideen in die Tat umzusetzen, Pläne zu schmieden, Hindernisse zu überwinden, Ihre Taten zum Ziel zu führen. Darauf folgen die Tage, an denen Sie langsam einen objektiven Standpunkt einnehmen, um Ihre Leistungen rückblickend zu betrachten und, falls nötig, Verbesserungen anzubringen. Jetzt bietet sich die Gelegenheit, Ihre Gedanken kundzutun und mit Gleichgesinnten zu teilen. Es ist die Zeit, Altlasten zu beseitigen und sich dann zurückzuziehen, um für den neuen Zyklus Kräfte zu sammeln.

Die Mondphase Ihrer Geburt

Um herauszufinden, wie der Mond Ihren Charakter geformt hat, müssen Sie zuerst die Mondphase zum Zeitpunkt Ihrer Geburt ermitteln. Dann können Sie die Merkmale Ihrer Mondphasen-Persönlichkeit auf den folgenden Seiten nachlesen.

Die Tabellen am Ende des Buchs geben über die bei Ihrer Geburt vorherrschende Mondphase Aufschluß. Sie umfassen die Mondphasen jedes Monats der Jahre 1920 bis 2020. Finden Sie zuerst die Tabelle, die Jahr und Monat Ihrer Geburt enthält, und dann jene Phase, die Ihrem Geburtstag am nächsten ist. Wurden Sie am ersten Tag dieser Phase oder bis zu 2½ Tage danach geboren, dann haben Sie bereits Ihre persönliche Mondphase gefunden. Wenn Sie aber bis zu 3½ Tage vor ihrem Beginn geboren wurden, gehören Sie noch der vorangehenden Mondphase an.

Nochmals die Reihenfolge der Phasen:

1 Neumond
2 Zunehmender Sichelmond
3 Erstes Viertel
4 Zunehmender Dreiviertelmond
5 Vollmond
6 Abnehmender Viertelmond
7 Letztes Viertel
8 Abnehmender Sichelmond oder „Balsamischer" Mond
9 Zurück zum Neumond

Beispiel:

Die französische Schauspielerin und Tierschützerin Brigitte Bardot wurde am 28. September 1934 geboren.
Die Angaben für September 1934 sind folgendermaßen:

	Tag	Stunde	Min	Mondphase
1934 Sep	09	00	20	**NM**
1934 Sep	16	12	26	**EV**
1934 Sep	23	04	19	**VM**
1934 Sep	30	12	29	**LV**

NM = Neumond   EV = Erstes Viertel
VM = Vollmond   LV = Letztes Viertel

Das diesem Geburtstag nächste Mondphasendatum ist der 30., der erste Tag des Letzten Viertels. Brigitte Bardot wurde am 28., zwei Tage vor der Phase des Letzten Viertels, geboren, d. h., sie fällt in die vorangehende Phase des abnehmenden Viertelmondes.

Ein denkwürdiges Datum

Ermitteln Sie zuerst mit Hilfe der Tabellen am Ende des Buchs Ihre Mondphase. Tragen Sie diese dann in den unteren Teil dieser Spalte (zusammen mit der Information, die Sie zur Ermittlung benötigten) ein. Wir haben auch Platz für die Mondphasen Ihrer Familie und Freunde vorgesehen.

Name ....

Geburtsdatum:

Jahr ....
Monat ....
Tag ....
Stunde ....

Ihre Geburtsmondphase

ist: ....

☆

Name ....

Geburtsdatum:

Jahr ....
Monat ....
Tag ....
Stunde ....

Ihre Geburtsmondphase

ist: ....

☆

Name ....

Geburtsdatum:

Jahr ....
Monat ....
Tag ....
Stunde ....

Ihre Geburtsmondphase

ist: ....

☆

Ihre Mondphasen-Persönlichkeit

Da Sie nun wissen, welche Mondeinflüsse zum Zeitpunkt Ihrer Geburt wirksam waren und zu bestimmten Zeiten jeden Monats wirksam sind, können Sie im folgenden Ihre Mondpersönlichkeit ermitteln.

Neumond	Erste Sichel	Erstes Viertel	Dreiviertel-mond	Vollmond	Viertelmond	Letztes Viertel	Balsamischer Mond
1 2 3 4	5 6 7	8 9 10 11	12 13 14	15 16 17 18	19 20 21	22 23 24 25	26 27 28 29

1 Neumond

Wurden Sie während der Neumondphase geboren, dann treten Sie dem Leben mit den verwunderten, weit aufgerissenen Augen eines Kindes gegenüber. Sie sind weltoffen und zugänglich, Ihr Denken und Handeln ist spontan. Mit Ihrer strahlenden, überschäumenden Persönlichkeit stürzen Sie sich enthusiastisch in die Arbeit. Sie sind am glücklichsten, wenn es gilt, Pläne zu schmieden und neue Projekte in Angriff zu nehmen, von deren Erfolg Sie überzeugt sind. Ihr Eifer läßt Sie mit rasender Geschwindigkeit arbeiten, doch Sie laufen Gefahr, vor dem Ziel vor Erschöpfung zusammenzubrechen. Eine Ihrer negativen Seiten ist Ihre rein subjektive Lebenseinstellung. Schon in verhältnismäßig jungen Jahren wird sich Erfolg einstellen, und Sie müssen lernen, in späteren Jahren diese Energie beizubehalten.

☆

2 Zunehmender/Erster Sichelmond

Als Persönlichkeit des zunehmenden Sichelmondes sind Sie abenteuerlustig, positiv und von einer fröhlichen Neugier dem Leben gegenüber erfüllt. Ihre Kreativität schärft Ihre Sinne und hilft Ihnen, Probleme von einer neuen Warte aus zu sehen. Oft fühlen Sie sich hin- und hergerissen zwischen der herkömmlichen Vorgangsweise und dem Wunsch, Neues zu versuchen – ein Konflikt zwischen Althergebrachtem und Unkonventionellem. Stoßen Sie einmal an die Grenzen der Verwirklichung Ihrer Pläne, dann werden Sie Wege finden müssen, diese Hindernisse zu überwinden, um Ihre Lebensziele zu erreichen. Zwischen Anfang Zwanzig und Anfang Dreißig sind Sie wahrscheinlich besonders produktiv und erfolgreich.

☆

3 Erstes Viertel

Menschen des Ersten Viertels sind optimistisch und willensstark. Sie sind körperlich und geistig aktiv, ausdrucksstark, ständig in Bewegung und an allem interessiert, was Ihnen begegnet. Sie sind wißbegierig, hinterfragen alles und finden sich nicht mit Gegebenheiten ab. Dies läßt Sie aber auch mitunter streitlustig und schwierig erscheinen. Wird diese Neigung jedoch konstruktiv eingesetzt, gelingen Ihnen neue Lösungen alter Probleme. Vor allen Dingen sind Sie ein Baumeister, und wenn es auch manchmal den Anschein hat, daß Sie zwanghaft alles Bestehende niederreißen müssen, besitzen Sie doch die Fähigkeit, es nicht nur durch Moderneres, sondern durch zweifellos Besseres zu ersetzen. Zwischen Anfang Dreißig und Anfang Vierzig werden Sie Ihre größten Erfolge erzielen.

4 Dreiviertelmond

Persönlichkeiten des Dreiviertelmondes wirken beruhigend und sind von fürsorglicher, konstruktiver Natur. Nächstenliebe geht Ihnen über alles. Sie hoffen, durch Ihr Leben und Ihre Arbeit einen Beitrag zur Verbesserung der Welt leisten zu können. Sie müssen sich jedoch in acht nehmen, in Ihrem Eifer nicht allen Ideologien blind zu folgen. Ihr zähes Überwinden von Hindernissen läßt Sie reifen, prägt und bereichert Sie. Die Erfüllung Ihrer Bemühungen ist um die Lebensmitte zu erwarten.

☆

5 Vollmond

In der Zyklusmitte geboren zu sein bedeutet, daß Ihr Talent in der erfolgreichen Bewältigung von Aufgaben liegt. Sie sind in der Lage, Logik mit Instinkt und Geschicklichkeit mit Kreativität zu verbinden. Darüber hinaus übt diese Phase eine Brückenfunktion aus – sie verbindet Sie mit der Vergangenheit und überträgt Ihre Ideen gleichzeitig in die Zukunft. Leider fühlen Sie sich auch oft schuldig und haben unbegründete Ängste, vor allem, wenn es um Beziehungen geht. Nur wenn Sie es schaffen, Ihre eigenen Gefühle unter Kontrolle zu bringen, anstatt sich emotionell nach dem Partner zu richten, werden Sie einen Weg finden, eine dauerhafte, harmonische Liebesbeziehung einzugehen. Die Früchte Ihrer Arbeit werden Sie nach der Lebensmitte ernten können.

☆

6 Viertelmond

Sie werden von dem Wunsch angetrieben, Ihre Gedanken und Ihr Wissen zu verbreiten, damit andere an Ihren Erfahrungen teilhaben können. Sie sind der geborene Lehrer und widmen sich voll und ganz Ihren Idealen; wenn Ihnen etwas Revolutionäres anhaftet, dann schlicht und einfach der Drang, die Welt zu verbessern. In Ihrem Reformeifer müssen Sie jedoch einen Kompromiß finden und lernen, Ihre eigene Sicht auf die Bedürfnisse anderer abzustimmen. Anfang Fünfzig wird sich ein Gefühl der Erfüllung und Zufriedenheit in Ihrem Leben einstellen.

☆

7 Letztes Viertel

Ihr Verständnis und Mitgefühl, Ihre Reife und innere Ausgeglichenheit sind außergewöhnlich. Sie sind für eine beratende Tätigkeit prädestiniert, denn Sie können anderen helfen, ihre Gedanken zu ordnen, ihre Probleme zu lösen und ihr Leben zu organisieren. Manchmal sind Sie ein wenig nostalgisch oder melancholisch – lassen Sie die Vergangenheit ruhen, und konzentrieren Sie sich auf die Zukunft. Zufriedenheit und Erfüllung erlangen Sie Ende Fünfzig.

☆

8 Balsamischer Mond

Diese Phase ist eine Zeit des Übergangs, die die Möglichkeit bietet, Geschehenes zu überdenken, Dinge zu Ende zu führen, innere Einkehr zu halten und sich auf einen Neubeginn einzustimmen. Sie haben die meditativen und selbstbeobachtenden Charakteristika dieser Phase geerbt und sind zu einer verträumten Denkerpersönlichkeit geworden. Geprägt von Intuition, Weitblick und Intelligenz, besitzen Sie eine fast mystische Naturverbundenheit und Menschenkenntnis. Geistig und intellektuell sind Sie reger als körperlich. Ihre Erfahrungen umfassen Schlußstriche und Übergänge; Sie werden wahrscheinlich viele Veränderungen durchleben. Ihren Schlüssel zu Glück und Erfolg werden Sie erst in späteren Jahren finden.

KAPITEL 2

EBBE UND FLUT

Der Gezeitenwechsel

Von allen Einflüssen, die der Mond auf die Erde ausübt, ist jener auf die Gezeiten allgemein unumstritten. Warum und wie sich die großen Ozeane ausdehnen und zusammenziehen wußten schon die alten Chinesen. Den Römern und Griechen gelang es jedoch nicht, den Zusammenhang zwischen Mond und Gezeiten herzustellen: Da das Mittelmeer praktisch gezeitenlos ist, lag die Lösung für sie nicht auf der Hand. Julius Cäsar hörte angeblich das erste Mal von den Gezeiten, als er nach Britannien reiste.

Heute wissen wir um den Einfluß des Mondes auf Ebbe und Flut, wenn auch der genaue Ablauf nicht leicht verständlich ist. Zusätzlich zur täglichen Bewegung des Meeres gibt es jeden Monat Zeiten, in denen die Flut besonders stark (Springflut) oder schwach (Nippflut) ist. Auch dieser monatliche Rhythmus läßt sich auf den Zyklus des Mondes zurückführen.

ANZIEHUNGSKRAFT DES MONDES

Die Gravitationskraft des Mondes auf die Erde ist so stark, daß sie die Erde und deren Gewässer anzieht. Dadurch wölben sich die Meere an jenem Punkt dem Mond entgegen, der ihm direkt zugewandt ist. Dort entsteht Flut. Auf der entgegengesetzten Seite der Erde wird das Wasser weniger stark angezogen als die Landmasse. Die Meere fließen dort von der Erdoberfläche weg und wölben sich eben-

falls zu einer Flut. An jenen Punkten der Erde, die sich in einem Winkel von 90° zwischen den Aufwölbungen befinden, wird Ebbe registriert.

SPRING- UND NIPPFLUTEN

Zweimal im Monat, zu Voll- und Neumond, stehen Sonne, Mond und Erde in einer Linie. Durch die zusätzliche Anziehungskraft der Sonne zur ohnehin starken Anziehungskraft des Mondes steigen die Wasserwölbungen an und lösen außergewöhnlich starke Springfluten aus. Da diese Überschwemmungen verursachen und Seefahrt und Fischerei gefährden können, ist es wichtig, daß man ihr Eintreten vorhersagen kann.

Zur Zeit der Mondviertel, jeweils eine Woche nach Voll- und Neumond, steht der Mond in einem Winkel von 90° zur Sonne. In dieser Stellung wirkt seine Anziehungskraft auf die Erde jener der Sonne entgegen. Deshalb steigen zu diesen Zeiten die Ozeane weniger stark an, es sind schwächere Nippfluten zu beobachten.

Erdbeben

Man glaubt, daß die Gravitation der Erde auf den Mond ein wichtiger Faktor in der Auslösung von Mondbeben ist. Daher erscheint es wahrscheinlich, daß eine ähnliche, vom Mond ausgehende Spannung auf die Erde mit der

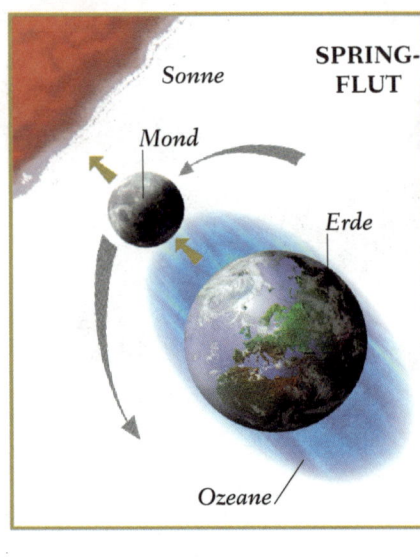 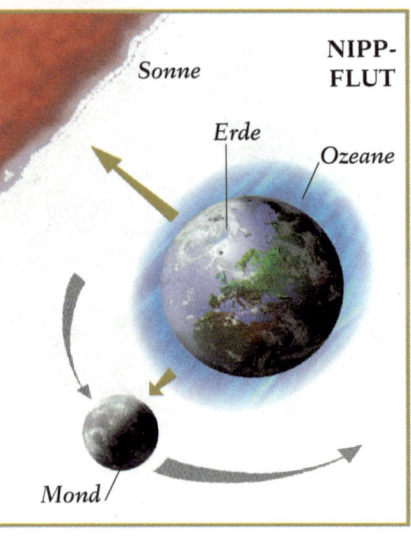

Wenn Sonne und Mond in einer Linie stehen, kommt es zu Springfluten. Nippfluten entstehen, wenn Mond und Sonne mit der Erde einen rechten Winkel bilden.

16

Die Gravitationskraft der Sonne um Neu- und Vollmond verstärkt die Gezeiten.

Entstehung von Erdbeben zusammenhängt. Wenn der Mond die Ozeane bewegt, muß er doch auch auf die Erdkruste Spannung ausüben. Tatsächlich haben viele Studien einen Zusammenhang zwischen dem Auftreten von Erdbeben und Vulkanausbrüchen und Voll- bzw. Neumond ergeben. Außerdem entspricht das sich in einem 18-Jahres-Zyklus wiederholende Intervall seismischer Aktivität genau dem Zyklus der Mondfinsternisse – eine Tatsache, die bereits seit babylonischen Zeiten als erwiesen gilt.

Wetter

Eine Beziehung zwischen Mondphasen und Wetter wird schon seit langem anerkannt. Leute vom Land können oft allein durch die Beobachtung von Farbe und Form des Mondes Regen oder Dürreperioden vorhersagen. Ein

den meisten Bauern bekanntes Merkmal ist der Mondhof, ein Ring um den Mond, der unmißverständlich Regen erwarten läßt. Wissenschaftlich erklärt sich dieses Phänomen dadurch, daß Eiskristalle in der Atmosphäre – genau jene, die bald als Regen zur Erde fallen werden – durch das reflektierte Mond-

licht erhellt werden und den leuchtenden Hof bilden.

WIND UND REGEN

Forscher haben eine Verbindung zwischen Wirbelstürmen und Voll- bzw. Neumond entdeckt. Auch ist die Niederschlagswahrscheinlichkeit während der Ersten Sichel größer als im Ersten Viertel und bei abnehmendem Viertelmond größer als im Dritten Viertel. Aufzeichnungen lassen außerdem darauf schließen, daß bei zunehmendem Mond mehr Regen fällt als in den beiden Wochen nach Vollmond. Bevor Sie ein Picknick planen, sollten Sie also einen Blick auf die Mondtabellen werfen!

* * * * * * * * * * * * *

Zwischen bestimmten Mondstellungen und schweren Regenfällen besteht ein Zusammenhang.

17

Finsternisse

Wenn Sonne, Erde und Mond zur Zeit des Neu- oder Vollmondes in einer bestimmten Stellung zueinander stehen, entsteht eine Finsternis. Zu einer Sonnenfinsternis kommt es in der Neumondphase, während eine Mondfinsternis nur zu Vollmond auftreten kann. Es gibt drei Arten von Finsternissen: partielle, totale und ringförmige. Ob der Betrachter die Finsternis sehen kann, hängt davon ab, wo er sich befindet. Nur jene, die sich direkt innerhalb der Bahn der Finsternis aufhalten, können sie miterleben.

Nicht zu jedem Neu- bzw. Vollmond kommt es zu Finsternissen, da die Neigung der Mondumlaufbahn verhindert, daß sich die drei Himmelskörper jeden Monat genau in einer Linie befinden. Pro Jahr treten zwischen zwei und fünf Sonnenfinsternisse auf, die meisten davon sind nur partiell. Totale Sonnenfinsternisse sind selten.

Der Mond verfinstert sich jährlich zwei- bis dreimal.

Aufzeichnungen über Sonnen- und Mondfinsternisse gehen bis ins Jahr 3000 v. Chr. zurück. Finsternisse folgen in einem Abstand von 18 Jahren und elf Tagen aufeinander, was als Saroszyklus bekannt ist. Er wird zur Vorausberechnung von Sonnen- und Mondfinsternissen herangezogen.

Folgen der Finsternisse

Finsternisse waren einst als Vorzeichen gefürchtet, die den Tod eines Herrschers, schlechte Ernten, Seuchen und Kriege ahnen ließen. Noch heute erfüllen sie uns mit Ehrfurcht und Staunen, und nicht selten wird ein Zusammenhang zwischen Finsternissen und zyklischen Veränderungen gesehen, die sich auf persönlicher und politischer Ebene widerspiegeln.

Finsternissen sagt man nach, Änderungen zu bewirken und kritische Wendepunkte anzukündigen. Am Ende des Buchs finden Sie eine Liste der Sonnen- und Mondfinsternisse zwischen 1920 und 2020. Suchen Sie nach Daten, die für Sie persönlich von Bedeutung sind; vielleicht fand an Ihrem Geburtstag oder als Sie Ihren Partner kennenlernten eine Finsternis statt.

DIE ZEICHEN ERKENNEN

Notieren Sie sich auch das Zeichen, in dem die Finsternis stattfand bzw. stattfinden wird. Fällt sie in Ihr Sonnenzeichen oder Mondzeichen (*siehe Kapitel 6*), bewirkt sie wahrscheinlich etwas. Finsternisse, die in Ihr Sonnenzeichen fallen, signalisieren neue Erfahrungen, während jene, die in Ihr Mondzeichen fallen, Ereignisse ankündigen, die Sie emotionell berühren.

✳ ☆ ✳ ☆ ✳ ☆ ✳ ☆ ✳ ☆ ✳ ☆

In alten Zeiten glaubte man, daß bei Finsternissen Drachen die Sonne verschluckt hatten.

SONNEN- UND MONDFINSTERNISSE

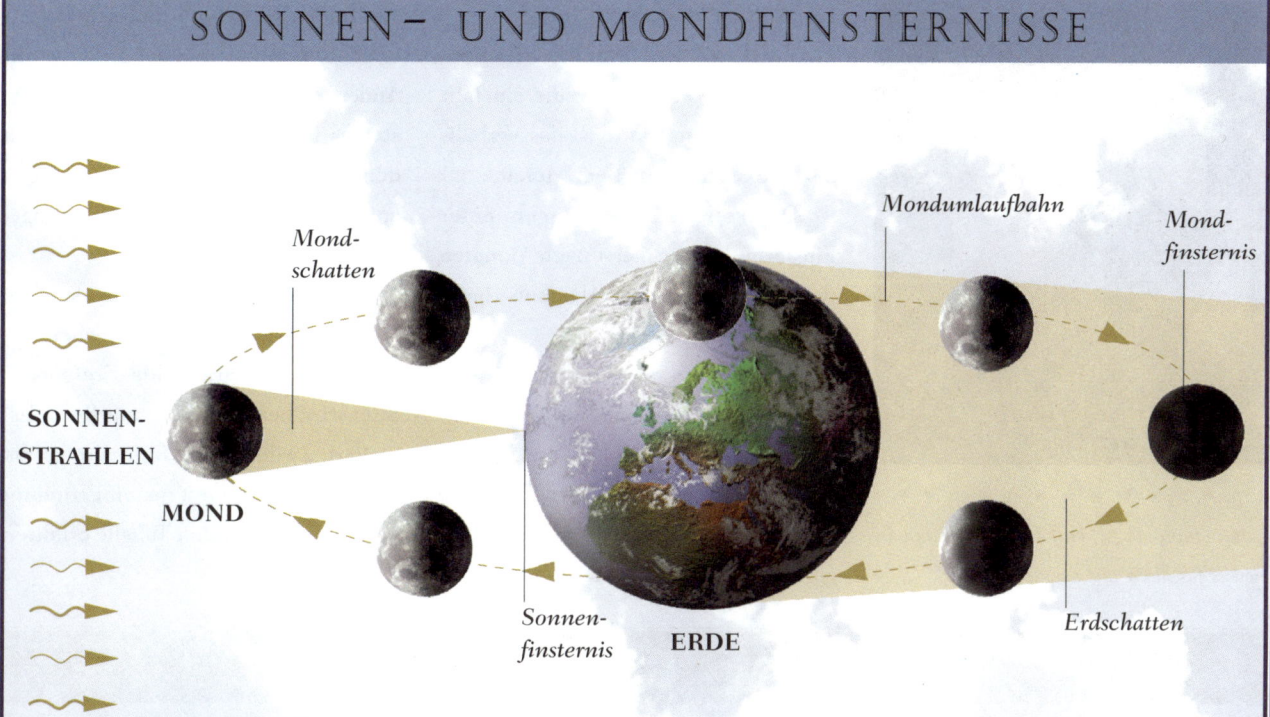

SONNEN-
STRAHLEN

MOND

*Mond-
schatten*

Mondumlaufbahn

*Mond-
finsternis*

*Sonnen-
finsternis*

ERDE

Erdschatten

Sonnenfinsternisse

Eine Sonnenfinsternis tritt um Neumond auf, wenn der Mond zwischen Erde und Sonne steht. Von der Erde aus betrachtet, scheint der Mond über die Sonne zu wandern, wobei er die Sonnenscheibe teilweise (partielle Finsternis) oder manchmal ganz (totale Finsternis) verdeckt.

Bei einer totalen Finsternis herrschen bis zu 7½ Minuten lang Kälte und Dunkelheit auf der Erde. Dieses furchteinflößende Ereignis kommt jedoch recht selten vor – im 20. Jh. gab es nur drei Finsternisse, die über sieben Minuten dauerten. Ringförmige Finsternisse sind spektakulär und treten auf, wenn die Scheibe des Mondes im Durchmesser etwas kleiner erscheint als die der Sonne. Stehen beide genau in einer Linie, ist ein Ring aus strahlendem Sonnenlicht um das verfinsterte Antlitz der Sonne zu beobachten.

Mondfinsternisse

Der Mond verfinstert sich nur, wenn die Erde genau zwischen Sonne und Mond steht, da er an diesem Punkt durch den Erdschatten wandert. Dieser Schatten ist als Umbra bekannt, und wenn ihn der Mond durchwandert, werden Teile seiner Scheibe nach und nach verdunkelt. Bei einer partiellen Finsternis wird er nur teilweise verdeckt; bei einer totalen Finsternis scheint der Mond rasch seine Phasen zu durchlaufen, bis er verschwindet. Dann kehrt sich der Vorgang um, und ein immer größerer Teil seines Antlitzes wird sichtbar. Das gänzliche Verschwinden des Mondes während einer Finsternis ist selten, und selbst bei einer totalen Finsternis bleibt der Mond meist sichtbar und nimmt einen rötlichen Glanz an, der vom „Erdlicht", von der Erde reflektiertem Licht, verursacht wird. Eine Mondfinsternis kann mehrere Stunden dauern.

* ☆ * ☆ * ☆ * ☆ * ☆ * ☆

Galilei (1564–1642) hielt die flachen Becken des Mondes für Meere und nannte sie „Mare".

FOLGEN DER FINSTERNIS

Man sagt, daß jede Stunde einer Sonnenfinsternis Folgen hat, die ein Jahr andauern. Beim Mond ist das Verhältnis eine Stunde zu einem Monat.

Die vollen Auswirkungen einer Finsternis kommen erst nach Monaten (bei der Sonne) oder Wochen (beim Mond) zum Tragen.

Schon seit langem vermutet man einen Zusammenhang zwischen Finsternissen und politischen Ereignissen. Legt man für die Zeit einer Finsternis ein Horoskop mit zwölf Häusern an, gibt jenes Haus, in dem die Finsternis stattfindet, Aufschluß darüber, in welchen Bereichen möglicherweise mit Änderungen zu rechnen ist. Eine Finsternis im 7. Haus könnte Krisen in den internationalen Beziehungen ankündigen, eine im 12. Haus hingegen Strafreformen einleiten.

Das Tierkreiszeichen, in dem die Finsternis stattfindet, wirft ebenfalls Licht auf zu erwartende Ereignisse. Stier wird beispielsweise mit Besitz assoziiert, Zwillinge mit Kommunikation und Wassermann mit neuen Erfindungen. In der folgenden Tabelle erfahren Sie mehr darüber.

DIE ZEICHEN DER ZEIT

Zeichen der Zeit

Die zwölf Häuser weisen auf jene Lebensbereiche hin, die betroffen sind, wenn in ihnen eine Finsternis auftritt.

1. Haus	die Lage der Nation
2. Haus	Finanzen, Handel und steuerliche Einkünfte
3. Haus	Kommunikation, Bildung und Ausbildung
4. Haus	Realitäten, Frauenangelegenheiten und Familie
5. Haus	Kultur, Kunst, Freizeit, Glücksspiel, Kinder und Geburt
6. Haus	Beschäftigung und Gesundheitsfragen
7. Haus	internationale Angelegenheiten, Vereinbarungen und Übereinkommen, Diplomatie, Heirat
8. Haus	Besteuerung, Investitionen, moralische Fragen, Tod, Wiedergeburt und Erneuerung
9. Haus	Gesetz, Kirche, Wissenschaft, Hochschule, Verlagswesen, Auslandsreisen
10. Haus	Staatsoberhaupt, Monarchie und Regierung
11. Haus	Ausschüsse, Bündnisse, regionale Behörden, Gewerkschaften und Handelspartner
12. Haus	Institutionen, Spitäler, Gefängnisse, Geheimdienst, Kriminalität, öffentliche Ungnade
Widder	Expeditionen, Pionierleistungen
Stier	Grundstücke, Realitäten, Vermögen
Zwillinge	Kommunikation, Medien
Krebs	das Zuhause, Mutter, Meer
Löwe	Monarchie, Schauspieler, Theater
Jungfrau	Hauspersonal, Medizin, Heilung
Waage	Musik, Kunst
Skorpion	Sex, Untersuchungen, Psychotherapie
Schütze	Öffentlichkeitsarbeit, Reisen, Religion, Bildung und Ausbildung, Ethik
Steinbock	Geschäftsleben, Macht
Wassermann	Erfindungen, Technologien
Fische	Träume, Illusionen, Filmindustrie

HOROSKOP FÜR DIE TOTALE SONNENFINSTERNIS AM 11. AUGUST 1999

Dies ist ein astrologisches Horoskop für die Finsternis am 11. August 1999 um 12.03 MEZ. Da der beste Aussichtspunkt für die Finsternis England sein wird, wurde das Horoskop für London erstellt. Welche zukünftigen Ereignisse in diesem Teil der Welt kündigt es an? (Siehe unten „Eine mögliche Interpretation …".)

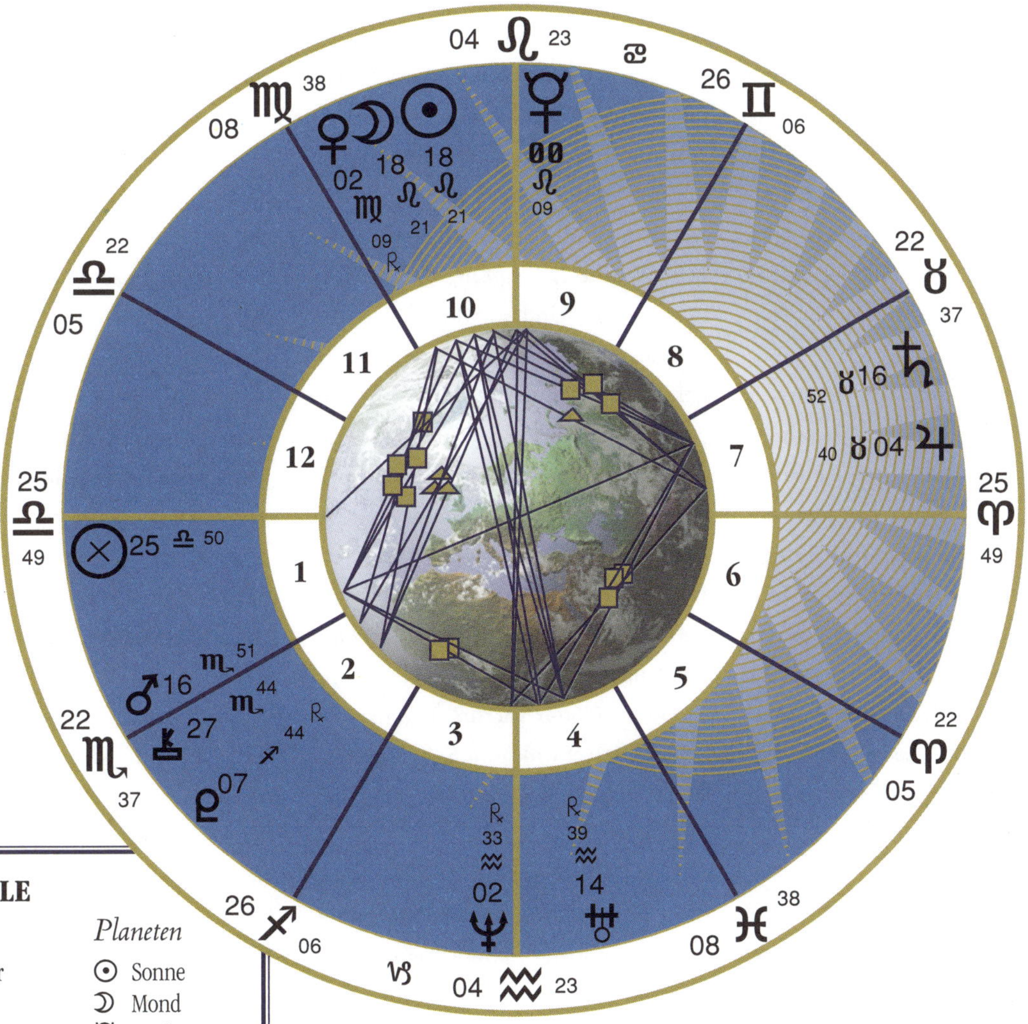

SYMBOLE

Zeichen		*Planeten*	
♈	Widder	☉	Sonne
♉	Stier	☽	Mond
♊	Zwillinge	☿	Merkur
♋	Krebs	♀	Venus
♌	Löwe	♂	Mars
♍	Jungfrau	♃	Jupiter
♎	Waage	♄	Saturn
♏	Skorpion	♅	Uranus
♐	Schütze	♆	Neptun
♑	Steinbock	♇	Pluto
♒	Wassermann	⚷	Chiron
♓	Fische	⊕	Erde

Eine mögliche Interpretation …

Die Finsternis fällt in das 10. Haus, das mit Regierung, Führung und Staatsoberhäuptern assoziiert wird. Sie findet im Zeichen des Löwen statt, das insbesondere mit der Monarchie in Verbindung steht. Diese Kombination scheint auf große Veränderungen innerhalb der königlichen Familie hinzuweisen. Dies könnten allgemeine Veränderungen der britischen Monarchie sein, Erkrankung oder Tod eines Mitglieds der Königsfamilie oder die Krönung eines neuen Monarchen.

KAPITEL 3

GÖTTIN DER NACHT

Wie Yin zu Yang, so verhält sich der Mond zur Sonne. Licht und Dunkel, Tag und Nacht, heiß und kalt, weiblich und männlich, Sonne und Mond sind die sich ergänzenden Kräfte, die das Universum durchdringen und in perfekter, dynamischer Balance halten. Sie stehen in Opposition zueinander und unterwerfen sich abwechselnd gegenseitig.

So sehen die Völker das Leben seit grauer Vorzeit. Unsere Vorfahren schauten zum Himmel auf und erkannten die Sonne als Lebensspender, der Licht und Wärme auf die Erde bringt. Sie beobachteten, daß der Mond kein eigenes Licht besaß, sondern das der Sonne aufnahm und reflektierte. Er herrschte über die Nacht, und seinen kalten Strahlen, die das Land in geheimnisvolles Licht tauchten, sprach man magische Kräfte zu.

GEBURT UND WIEDERGEBURT

Während die Sonne als beständiges, goldenes Gestirn gilt, ist der Mond unbeständig. Er nimmt zu und ab und wandelt seine Gestalt vom zarten, silbrigen Splitter zur riesigen, gelben Scheibe, bevor er wieder schrumpft, um in die Dunkelheit zu entschwinden. Der ewige Zyklus des Mondes wurde mit dem Wechsel von Geburt, Tod und Wiedergeburt verglichen, der an Aussaat und Ernte, den Jahreszeiten und überall in der Natur beobachtet werden kann.

Man erkannte bald, daß die Mondphasen nicht nur mit Wachstum, Zerstörung und neuem Wachstum verbunden sind, sondern auch mit dem weiblichen Menstruationszyklus, der Fruchtbarkeit, Empfängnis und Geburt steuert. Und so wie man die lebensspendende Sonne mit den männlichen Grundzügen assoziierte, wurde der Mond, ihr Partner und Lebensempfänger, mit weiblichen Eigenschaften gleichgesetzt.

DER GÖTTERSTOFF

Seit frühester Zeit wurden von Völkern und Kulturen aller Erdteile Sonne und Mond als Götter verehrt. Um die verschiedenen Funktionen beider Gestirne entstanden zahllose völkerverbindende Mythen.

Ra, Inti, Phoebus, Apollo, Tonatiuh, Kuat und Surya sind nur einige Verkörperungen des Sonnengottes, die von den Völkern des Altertums angebetet wurden. Aber während diese Mythen auf einem einheitlichen Bild des Sonnengottes aufgebaut waren, der seinen flammenden Triumphwagen siegreich über den Mittagshimmel lenkt, erscheint die Mondgöttin in verschiedenen Gestalten, die die drei Hauptphasen in ihrem Zyklus widerspiegeln.

Als Neumond wird sie als Mädchen- oder Jungfrauengestalt beschrieben, eine aufblühende, verführerische Göttin voll erwachender Sexualität. Wenn der Mond zum Vollmond heranwächst, wird er zur fruchtbaren Mutter, die das Leben in sich trägt. In der letzten Phase, bevor der Mond in die Dunkelheit entgleitet, wird er als Hexe oder altes Weib dargestellt, als weise Frau, die sich auf Magie versteht, eine Meisterin der Verkleidung, mit der Kraft, alles, was sie berührt, zu heilen und zu verwandeln.

MYSTISCHE DREIHEIT

Diese drei Gesichter der Mondgöttin stellen die Zyklen der Natur dar und verbinden die bewußten, unterbewußten und unbewußten Vorgänge des menschlichen Geistes – unser körperliches, geistiges und emotionales Gesicht. Der Mond ist zum Urbild von Schöpfung, Frausein und weiblicher Psyche geworden.

Diese weibliche Dreiheit findet sich in allen Weltreligionen in der einen oder anderen Form. Für die alten Griechen waren Persephone, Demeter und Hekate Schlüsselfiguren, für die Römer waren es Diana, Ceres und Sibylle. In der altnordischen Tradition verwoben die Nornen den Schicksalsfaden von Vergangenheit, Gegenwart und Zukunft. Bei den Hindus verkör-

22

pert Kali als „Licht", „Dunkelheit" und „Mutter der Erde" die dreifache Göttin in einer Person.

Zu den jungfräulichen Göttinnen, die von verschiedensten Kulturen verehrt wurden, gehören Persephone, Aphrodite, Al-Uzza, Athene, Diana und Minerva. Zu den Muttergöttinnen der Schöpfung und des Vollmondes zählt man Astarte, Demeter, Ceres, Allat, Kwan-Yin, Hathor, Isis, Selene und Wahini-Hai. Der Gruppe der „dunklen" Göttinnen gehören Kali, Skadi, Hekate, Tlazolteotl, Circe, Ha-

✶ ☆ ✶ ☆ ✶ ☆ ✶ ☆ ✶ ☆ ✶ ☆ ✶ ☆

In der Mythologie wurde der Mond zum Inbegriff alles Weiblichen.

thor, Lilith, die schlangenköpfige Medusa und Nemesis, die Göttin der Vergeltung, an.

Die drei Gesichter des Mondes

Die drei Gesichter oder Stadien des Mondes werden von Göttinnen symbolisiert, die wiederum die Macht der Verwandlung durch Geburt, Wachstum und Verfall verkörpern.

Zur ersten Gruppe, die die Eigenschaften Unschuld, Schöpfungskraft, jugendliche Hoffnung und Lebenskraft versinnbildlicht und die Erwartung des Neuen mit sich bringt, gehören die griechische Göttin Aphrodite, die römische Göttin Diana und Freya, die altnordische Liebes- und Fruchtbarkeitsgöttin.

APHRODITE

Die große, hellhäutige, liebreizende Aphrodite ist das Symbol der Schönheit und die Göttin der Liebe und Fruchtbarkeit. Im Meer geboren, entstieg sie dem weißen Schaum der Fluten. Sie verkörpert die Kunst der Verführung, die Freuden des lustvollen Liebesspiels und die weibliche Erotik. Ihr Name steht für Liebreiz und Anmut, und sie ist die Göttin und Schutzpatronin der Künste. Sie ist es, die die Künstler durch viele Jahrhunderte hindurch bis zum heutigen Tag inspiriert.

Aphrodite regiert Beziehungen und Liebende überall auf der Welt. Sie steht für Fruchtbarkeit und wird durch ihr Nahverhältnis zum Wasser der Meere auch zu einer Göttin des Mondes. Ihr Gegenstück in der römischen Mythologie ist Venus, die der herrlichen Stadt Venedig, der „Braut des Meeres", ihren Namen gab.

DIANA

Diana, auch bekannt als die griechische Göttin Artemis, war die Zwillingsschwester Apollos, der den Triumphwagen der Sonne über den Himmel lenkte. Als Mondfrau der Sonne steht sie für das Prinzip der Weiblichkeit.

Meist wird sie in einer kurzen, weißen Tunika und mit ungewöhnlichem Kopfschmuck, der mit einer Mondsichel verziert ist, abgebildet. Diana ist eine jungfräuliche Jägerin und die Göttin der Jagd. Ungezwungen durchstreift sie, mit Pfeil und Bogen bewaffnet und in Begleitung ihrer treuen Hunde und Hirsche, den Wald.

✸ ☆ ✸ ☆ ✸ ☆ ✸ ☆ ✸ ☆ ✸ ☆

Venus, die Schaumgeborene, die schöne, sinnliche Göttin des Meeres.

Wie der Mond selbst, ist auch Diana eine geschickte Meisterin der Veränderung, die sich etwa in ein Kaninchen, das heilige Tier des Mondes, verwandeln kann. Sie war eine mächtige Göttin, die in den Heilkünsten bewandert und als Beschützerin der Unschuld, der Jungfrauen und der Tiere bekannt war.

FREYA

Alte skandinavische Völker verehrten Freya, die Tochter des Meeresgottes Njord. Als Göttin der Liebe war sie die schönste von allen, und als Kriegskönigin führte sie die Walküren, Odins persönliche Dienerinnen.

Freyas Name bedeutet „Dame". Sie gilt als Urbild des Weiblichen und Schwester des Gottes Frey. Als Beschützerin der Meere wurde sie sehr poetisch „Die über das Meer Scheinende" genannt.

Freya weint goldene Tränen, die wie Perlen aus Bernstein ins Wasser fallen. Das Tiersymbol dieser Göttin ist die Katze, die als heilige Verbindung zum Mond angesehen wird. Oft wird sie in einer Kutsche dargestellt, die von zwei anderen Katzen gezogen wird.

*** ☆ * ☆ * ☆ * ☆ * ☆ * ☆ * ☆ * ☆**

Isis, die Hohepriesterin der Ägypter, Mondgöttin und Lebensspenderin.

Zu den Göttinnen, die als Nährmütter gepriesen wurden, die für ihre Fruchtbarkeit und die Macht, Leben zu schenken, geschätzt wurden, gehören Isis, die Hohepriesterin und Göttin der Ägypter, Selene, die Mondgöttin der Griechen, und Ceres, die römische Göttin des reifen Korns. Sie alle sind Göttinnen des Vollmondes und verkörpern Mutterschaft und Überfluß. Sie regieren Wachstum, Zunahme und Fruchtbarkeit und sorgen für die Belohnung aller Mühen.

ISIS

Als Muttergöttin des alten Ägyptens und Gemahlin und Schwester des großen Gottes Osiris war Isis auch die Göttin des Mondes und herrschte über das häusliche Leben, Heirat, Fruchtbarkeit und Geburt.

Oft wird sie beim Stillen ihres Sohnes Horus und mit Kuhhörnern, einem Symbol der Mondsichel, dargestellt. Sie war auch als „Lebensspenderin" bekannt und in den Heil- und Zauberkünsten bewandert. Ihre persönlichen Symbole Kuh und Katze versinnbildlichen beide das Weibliche und sind dem Mond geweiht.

SELENE

Als Schwester des Sonnengottes Helios repräsentiert Selene den Mond und mußte ihn, laut Mythologie, über den Himmel führen. Man sagt, daß Selene eines Nachts nach unten sah und den Schäfer Endymion erblickte. Sie konnte seiner Schönheit nicht widerstehen, verliebte sich auf der Stelle in ihn und vernachlässigte deshalb ihre

nächtlichen Pflichten. Sie schlich davon und legte sich neben ihren Geliebten. Zeus, erzürnt über den dunklen Himmel, beschloß, Selene zu bestrafen, und ließ Endymion für immer schlafen. Doch selbst das tat der Liebe der Mondgöttin zu dem stattlichen Burschen keinen Abbruch, und bis heute stiehlt sich Selene jeden Monat ein paar Nächte davon, um ihren schlummernden Liebsten zu liebkosen, und läßt den dunklen, mondlosen Himmel zurück.

Von Selene leitet sich übrigens Selenologie, die wissenschaftliche Lehre vom Mond, ab.

CERES

Als Göttin des Korns und Sinnbild der Ernte wird Ceres oft eine Korngarbe haltend dargestellt. Sie ist das römische Äquivalent der griechischen Göttin Demeter, ihre Tochter ist Proserpina, ein Gegenstück zu Demeters Tochter Persephone. In beiden Mythologien wurden die Töchter entführt und in die Unterwelt gebracht. Die durch den Verlust verzweifelten Mütter schlossen mit dem Gott der Unterwelt einen Pakt, durch dessen Bedingungen sie ihre Töchter zumindest für einen Teil des Jahres zurückgewinnen konnten.

* ☆ * ☆ * ☆ * ☆ * ☆ * ☆

Kali, die Schreckliche, in der indischen Mythologie als schwarze Mutter bekannt, ist eine Göttin des dunklen Mondes, da sie die Macht über Leben und Tod besitzt.

Und so geschieht es, daß die Sorgen des Mutterdaseins, wenn Ceres von Proserpina getrennt ist, den öden Winter heraufbeschwören, und die Freuden, die eine Mutter erfährt, wenn sie wieder mit ihrer Tochter vereint ist, in den Vergnügungen und Wonnen des Sommers gefeiert werden.

Ceres und Demeter, die Göttinnen des Vollmondes, verkörpern den schützenden Geist der Mutter, herrschen über die Pflanzenwelt und die Fruchtbarkeit des Korns und sorgen für Wohlstand und Nachwuchs.

Im Kreislauf der Natur steht nichts still, jede Phase weicht unweigerlich der nächsten. So muß der Mond abnehmen und sich verbergen, damit der Zyklus wieder neu beginnen kann.

Die nächste Gruppe von Göttinnen spiegelt die Weisheit und Erfahrung wider, die durch Geburt und Erfüllung erlangt werden. Durch ihr großes Wissen haben diese Göttinnen gelernt, die Verwandlungskräfte der Natur zu verstehen, und sind zu Seherinnen geworden. Sie sind die Wächterinnen der Mystik, die der magischen Künste mächtig sind.

Lilith, Kali und Hekate, die Göttinnen des dunklen Mondes, gefürchtet wegen ihrer Zerstörungsmacht, besitzen Weisheit und Reife und lehren uns die Notwendigkeit der Besinnung und der geistigen Erleuchtung. Hinter ihrem finsteren Gesicht bergen sie Heilung, Trost, Frieden und Ruhe.

Doch vor allem versprechen diese Göttinnen des dunklen Mondes Wiedergeburt und Erneuerung.

LILITH

Vor langer Zeit war Lilith dem sumerisch-babylonischen Volk des Nahen Ostens als jene „Schöne Maid" bekannt, die dem Mond das Leben geschenkt hatte. Später wurden ihre legendäre Schönheit und sexuelle Anziehungskraft von der Hebräischen Lehre verunstaltet, um dem beliebten sumerischen Kult der Göttinnenverehrung ein Ende zu machen.

Und so geschah es, daß die schöne Lilith von der unbefangenen, geflügelten „Vogelgöttin" in einen weiblichen Dämon verwandelt wurde, in eine gefährliche, böse Schönheit, deren magnetisierende Erotik die Männer unweigerlich in den Wahnsinn trieb.

In ihrer früheren Gestalt assoziierte man Lilith mit der Eule, dem Symbol der Weisheit, der Nacht und des Mondes. Ihr Name selbst bedeutet „Schrei der Eule", doch auch er wurde später als der grauenhafte Schrei der Teufelin interpretiert.

Lilith wurde zur bösen Zauberin der dunklen Mächte. Selbst in dieser dramatischen Wesensänderung zeichnet sich wiederum der Lauf des Mondes ab: vom Neumond zum Vollmond und wieder zum Neumond.

KALI

In Kali, der Hindugöttin des Todes, erkennen wir die Zerstörerin. Sie wird mit einem dritten Auge in der Mitte ihres Gesichts, das blutverschmiert und voll von Schlangen ist, dargestellt. Sie trägt einen Kranz aus Totenschädeln und bietet ein wahrhaft erschreckendes Bild der Vernichtung.

Dieses furchterregende, vierarmige Wesen besitzt eine zweischneidige Macht – die Macht, schreckliche Strafen aufzuerlegen, und die Macht, Liebe zu geben. Ist sie einmal von ihrem Tötungsrausch ergriffen, kann nur ihr Gemahl Shiva, dessen Samen sie als Versprechen neuen Lebens trägt, ihren Durst nach Blut bezähmen.

HEKATE

In Hekate, der Mondgöttin der alten Griechen, erkennen wir die weise Frau des abnehmenden Mondes, die als starke Mutterfigur verehrt wird und der die Natur selbst als Mantel dient. Als Gottheit der dunklen Stunden wird sie meist als Hexe oder häßliches altes Weib dargestellt.

Hekate ist eine Meisterin der schwarzen Kunst und der Verwandlung. Sie kann willkürlich Alter und Aussehen verändern – eine passende Metapher für ihre Herrschaft über die aufeinanderfolgenden Abschnitte des Lebens. Eule und Fledermaus, beide Geschöpfe der Nacht, aber auch Hund und Kröte, Symbole der Empfängnis, waren ihre besonderen Totemtiere.

Sie wurde von Gräbern und Weggabelungen angezogen, wo entgegengesetzte Kräfte aufeinandertreffen. Man verehrte sie in den Stunden der Dunkelheit mit Fackeln, die den Nachthimmmel erleuchteten.

SEXUALITÄT UND FRUCHTBARKEIT

Die amerikanischen Ärzte Walter und Abraham Menaker führten in den sechziger Jahren eine bahnbrechende Studie durch. Acht Jahre lang wurde eine halbe Million Geburten ausgewertet, und man entdeckte, daß während der drei Tage um Vollmond mehr Babys geboren werden als zu jeder anderen Zeit des Monats.

Es ist relativ einfach, geburtenstarke Perioden statistisch zu erfassen, da die Aufzeichnungen der Spitäler gut zugänglich sind. Doch sagen uns diese Daten auch etwas über den Zeitpunkt der Empfängnis und damit über Zeiten erhöhter sexueller Aktivität? Dr. Walter Menaker und sein Team halten das für möglich. Ihre Nachforschungen haben einige interessante Erkenntnisse erbracht.

Zuerst untersuchten sie den Zeitraum zwischen Empfängnis und Geburt. Sie fanden, daß die durchschnittliche Dauer der menschlichen Schwangerschaft 265½ Tage oder neun Mondmonate beträgt, da ein Mondmonat 29½ Tage hat. Ihre zweite Entdeckung war, daß die Geburt in derselben Mondphase eintritt, in der die Empfängnis stattfand. Dies stimmt sogar auf den Tag genau überein.

DER HÖHEPUNKT
SEXUELLER AKTIVITÄT

Dieses erstaunliche Forschungsergebnis zeigt, daß eine größere Geburtenzahl bei Vollmond mit einer ebenfalls größeren Empfänglichkeit zu diesem Zeitpunkt einhergeht. Was wiederum nahelegt, daß dies die Zeit des Monats ist, in der die sexuelle Aktivität einen Spitzenwert erreicht.

Die gleiche Studie ergab auch, daß in den drei Tagen um Neumond die wenigsten Geburten stattfinden. Daraus kann man schließen, daß Libido und sexuelle Aktivität in dieser Zeit allgemein schwächer ausgeprägt sind.

Sexualität und das Meer

Menschen, deren Leben eng mit dem Meer verknüpft ist, wissen schon seit langem, daß die sexuelle Aktivität bei Vollmond zunimmt. Seit Jahrhunderten gilt als erwiesen, daß die Paarungszyklen von Seeigeln, Schalentieren und anderen Meeresbewohnern von den Mondphasen bestimmt werden. Schon im ersten Jahrtausend v. Chr. bemerkte Aristoteles, daß bei Vollmond gefangene Seeigel besser schmeckten. Auch waren sie zu dieser Zeit kräftiger und ihre Eierstöcke schwerer.

Im Laufe der Jahre haben ähnliche Beobachtungen bestätigt, daß viele Weich-, Krusten- und andere Meerestiere bei Vollmond laichen. Da sich ihre Keimdrüsen mit Eiern und Spermien füllen, schwellen ihre Fortpflanzungsorgane in der Phase des zunehmenden Mondes an. Sie reifen dann in der Mitte des Mondzyklus und werden bei Vollmond ins Wasser abgelegt. Fängt man die Tiere bei abnehmendem Mond, sind sie dünner, weniger prall, und ihre Geschlechtsorgane sind wesentlich kleiner.

BRODELNDE GEWÄSSER

Das mondabhängige massenhafte Ablegen des Laichs kann um die Fiji-Inseln am besten beobachtet werden. Zu zwei bestimmten Zeiten des Jahres wimmelt dort das Meer von Palolowürmern, die zur Paarung an die Oberfläche kommen. Ihre Ankunft erfolgt so pünktlich, daß sie von den Inselbewohnern schon mit Fischernetzen erwartet werden, um diesen Rekordfang einzuholen.

An den Stränden Kaliforniens kann der Einfluß der Mondrhythmen auf das Meeresleben ebenfalls gut beobachtet werden. Dort kommt ein schlanker

Fisch, der Grunion, während der Fortpflanzungszeit zur Paarung und zum Laichen ans Ufer – doch nur in den Nächten nach Neu- oder Vollmond. Ganze Schwärme suchen in diesen Nächten das Ufer auf und lassen die Strände, soweit das Auge reicht, silbrig und geheimnisvoll schimmern.

DIE MACHT DES MONDES

Krabben, Hummer, Muscheln, Austern und viele andere Meerestiere folgen Fortpflanzungszyklen, die zeitlich mit dem Mondlauf übereinstimmen. Auch die Wanderung des Aals findet zu einem bestimmten Zeitpunkt bei abnehmendem Mond statt. So erreichen die Fische ihre Laichgründe zu jener Zeit, in der die Anziehungskraft des Mondes am stärksten ist. Diese Wanderungen legen einen um so überzeugenderen Beweis für die Macht des Mondes ab, da sie von den Tiden des Mondes beherrscht werden.

✳ ✩ ✳ ✩ ✳ ✩ ✳ ✩ ✳ ✩ ✳ ✩

Die Bewohner der Fiji-Inseln legen in Erwartung riesiger Schwärme von Palolowürmern große Netze aus. Dieser Wurm kommt nur zu zwei bestimmten Zeiten im Jahr an die Wasseroberfläche, um sich zu paaren – ein überzeugendes Beispiel des Mondeinflusses auf das Laichen.

DOCH VORSICHT...

Bitte beachten Sie, daß dieses Kapitel ärztlichen Rat nicht ersetzen kann. Autor und Herausgeber können keine Verantwortung für Entscheidungen und Handlungen hinsichtlich Empfängnis und Geburt übernehmen.

Sexualität und Fruchtbarkeit

30

Kapitel 4

Fruchtbarkeit und Fortpflanzung

DER WEIBLICHE ZYKLUS

Der Menstruationszyklus ist nach dem lateinischen Wort mensis, gleichbedeutend mit Monat, benannt. Die Menstruation selbst wurde oft als „Menses" bezeichnet, d. h. ein in monatlichen Intervallen wiederkehrendes Ereignis. Die Monatsblutung steht wiederum in Zusammenhang mit dem Mond, da sowohl Mondzyklus als auch Menstruationszyklus 29½ Tage dauern.

Dies mag zwar für einen regelmäßigen Menstruationszyklus gelten, doch wie verhält es sich mit jenen Frauen, deren Periode unregelmäßig ist? Kann in diesem Fall überhaupt eine Verbindung zum Mond hergestellt werden? Dieses Rätsel versuchte Edmond Dewan, ein Arzt der US Air Force, im Jahr 1967 zu lösen.

DER NATÜRLICHE RHYTHMUS

Dewan meinte, daß der Mond wie ein Uhrwerk arbeitet: Er reguliert den Menstruationszyklus, und sein Licht zu Vollmond löst den Eisprung aus. Unter natürlichen Bedingungen wäre der Menstruationszyklus einer Frau demnach immer von den Mondphasen gesteuert. Doch das elektrische Licht stört bei vielen Frauen die äußerst empfindlichen biologischen Abläufe und bringt somit ihre Menstruationszyklen in Unordnung.

Man schätzt, daß die sexuelle Aktivität in den drei Tagen um Vollmond im allgemeinen um bis zu 30 Prozent ansteigt.

* ☆ * ☆ * ☆ * ☆ * ☆ * ☆

Frauen wissen seit Jahrhunderten, daß der Mond ihre Menstruation auslöst. Dies ermöglicht eine Steuerung ihrer Fruchtbarkeit und eine gleichzeitig natürliche und genaue Familienplanung.

Von dieser Theorie ausgehend, führte Dr. Dewan ein Experiment durch. Er legte Frauen mit unregelmäßiger Blutung nahe, künstliche „Vollmond"-Bedingungen zu schaffen, indem sie in ihrem Schlafzimmer drei Nächte lang, beginnend am 14. Tag nach ihrer letzten Periode, das Licht brennen lassen. In Bezug auf die Mondphasen ist der 14. Tag der Mittelpunkt zwischen zwei Neumonden und entspricht somit der Zeit des Vollmondes. Die Ergebnisse waren verblüffend. Jede Frau, die an dem Versuch teilnahm, stellte fest, daß sich ihre Periode pünktlich wie die Uhr einstellte – wenn auch ihre Stromrechnung davon nicht unbeeinflußt blieb!

EMPFÄNGNIS UND EMPFÄNGNISVERHÜTUNG

In den sechziger Jahren gründete der tschechoslowakische Gynäkologe Dr. Eugen Jonas eine Klinik und ein Forschungszentrum, die sich mit Problemen der Fruchtbarkeit und der Empfängnisverhütung befaßten. Das besondere daran war, daß Dr. Jonas zu einer Zeit, in der sich fast überall die Pille als Verhütungsmittel durchsetzte, ein System vertrat, das medizinisch betrachtet an Quacksalberei und Aberglauben erinnerte. Und doch schien seine Methode in 98% aller Fälle zu funktionieren. Außerdem war sie natürlich, kostengünstig, einfach anzuwenden, machte Medikamente überflüssig und war absolut nebenwirkungsfrei. Das System basierte auf dem Zyklus des Mondes.

Was Dr. Jonas „entdeckt" hatte, war nichts anderes als eine Methode der Familienplanung, die Frauen eigentlich schon seit Jahrhunderten kannten und praktizierten. Sie beruht auf der Annahme, daß eine Frau dann am fruchtbarsten ist, wenn der Mond in derselben Phase steht wie zur Zeit ihrer eigenen Geburt. Wurde sie etwa während der Phase des Viertelmondes geboren, dann wäre sie jeden Monat während der drei Tage um diesen Zeitpunkt am fruchtbarsten.

Kapitel 4   Sexualität und Fruchtbarkeit

32

Die Wahl des Geschlechts Ihres Kindes

Für die meisten Frauen gehört die Frage, ob sie ein Mädchen oder einen Jungen erwarten, zu den aufregendsten Dingen ihrer Schwangerschaft. Seit dem Aufkommen des Ultraschalls fällt diese Ungewißheit weg, denn lange vor der Geburt kann das Geschlecht des Kindes mit ziemlicher Sicherheit vorausgesagt werden.

Wie steht es aber um die aktive Wahl des Geschlechts des Kindes, sogar vor seiner Zeugung? Alle möglichen Wundermittel wurden zu diesem Zwecke empfohlen, doch es könnte eine natürlichere Methode geben, von der wir eigentlich schon immer wuß-

ten. Vielleicht ist es nur der Einklang mit dem Lauf des Mondes, den es anzustreben gilt.

WEIBLICHE UND MÄNNLICHE CHARAKTERISTIKA

Seit Jahrhunderten wurden Sternzeichen als eher weiblich oder männlich betrachtet. Jeden Monat durchwandert der Mond alle Zeichen und hält sich in jedem 2¼ Tage lang auf. Nun wurde von einem Forschungsteam entdeckt, daß das Geschlecht des Kindes oft mit dem Geschlecht des Zeichens übereinstimmt, in dem der Mond während der Empfängnis steht. Diese Theorie können Sie auch selbst ausprobieren. Die Tabellen am Ende des Buchs geben

Aufschluß darüber, in welchem Tierkreiszeichen der Mond an Ihren fruchtbaren Tagen steht.

Das Geschlecht der Sternzeichen alterniert wie folgt:

Männliche Zeichen	Weibliche Zeichen
Widder	Stier
Zwillinge	Krebs
Löwe	Jungfrau
Waage	Skorpion
Schütze	Steinbock
Wassermann	Fische

IHR PERSÖNLICHER FRUCHTBARKEITSKALENDER

Wenn Sie schon seit einiger Zeit ohne Erfolg versuchen, ein Baby zu bekommen, und keine medizinischen Gründe vorliegen, haben Sie bis jetzt vielleicht nur Ihr persönliches Fruchtbarkeitsoptimum verpaßt. Auf den Rhythmus Ihres eigenen Körpers zu hören und ihn mit dem Zyklus des Mondes in Einklang zu bringen, kann die Antwort sein. Mit ein paar einfachen Schritten (*siehe unten*) können Sie monatlich Ihren eigenen Fruchtbarkeitskalender erstellen und die fruchtbarsten Tage in Ihrem Zyklus gezielt nutzen.

1 Kaufen Sie einen Kalender, der auf einer Seite einen ganzen Monat anzeigt.

2 Die Tabellen am Ende des Buchs geben Aufschluß über die Mondphasen jedes Monats des Jahres. Stellen Sie die Mondphasen des laufenden Monats fest, und tragen Sie sie in Ihren Kalender ein.

3 Schlagen Sie unter Ihrem Geburtsjahr nach, und ermitteln Sie, welche Mondphase bei Ihrer Geburt herrschte. Markieren Sie die entsprechende Mondphase im aktuellen Kalender mit Farbe – dies ist Ihr Fruchtbarkeitsoptimum.

4 Unter nochmaliger Zuhilfenahme der Tabellen am Ende des Buchs ermitteln Sie nun, in welchem Sternzeichen der Mond an jedem Tag des Monats stehen wird. Unterscheiden Sie farblich die weiblichen von den männlichen Zeichen in Blöcken von 2¼ Tagen.

5 Welches Sternzeichen stimmt genau mit Ihrer fruchtbarsten Zeit überein? Ist es ein männliches Zeichen, und Sie werden schwanger, dann stehen die Chancen gut für einen Jungen. Wünschen Sie sich sehnlichst ein Mädchen, dann überspringen Sie diesen Monat und warten Sie ab, bis Ihr nächstes Fruchtbarkeitsoptimum auf ein weibliches Zeichen fällt bzw. umgekehrt, wenn Ihnen ein Junge lieber wäre.

SCHWANGER-SCHAFTS-VORHERSAGE

Dr. Jonas arbeitete mit 8000 Frauen und konnte durch Errechnung ihres Schwangerschaftseintritts das Geschlecht der Babys erstaunlich richtig vorhersagen.

Er stellte auch fest, daß bei Vollmond geborene Frauen überdurchschnittlich oft behinderte Kinder bekommen, wenn die Schwangerschaft zu Vollmond eintritt, ein Risiko, das jedoch durch Empfängnis in einer anderen Mondphase verringert werden kann.

KAPITEL 5

WAHN UND GEWALT

Wiederholt haben sogenannte Experten öffentlich verkündet, daß der Mond und sein Zyklus absolut keinen Einfluß auf das menschliche Verhalten haben. Doch die persönlichen Erfahrungen zahlreicher Menschen ergeben ein anderes Bild, und auch für viele Ärzte, Psychiater und Polizisten spricht einiges dafür, anders zu denken.

Polizeibeamte auf der ganzen Welt sind sich des deutlichen Anstiegs der Gewalttaten zur Zeit des Vollmondes nur allzu bewußt. Krankenschwestern und Ärzte in psychiatrischen Kliniken haben ebenfalls beobachtet, daß während dieser Mondphase viele ihrer Patienten unruhiger sind als sonst. Es werden öfter Beratungszentren aufgesucht oder angerufen, es passieren mehr Unfälle, und es wird mehr sinnloser Wandalismus begangen.

Die Helfer in der Not, wie Beamte im Dienst, Feuerwehrmänner und Krankenpfleger, erkennen diese Trends und bestätigen, daß sie einer Art monatlichen Rhythmus unterliegen. Ein erfahrender Polizeibeamter soll vor kurzem gesagt haben, daß die Leute regelmäßig alle 28 Tage außer Kontrolle geraten, wenn sie sich, mit seinen Worten, „wie Idioten benehmen und sich vollaufen lassen".

GUTE ODER BÖSE MACHT?

Obwohl wir den Mond als treuen Wächter des Nachthimmels sehen, ist er astrologisch gesehen sehr wechselhaft. Die Auswirkungen der starken Anziehungskraft, die der Mond nicht nur auf die Gezeiten und das Wetter, sondern auch auf unseren Gemütszustand ausübt, wurden schon zur Zeit des Hippokrates, jenes griechischen Arztes, der heute als Vater der Medizin angesehen wird, festgestellt.

Vieles deutet darauf hin, daß wir zu bestimmten Zeiten des Mondzyklus seinen Einfluß stärker spüren als gewöhnlich. Während des Vollmondes, wenn Sonne, Mond und Erde in einer Linie stehen, wird dies besonders deutlich, da die Anziehungskraft der Sonne zu der des Mondes hinzukommt. Zu dieser Zeit kann sich der auf uns lastende Druck auch negativ auswirken: Wir sind angespannt und überempfindlich, und unsere Gefühle spielen verrückt.

Schon seit langem wird der Mond als Auslöser für geistige Labilität und Krankheit gesehen. Der englische Begriff **lunacy***, gleichbedeutend mit Wahnsinn, leitet sich von* **luna***, dem lateinischen Wort für Mond ab.*

34

Genau dann beginnen die Menschen, unvernünftig zu handeln. Sie werden nervös und gereizt, machen aus Mücken Elefanten, sind unfallgefährdet und manchmal sogar gewalttätig.

VERBRECHEN AUS LEIDENSCHAFT

Wie der zuvor zitierte Polizeibeamte bemerkte, kommt es regelmäßig bei Vollmond zu irrationalem Verhalten, das zu Gewaltverbrechen bizarrer Art führen kann.

Eine weitere Mondeigenschaft, die unser Verhalten stark beeinflussen kann, ist als Perigäum bekannt. Dieses Ereignis tritt alle paar Jahre ein, und wenn es mit dem Vollmond zusammentrifft, sind die Auswirkungen be-

✳ ☆ ✳ ☆ ✳ ☆ ✳ ☆ ✳ ☆ ✳ ☆ ✳ ☆

Die mythische Verwandlung eines Menschen in einen Werwolf bei Vollmond ist im Volksglauben altbekannt. Der wissenschaftliche Begriff für diese dramatische Wandlung ist „Lykanthrophie". Legenden über Werwölfe sind weitverbreitet und sind Teil der Folklore vieler Völker der Erde geworden.

MOND IM PERIGÄUM

Da die Mondumlaufbahn elliptisch ist, gibt es einen Punkt im Zyklus des Mondes, an dem er am weitesten von der Erde entfernt ist, und einen, an dem er ihr am nächsten ist. Der fernste Punkt ist als Apogäum, die größte Erdnähe als Perigäum bekannt.

Dieser Vorgang, sich von der Erde zu entfernen bzw. ihr näherzukommen, ist Bestandteil des monatlichen Zyklus um die Erde. Trifft das Perigäum jedoch mit dem Vollmond zusammen, dann kann es dramatisch werden. Oft spielt das Wetter verrückt, und es kommt zu den ungewöhnlichsten Naturereignissen. Leidenschaften flammen auf, Gewaltverbrechen und Aufstände sind die Folge.

sonders dramatisch. Welche Formen nimmt dieser Zusammenhang zwischen dem Mond und unseren dunklen Leidenschaften nun an?

Verbrechen unter dem Einfluß des Mondes

Während die Aufzeichnungen der Polizei eine gleichmäßige Verteilung soge-

nannter „normaler" Verbrechen während des Monats zeigen, sind jene Gewalttaten, die zu Vollmond begangen werden, besonders brutal.

Zu Vollmond wird das Verhalten psychotisch, die Kriminalfälle tragen alle Merkmale geistiger Labilität. Hier nur einige Beispiele verschiedenster Beobachtungen:

- Sportler bekommen bei Veranstaltungen zu Vollmond mehr Strafpunkte als zu anderen Zeiten des Monats.
- Während Betrunkene zur Zeit des Ersten Sichelmondes nach Hause torkeln und ihren Rausch ausschlafen, werden sie zu Vollmond aggressiv und gefährlich.
- Autofahrer neigen zum Schnellfahren und sind gereizt und intolerant anderen gegenüber.
- In dieser Mondphase begangene Überfälle und Einbrüche zeigen oft psychopathische Tendenzen.
- Aus Statistiken geht hervor, daß der Vollmond, vor allem in Verbindung mit dem Mond im Perigäum, ein gefährliches Klima schafft, in dem Attentate verübt werden, Rassenunruhen aufflammen, Aufstände losbrechen und fürchterliche Greueltaten und Massaker begangen werden.

✳ ☆ ✳ ☆ ✳ ☆ ✳ ☆ ✳ ☆ ✳ ☆

Die Geschichte des Showbusineß ist voll von tragischen Geschichten begabter, aber verletzlicher Menschen, wie Judy Garland (oben). Das bewegte Leben dieser schillernden Persönlichkeiten ist nicht selten von Alkohol- und Drogensucht gezeichnet. Astrologen meinen, daß negative Mondaspekte zur Zeit der Geburt einen Menschen empfänglicher für Drogen machen können. Auch Selbstmorde, wie jener von Kurt Cobain, dem Sänger von Nirvana, finden vermehrt zu bestimmten Zeiten des Mondzyklus statt.

VERBRECHEN UND NEUMOND

Aus Aufzeichnungen geht hervor, daß die Verbrechensrate zu und nach Neumond leicht abnimmt bzw. sich auf ein Normalmaß einpendelt. Vor Neumond scheint sie leicht anzusteigen, jedoch minimal im Vergleich zu der starken Zunahme, die bei Vollmond zu beobachten ist. Aus all dem wird offensichtlich, daß der Mond einen nicht zu unterschätzenden Einfluß auf unsere tiefsten Leidenschaften und Gefühle ausübt.

ASTROMOND

DATEN DER SONNENZEICHEN

Widder	21 März–20 April		Waage	23 Sep–23 Okt
Stier	21 April–21 Mai		Skorpion	24 Okt–22 Nov
Zwillinge	22 Mai–21 Juni		Schütze	23 Nov–21 Dez
Krebs	22 Juni–22 Juli		Steinbock	22 Dez–20 Jan
Löwe	23 Juli–23 Aug		Wassermann	21 Jan–18 Feb
Jungfau	24 Aug–22 Sep		Fische	19 Feb–20 März

38

* ☆ * ☆ * ☆ *

*Der medizinischen Astrologie
zufolge wird jedem Zeichen ein
bestimmter Körperteil zugeordnet.
Während der Mond ein bestimmtes
Zeichen durchläuft, sollten chirurgische Eingriffe
in der zugeordneten Körperregion vermieden werden.*

Den meisten Menschen ist ihr Tierkreiszeichen bekannt. Wenn wir sagen, wir sind ein Stier oder eine Waage, dann meinen wir damit, daß sich die Sonne am Tag unserer Geburt in diesem Zeichen befand. Unser Sternzeichen ist eine Art Kurzcharakteristik unserer Persönlichkeit.

Sonne und Mond

Astrologisch gesprochen wandert die Sonne etwa einen Grad pro Tag und durchschreitet daher jedes Zeichen in 30 oder 31 Tagen und alle zwölf Zeichen in einem Jahr. Der Mond ist jedoch schneller unterwegs, er fegt durch jedes Tierkreiszeichen in etwa 2¼ Tagen und durchläuft alle Zeichen in nur vier Wochen.

Da sich die Sonne verhältnismäßig lang in jedem Zeichen aufhält, ist sehr einfach festzustellen, wo sie sich zur Zeit unserer Geburt befand – von jenen abgesehen, die zum Halbmond (das Ende eines Zeichens und der Beginn des nächsten) geboren wurden. Die meisten von uns kennen ihr Sonnenzeichen, doch die wenigsten wissen, wo der Mond bei ihrer Geburt stand, was aber sehr wichtig ist, um uns selbst besser kennenzulernen.

SONNENZEICHEN – MONDZEICHEN

Das Sonnenzeichen beschreibt Ihr Verhalten und Ihre Wirkung auf andere. Es hebt Ihr Ego hervor, Ihr Auftreten und Ihre Eigenarten, Ihre Willenskraft und Ihren Einfluß auf Ihre Umgebung. Eigentlich ist alles, was mit Ihrer äußeren Persönlichkeit zu tun hat, in den Parametern Ihres Sonnenzeichens enthalten.

Ihr Mondzeichen hingegen beschreibt Ihre innere Persönlichkeit – die Person, die Sie wirklich sind. Es zeigt, wie Sie Gefühle ausdrücken und mit Ihren Emotionen umgehen, wie Sie mit anderen zurechtkommen, welche Art Beziehungen Sie eingehen werden und wie Sie emotionell auf andere wirken. Das Wissen um Ihr Mondzeichen verhilft Ihnen zu tieferen Einblicken in Ihre Stimmungen und Reaktionen, in Ihre Bedürfnisse und persönlichen Schwachstellen.

Ihr Mondzeichen beschreibt und beeinflußt:

- Ihre instinktiven Reaktionen
- Ihre innersten Bedürfnisse und Wünsche
- Ihre geheimen Sehnsüchte
- Ihre Gefühle von Liebe und Haß
- Ihre emotionalen Höhen und Tiefen
- Ihre Gefühle von Eifersucht und Freude
- Ihr Vorstellungspotential
- Ihre Ängste und Zwänge
- Ihren Eindruck auf andere
- Ihr privates Verhalten
- Ihr Verhalten beim Kennenlernen
- Ihre Art, Gefühle zu zeigen
- Ihre täglichen Gewohnheiten
- Ihre häusliche Umgebung und Ihren Lebensstil
- Ihre Familiengeschichte
- Ihr Sicherheitsbedürfnis
- Ihre Beziehung zu Ihrer Mutter und zu anderen wichtigen Frauen in Ihrem Leben
- Ihre schöpferischen und künstlerischen Talente
- die Lebensbereiche, die Sie emotional zufriedenstellen
- Ihre zyklusbedingten Hochs und Tiefs
- Ihre unterbewußten Erinnerungen
- Ihren Fürsorgeinstinkt
- Ihre frühkindlichen Prägungen
- Ihre unbewußte Konditionierung
- Ihre familiären Einflüsse
- das als Kind erlernte, bis heute nachwirkende Verhalten

SO FINDEN SIE IHR MONDZEICHEN

Da sich der Mond in jedem Zeichen nur etwas weniger als 2¼ Tage aufhält, reicht das Geburtsdatum manchmal aus, um herauszufinden, wo er zu Ihrer Geburt stand. Wenn Sie jedoch an einem der Tage geboren wurden, an denen der Mond das Zeichen gewechselt hat, müssen Sie den Zeitpunkt der Geburt relativ genau wissen, um das richtige Zeichen zu ermitteln.

Die Mondzeichentabellen am Ende dieses Buchs zeigen Ihnen Schritt für Schritt, wie Sie durch Feststellung der Mondposition an Ihrem Geburtstag Ihr persönliches Mondzeichen herausfinden können. Bestimmen Sie auch die Mondzeichen Ihrer Lieben, und erfahren Sie, wie wir alle vom Mond beeinflußt werden.

ERDE

Wenn sich Ihr Mond in einem Erdzeichen befindet, sind Sie im emotionalen Bereich stabil und ausgeglichen. In Ihren Beziehungen sind Sie praktisch und verläßlich. Sie sind realistisch und stehen Herzensangelegenheiten vernünftig und ernsthaft gegenüber. Ihre Partner halten Sie für verläßlich, aber auch eigensinnig. Über Gefühle reden Sie kaum, Sie zeigen sie eher. Ein geregeltes Leben ist wichtig für Sie, Sie brauchen feste Rahmenbedingungen.

**Stier
Jungfrau
Steinbock**

FEUER

Warm, vibrierend, extrovertiert und körperlich ausdrucksstark ist Ihr Gefühlszustand, wenn sich Ihr Mond in einem der Feuerzeichen befindet. Sie sind von Natur aus leidenschaftlich, ein toller Liebhaber. Sie sind charakteristisch feurig, und zwar körperlich, emotionell und geistig – in manchen Situationen besteht Überhitzungsgefahr! Sie sind am liebsten der strahlende Mittelpunkt. Einem herausfordernden, liebevollen Partner gelingt es, Sie zu fesseln.

**Widder
Löwe
Schütze**

LUFT

Wenn sich Ihr Mond in einem Luftzeichen befindet, sind Sie in Herzensangelegenheiten klug und besonnen. Freundschaft bedeutet Ihnen viel, und Sie brauchen einen kongenialen Partner. Sie zeigen eher intellektuelles Interesse an sexuellen Dingen und finden es einfacher, Ihre Gefühle verbal auszudrücken als körperlich. Ihre Partner finden Sie deshalb manchmal kühl und distanziert, oder undurchschaubar. Über zuviel körperlichen Kontakt sind Sie nicht glücklich, Sie brauchen Freiraum.

**Zwillinge
Waage
Wasser-
mann**

WASSER

Befindet sich Ihr Mond in einem der Wasserzeichen, dann sind Sie von Geburt an sensibel und von Ihren Gefühlen geleitet. In der Tat sind Ihre Gefühle immer nahe der Oberfläche und überfluten Sie, oft für Sie überraschend, und drohen Sie manchmal richtiggehend zu ersticken. Im allgemeinen sind Sie introvertiert und subjektiv, aber auch sehr leicht verletzbar. Sie sind mitfühlend, fürsorglich und emotional beständig und schenken einem einfühlsamen Partner viel Liebe.

**Krebs
Skorpion
Fische**

Ihr Element und das Geburtshoroskop

Jedes Tierkreiszeichen wird mit einem der vier Elemente (Erde, Luft, Feuer, Wasser) assoziiert. Menschen der selben Elementgruppe kommen angeblich besser miteinander aus als mit Angehörigen anderer Elementgruppen.

Ein Geburtshoroskop ist eine Karte, die die Positionen der Planeten zum Zeitpunkt der Geburt eines Menschen anzeigt. Die Karte ist in zwölf „Häuser" unterteilt, wovon jedes von einem Tierkreiszeichen bestimmt wird. Jedes Haus stellt einen Teil des Himmels dar,

in dem die Planeten in ihren tatsächlichen Positionen dargestellt sind.

Der Charakter einer Person und mögliche Ereignisse in ihrem Leben werden analysiert, indem man die Position der Planeten und die Beziehungen, in denen sie zueinander stehen, heranzieht. Diese Beziehungen, die man „Aspekte" nennt, weisen auf Harmonien oder Unstimmigkeiten in der Psyche eines Menschen hin.

Die Position des Mondes in der Karte ist für das Verständnis der emotionalen Natur einer Person entscheidend. Zuerst wird das Zeichen, in dem

der Mond steht, sein Element und die Hausposition herangezogen. Danach wird das Verhältnis des Mondes zur Sonne bewertet, um die körperlich-emotionale Integration der Person auszuloten. Abschließend werden die Aspekte zwischen Sonne, Mond und den anderen Planeten bewertet.

Ein vollständiges Horoskop kann nur ein professioneller Astrologe mit Hilfe von Datum, Uhrzeit und Ort Ihrer Geburt erstellen. Astrologen verwenden zur Darstellung der Planeten und Tierkreiszeichen international anerkannte Symbole.

*Geburtshoroskop
für Diana,
Prinzessin
von Wales*

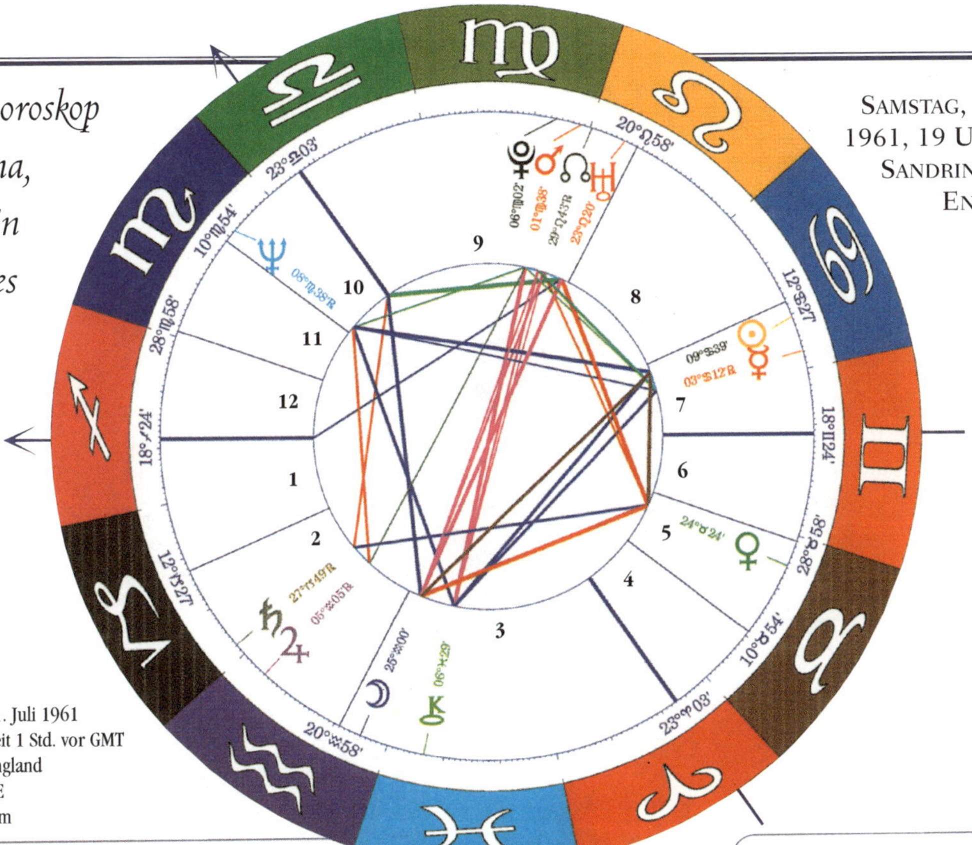

Diana Spencer: 1. Juli 1961
19:45 Sommerzeit 1 Std. vor GMT
Sandringham, England
52°50'N 00°30'E
Koch-Haus-System

Planet	Koch	Placidus	Art, Element
☉ 09°♋39'	VII	VII	kardinal, Wasser
☽ 25°♒00'	III	II	fix, Luft
☿ 03°♋12'R	VII	VII	kardinal, Wasser
♀ 24°♉24'	V	V	fix, Erde
♂ 01°♍38'	IX	VIII	beweglich, Erde
♃ 05°♒05'R	II	II	fix, Luft
♄ 27°♑49'R	II	I	kardinal, Erde
♅ 23°♌20'	IX	VIII	fix, Feuer
♆ 08°♏38'R	X	X	fix, Wasser
♇ 06°♍02'	IX	VIII	beweglich, Erde
☊ 29°♌43'R	IX	VIII	fix, Feuer
⚷ 06°♓29'	III	II	beweglich, Wasser
As 18°♐24'			beweglich, Feuer
Mc 23°♎03'			kardinal, Luft

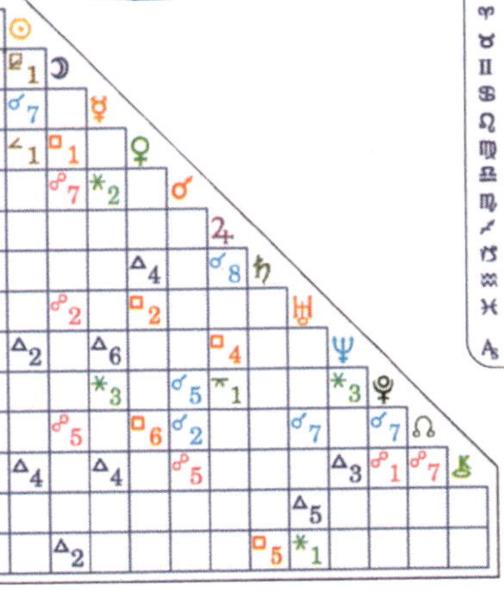

	Koch	Placidus
II	12°♑27	29°♑48'
III	20°♒58'	18°♓21'
XI	10°♍54'	16°♍03'
XII	28°♍58'	03°♐17

Schlüssel:

♈	Widder	☉	Sonne
♉	Stier	☽	Mond
♊	Zwillinge	☿	Merkur
♋	Krebs	♀	Venus
♌	Löwe	♂	Mars
♍	Jungfrau	♃	Jupiter
♎	Waage	♄	Saturn
♏	Skorpion	♅	Uranus
♐	Schütze	♆	Neptun
♑	Steinbock	♇	Pluto
♒	Wassermann	☊	Mondknoten
♓	Fische	⚷	Chiron
As	Aszendent	Mc	Medium Coel

Copyright © 1992–95 EQUINOX, London WC2H 9PA

Dianas aufsteigendes Zeichen war Schütze. Da sie Krebs war, sehen wir, daß ihre Sonne im Zeichen des Krebses stand. Ihr Mond befand sich bei Ihrer Geburt im Wassermann. Interessanterweise war ihre Sonne im 7. Haus, das Partnerschaft und Ehe repräsentiert — oft ein Zeichen einer wohlhabenden Verbindung. Aufgrund des Geburtshoroskops kann die voraussagende Astrologie große Schwierigkeiten und Krisenzeiten im Leben einer Person schon viele Jahre im voraus erkennen. Das tatsächliche Lebensende eines Menschen kann jedoch nie — und sollte auch niemals — vorausgesagt werden.

LESEN SIE NUN WEITER …
Die folgenden Seiten enthalten Informationen über die Bedeutung Ihres Mondzeichens. Finden Sie dieses zuerst mit Hilfe der Tabellen am Ende dieses Buchs heraus, und blättern Sie dann zu Ihrem persönlichen Zeichen.

Mond im Widder

42

Charakteristische Eigenschaften

Ihre instinktive Reaktion ist:
enthusiastisch und positiv

Ihre charakterlichen Stärken sind:
Mut und Willensstärke

Ihre negativen Eigenschaften sind:
Ungeduld und Unsensibilität

Sie hassen:
Schwäche oder Unentschlossenheit

Sie brauchen:
ständig neue Interessen, um Ihren Geist lebendig und rege zu halten

Sie müssen lernen:
auch an andere zu denken

PERSÖNLICHKEITEN IHRES MONDZEICHENS

Jerry Hall	Leonard Bernstein
Marlon Brando	Stevie Wonder
Salvador Dali	Barbara Cartland
Whitney Houston	Al Capone
Luciano Pavarotti	Anton Tschechow

IHR EIGENTLICHES ICH

Der Mond in diesem Zeichen präsentiert einen Freigeist mit einer dynamischen, extrovertierten Persönlichkeit. Sie haben das grundlegende Bedürfnis herauszuragen, deshalb sind Sie von Natur aus konkurrenzfreudig und arbeiten hart, um Ihre Lebensziele zu erreichen. Entscheidungen zu treffen, Verantwortung zu übernehmen und Menschen zu führen stellt Sie am meisten zufrieden. Da diese Mondstellung Mut vermittelt, genießen Sie den Reiz herausfordernder Situationen und Abenteuer und sind meist in vorderster Front anzutreffen.

Ihre Lebenseinstellung
DER WIDDER-MOND ZU HAUSE

Da Sie der Widder-Mond reichlich mit körperlichen Kräften ausstattet, sind Sie oft bei sportlichen Aktivitäten an-

zutreffen. Eine Ihrer großen Leidenschaften ist das Reisen, und man wird in Ihrem Haus wahrscheinlich viele Souvenirs aus fernen Ländern finden.

FAMILIÄRE BANDE

Wahrscheinlich wurden Sie schon in jungen Jahren angehalten, auf eigenen Beinen zu stehen. Ihre Eltern haben Sie immer unterstützt, haben aber auch viel von Ihnen erwartet. Vermutlich werden Sie ständig darum bemüht sein, daß auch Ihre Kinder ihr Leben meistern. Vielleicht hatten Sie mit Ihrem Vater Schwierigkeiten; die Frauen in Ihrer Familie sind stark, dominant und voller Energie.

IM BERUFSLEBEN

Mit einem Geist, der voll ist von originellen, bahnbrechenden Ideen, und der Härte, Ihre Projekte auch durchzuziehen, ist es gar nicht zu verhindern, daß Sie früher oder später Karriere machen. Sie sind ambitioniert, zielstrebig und überwinden alle Hindernisse, die der Verfolgung Ihrer Ziele im Wege stehen. Als geborene Führungspersönlichkeit besitzen Sie die Gabe, Ihre Mitarbeiter zu motivieren.

Entspannen Sie sich durch:

Autofahren, Bergsteigen, Überlebenstraining, Reisen in ferne Länder

FINANZIELLES

Als Kind des Widder-Mondes haben Sie wahrscheinlich ein Gespür für gewinnbringende Investitionen und gute Geschäfte.

GESUNDHEIT

Menschen im Widder-Mond sind normalerweise robust. Da sie aber auch zu Impulsivität neigen, sind sie unfallgefährdet: Gefahr von Verbrennungen und Schnittverletzungen

KINDER, DIE IM WIDDER-MOND GEBOREN WERDEN

Diese Kinder sind laut, aktiv und abenteuerlustig, voller Leben und ständig in Bewegung. Sie besitzen ein angeborenes Konkurrenzdenken, das oft bei sportlichen Aktivitäten ausgelebt wird. Sie lieben es, die Führung zu übernehmen, und ordnen sich nicht gerne unter. Man findet sie dort, wo es am heißesten hergeht.

Der Mond im Widder kann liebenswerte Unruhestifter hervorbringen. Eltern sollten jedoch etwaige Anzeichen früher Aggressionen nicht übersehen – diese müssen geschickt in kreative Beschäftigungen umgeleitet werden.

IHR SONNEN- UND MONDZEICHEN AUF EINEN BLICK

Mond im Widder

Wie ausgewogen ist Ihre äußere (Sonnenzeichen) und Ihre innere Persönlichkeit (Mondzeichen)?

Ihre Sonne in	Charakteristika	Bewertung
Widder	Stark, robust, unsensibel	★
Stier	Widersprüchliche Wünsche	★★★
Zwillinge	Dynamisch, aber unaufmerksam	★★★★
Krebs	Geben und nehmen	★★
Löwe	Mächtig	★★★★★
Jungfrau	Geistsprühend	★★★
Waage	Auf und ab, Hoch und Tief	★★
Skorpion	Tief und intensiv	★★★
Schütze	Eine gewinnende Kombination	★★★★★
Steinbock	Fest entschlossen	★★★★
Wassermann	Charismatisch	★★★
Fische	Stark, aber scheu	★★

★ Sehr fraglich ★★ Uneins mit sich selbst ★★★ Inneres Gleichgewicht muß erarbeitet werden
★★★★ Im Einklang ★★★★★ Optimal ausgewogen

Beziehungen

IHRE GEFÜHLSWELT

In einem unabhängigen und egozentrischen Zeichen wie dem Widder ist wenig Platz für Feingefühl oder seelische Empfindungen. Hier sind die zarten Instinkte des Mondeinflusses von einer robusten Einstellung zum Leben überlagert. Als Kind des Widder-Mondes haben Sie daher für Schwäche oder Unentschlossenheit nichts übrig.

Sie finden es vielleicht sogar schwierig, mit Emotionen umzugehen, seien es Ihre eigenen oder die anderer. Sie sind ein spontaner Mensch; Entscheidungen müssen sofort gefällt werden. Und Sie leben in der Gegenwart, denn aus Ihrer Sicht ist es wichtig, immer am Ball zu bleiben.

Ihre Leidenschaft ist ebenfalls spontan: Sie lieben und hassen in einem Atemzug. Viele Mond-Widder neigen dazu, sich Hals über Kopf zu verlieben und das Objekt ihrer Begierde so ungestüm zu umwerben, daß dies mehr zögernde potentielle Partner abschrecken kann. Früher oder später lernen Sie jedoch, Ihre Leidenschaft zu zügeln, und merken, oft zu Ihrer Überraschung, daß Sie mit ein wenig Geduld viel eher zum Ziel gelangen.

In intimen Beziehungen spielen Sie gerne die dominante Rolle. Sie sind ein feuriger Liebhaber und leicht erregbar. Ihre Bedürfnisse müssen sofort

IHRE BEZIEHUNG ZUM PARTNER

Ihr Mond im Widder

Mond des Partners in Widder	
Widder	Gehören Sie beide demselben Mondzeichen an, dann hegen Sie gleiche Gefühle in gleicher Stärke. Sie sind beide feurig und abenteuerlustig, aber auch freiheitsliebend. Keiner will sich dem anderen unterordnen, und mangelnde Kompromißbereitschaft führt unweigerlich zu Konflikten.
Stier	Dieser Partner ist nicht dazu geboren, ein spartanisches Leben zu führen – er sehnt sich nach Luxus und Sorglosigkeit. Sie hingegen ziehen einen steinigeren Weg vor, um die Sinne geschärft zu halten. Kurz, Ihre grundlegenden Auffassungen sind zu verschieden.
Zwillinge	Sie sind beide rastlos und wißbegierig. Ihr Widder-Mond und der Zwillings-Mond Ihres Partners lassen Sie ständig nach neuen Abenteuern suchen. Ob Sie jedoch nach demselben Abenteuer suchen, ist fraglich. Möglicherweise müssen Sie Unstimmigkeiten in Kauf nehmen.
Krebs	Keine einfache Verbindung, da Menschen des Krebs-Mondes anschmiegsame Zeitgenossen sind, während Ihnen ein Zuviel an Turteln und Schmusen unangenehm ist. Dieser Partner ist zudem ein häuslicher Mensch, während Sie die rauhe Außenwelt bevorzugen.
Löwe	Eine aufregende Partnerschaft, sowohl beruflich als auch privat. Diese Verbindung ist äußerst energiegeladen, und Sie haben sicherlich unheimlich viel Spaß zusammen. Unterhaltung, Abenteuer und ein aufregendes Liebesleben wird Ihre Tage – und Nächte – versüßen.
Jungfrau	Das Bedürfnis des Jungfrau-Mondes nach Ordnung, Sauberkeit und Disziplin wird sich zweifellos stark von Ihrer unbekümmerten Einstellung zum häuslichen Leben abheben. Auch der sexuelle Bereich könnte zum Problem werden, da Ihre Leidenschaft nicht im selben Ausmaß erwidert werden dürfte.

Mond des Partners in Waage	IHRE BEZIEHUNG ZUM PARTNER
	Ihr Mond im Widder
	Die Anmut Ihres Waage-Mond-Gefährten wird Sie bezaubern, und Sie würden gut daran tun, ein wenig davon anzunehmen, um Ihre rauhe Schale zu glätten. Sie sind verschieden, doch Gegensätze ziehen einander bekanntlich an!
Skorpion	Die intensiven Gefühle und der für den Skorpion-Mond typische Hang zur Eifersucht werden mit Ihrem zwanghaften Unabhängigkeitsbedürfnis und Freiheitsdrang zusammenprallen. Sie werden einander dennoch heiß begehren.
Schütze	Sie sind beide abenteuerlustig und explosiv, beide auf der Suche nach dem weiten Horizont. Diese Beziehung bietet hervorragende, beinahe ungetrübte Aussichten – im Bett und anderswo.
Steinbock	Die Aussichten für diese Beziehung sind dann rosig, wenn Sie und Ihr Partner beruflich zusammenarbeiten, denn Sie werden in der Lage sein, Ihre beachtlichen, aber grundverschiedenen Talente in den Erfolg Ihres Unternehmens einfließen zu lassen.
Wassermann	Mond-Wassermänner respektieren das gegenseitige Bedürfnis nach Unabhängigkeit und persönlichem Freiraum. Diese Partnerschaft verspricht Toleranz und Verständnis von Anfang an.
Fische	Diese Verbindung funktioniert nur, wenn Sie eine Engelsgeduld haben und sich Ihr Fische-Mond-Partner rasch eine dicke Haut zulegt! Wunder sind selten, deshalb ist diese Beziehung eher unrealistisch.

gestillt werden. Obwohl Sie leicht in Wut geraten, sind Sie nicht nachtragend; Angehörige des Widder-Mondes verzeihen und vergessen bereitwillig.

Ihr idealer Lebenspartner muß genauso feurig und leidenschaftlich sein wie Sie. Eine verwegene Person mit ausreichend Stehvermögen, um mit Ihnen Schritt halten zu können, würden Sie bewundern und respektieren.

✳ ✩ ✳ ✩ ✳ ✩ ✳ ✩ ✳ ✩ ✳ ✩ ✳ ✩ ✳ ✩

Widder dominiert den Kopf. Widdermond-Geborene können daher für Kopfschmerzen und Zahnweh anfällig sein.

Mond im Stier

46

Charakteristische Eigenschaften

Ihre instinktive Reaktion ist:
vorsichtig und pragmatisch

Ihre charakterlichen Stärken sind:
Charme und Zielstrebigkeit

Ihre negativen Eigenschaften sind:
Starrsinn und Genußsucht

Sie hassen:
alles und jeden, der Ihre Ruhe stört

Sie brauchen:
körperliche, emotionale und finanzielle Sicherheit

Sie müssen lernen:
loszulassen

PERSÖNLICHKEITEN IHRES MONDZEICHENS

Elton John
Irving Berlin
Meryl Streep
C. G. Jung
Mutter Theresa
Ronald Reagan

Diana Ross
Joan Collins
Bill Clinton
Yasser Arafat
Busby Berkeley
Fats Domino
Bob Dylan

Prinz Charles
Che Guevara
Mick Jagger
Greta Garbo
Isaac Asimow
Karl Marx

IHR EIGENTLICHES ICH

Menschen, die mit dem Mond im Stier geboren wurden, sind für ihre Verläßlichkeit, ihr ausgeprägtes Verantwortungsbewußtsein und ihre Vernunft bekannt. Sie stehen mit beiden Beinen fest auf dem Boden, wissen genau, was sie wollen und was sie für ein ausgefülltes Leben brauchen.

Grundsätzlich treibt Sie das Bedürfnis nach persönlicher Sicherheit an, was sich auf Ihr gesamtes Handeln auswirkt. Sie besitzen eine künstlerische Ader und umwerfenden Charme.

Ihre Lebenseinstellung
DER STIER-MOND ZU HAUSE

Da Sie von Natur aus unverschämt sinnlich sind, legen Sie bei der Einrichtung Ihrer häuslichen Umgebung größten Wert auf Luxus und erstklassigen Komfort.

FAMILIÄRE BANDE

Der Generationskonflikt, der in so vielen Familien Probleme verursacht, hat zwischen Ihnen und Ihren Eltern niemals wirklich stattgefunden, da Sie dank Ihrer reifen Haltung mit älteren Menschen gut auskommen. Es ist leicht möglich, daß ein Elternteil streng war, doch Ihr Scharfsinn und Charme halfen Ihnen, auch damit gut fertig zu werden.

Sie selbst sind stolze, fürsorgliche Eltern, die umso glücklicher sind, je verantwortungsbewußter, höflicher und wohlerzogener Ihre Kinder sind.

IM BERUFSLEBEN

Sie sind praktisch, hart arbeitend und realistisch und zögern nie einzuspringen, wenn Sie gebraucht werden. Aufgrund Ihres Verlangens nach Sicherheit und Wohlstand ist es nicht ungewöhnlich für Sie, mehrere Berufe gleichzeitig auszuüben.

Tätigkeiten im Dunstkreis von Kunst und Musik ziehen Sie an, auch an Mode und Finanzgeschäften sind Sie interessiert. Was Ihre Arbeitsweise betrifft, sind Sie für gewöhnlich recht eigensinnig und lehnen auch die geringsten erzwungenen Änderungen vehement ab.

Entspannen Sie sich durch:

eine wohltuende Aromatherapie oder Reflexzonenmassage

FINANZIELLES

Sie horten gerne Geld und werden Ihr Leben lang fleißig sparen. Erst nach

---

IHR SONNEN- UND MONDZEICHEN AUF EINEN BLICK

Mond im Stier

Wie ausgewogen ist Ihre äußere (Sonnenzeichen) und Ihre innere Persönlichkeit (Mondzeichen)?

Ihre Sonne in	Charakteristika	Bewertung
Widder	Draufgängerisch	★★★
Stier	Solide, aber stur	★
Zwillinge	Oberflächenspannung	★★
Krebs	Gefühlsmäßig im Einklang	★★★★
Löwe	Zusammen unschlagbar	★★★★
Jungfrau	Geistige Harmonie	★★★★★
Waage	Die goldene Mitte	★★★★
Skorpion	Kraftvoll	★★★
Schütze	Eine unharmonische Verbindung	★★
Steinbock	Das Herz am rechten Fleck	★★★★
Wassermann	Gewisse Diskrepanzen	★★
Fische	Introvertiert	★★★

★ *Sehr fraglich*   ★★ *Uneins mit sich selbst*   ★★★ *Inneres Gleichgewicht muß erarbeitet werden*

★★★★ *Im Einklang*   ★★★★★ *Optimal ausgewogen*

---

reiflichen Überlegungen investieren Sie und setzen dabei auch niemals alles auf eine Karte.

GESUNDHEIT

Angehörige dieser Gruppe haben mitunter mit Gewichtsproblemen zu kämpfen; oft wird mit diesem Mondzeichen ein birnenförmiger Körper assoziiert. Häufig sind sie auch anfällig für Halsschmerzen, Mandelentzündungen und andere Leiden, die diese Körperregion betreffen.

KINDER, DIE IM STIER-MOND GEBOREN WERDEN

Befindet sich der Mond im Stier, werden meist kräftige Babys geboren. Solange man sie mit ausreichend Wärme und Nahrung versorgt, sind diese Kinder zufrieden und anspruchslos. Stier-Mond-Kinder werden oft in eher wohlhabende oder bäuerliche Familien hineingeboren. Sie haben einen ausgeprägten Familiensinn, sind gut bei Appetit und wachsen zu glücklichen und hilfsbereiten jungen Leuten heran.

Mond des Partners in	IHRE BEZIEHUNG ZUM PARTNER
	### Ihr Mond im Stier
Widder	Ihre Vorliebe für das süße Leben ist unvereinbar mit dem Bedürfnis des Widder-Mondes, sich den Herausforderungen eines steinigeren Lebensweges zu stellen. Im Liebesleben kann es dennoch heiß hergehen.
Stier	Eine hervorragende Kombination, da beide Partner die gleichen emotionalen Bedürfnisse haben. Sie genießen die Gesellschaft des anderen; ein glückliches, erfolgreiches Leben liegt vor Ihnen.
Zwillinge	Gewiß haben Sie sich eine ganze Menge zu sagen, doch Sie dürften nicht genau dieselbe Sprache sprechen. Ihr Stier-Mond verlangt nach Beständigkeit, doch Ihr Partner ist lieber frei und ungebunden.
Krebs	Ein Mond im Stier plus ein Mond im Krebs ergibt eine erfreuliche Kombination. Sie sind beide liebevoll, sanft und aufmerksam zueinander, zu Ihrer Familie und Ihren Freunden.
Löwe	Abgesehen von gelegentlichen Gesinnungskämpfen sind hier die Voraussetzungen für eine dauerhafte, pulsierende Beziehung gegeben.
Jungfrau	Mit beiden Monden in starken, verläßlichen Erdzeichen gibt es viele Gemeinsamkeiten. Es sieht sehr gut aus für eine sinnliche Verbindung mit langer Lebensdauer.
Waage	Gemeinsame kreative Vorlieben sind eine gute Voraussetzung für eine harmonische Verbindung. Sie und Ihr sanfter Waage-Mond-Partner werden eine künstlerische, äußerst sinnliche Beziehung aufbauen.
Skorpion	Ihr Mond ist ein Erdzeichen, der Ihres Partners ein Wasserzeichen. Mischt man Erde und Wasser, erhält man entweder Schlamm, oder aber eine feste, beständige Basis. Sie haben die Wahl.
Schütze	Als Kind des Stier-Mondes brauchen Sie das Gefühl der Beständigkeit und festen Boden unter Ihren Füßen. Doch der Schütze-Mond Ihres Partners läßt sich nicht festnageln. Sie haben, so scheint es, wenig gemeinsam.
Steinbock	Hier treffen sich zwei verwandte Seelen; eine vielseitige, dauerhafte Beziehung läßt sich fast nicht vermeiden. Eine hervorragende Kombination!
Wassermann	Ein Stier-Mond hat mit einem Wassermann-Mond wenig gemeinsam, da jeder andere Bedürfnisse hat und sich vom Leben unterschiedliche Dinge erwartet. Folglich bestehen kaum Erfolgsaussichten.
Fische	Bei diesen Mondstellungen können beide Partner sehr viel voneinander profitieren. Sie ergänzen einander prächtig – Gratulation!

Beziehungen

IHRE GEFÜHLSWELT

Sie sind verläßlich und standhaft wie ein Fels in der Brandung, und Ihre Lebenseinstellung ist vernünftig und sachlich. Sicherheit ist vielleicht Ihr vordringliches Anliegen, deshalb entwickeln Sie sich schon früh zu einer vorsichtigen Natur, die von einem starken Selbsterhaltungstrieb geprägt ist.

Ihr Sicherheitsbedürfnis ist so stark, daß Kinder des Stier-Mondes sich gerne mit materiellen Dingen umgeben, die ihrem Leben, wie sie glauben, Ordnung und Stütze verleihen. Viele werden auch übertrieben besitzergreifend und behüten eifersüchtig – sogar neurotisch – alles, was ihnen ihrer Meinung nach gehört.

Sie gehören nicht zu der Gattung von Menschen, die sich blindlings in neue Beziehungen stürzen. Bevor Sie jemandem Ihre Liebe zuteil werden lassen, wägen Sie genau alle Für und Wider ab, um sich zu versichern, daß diese Person auch wirklich vertrauenswürdig ist und Ihnen die körperliche, finanzielle und emotionale Sicherheit bieten kann, die Sie zu Ihrem Wohlbefinden brauchen.

Ihren Partnern gegenüber schwören Sie ewige Pflichterfüllung und Treue. Sie scheuen keine Mühe, damit Ihre Beziehung erfolggekrönt, befriedigend und harmonisch und Ihr Zuhause ein angenehmer Ort zum Leben ist. Von Natur aus sinnlich, lieben Sie es, sich selbst und Ihre Familie so oft wie möglich zu verwöhnen, und Sie tun alles Erdenkliche, damit es Ihnen und Ihren Lieben an nichts fehlt.

Gesellig und extrovertiert wie Sie sind, genießen Sie Feste und Partys. Doch mit Ihrer ausgeprägten Fürsorglichkeit sind Sie auch ein ausgezeichneter Nestbauer, der Familie, Haus und Hof gerne hütet und beschützt.

* ☆ * ☆ * ☆ * ☆ * ☆ * ☆ * ☆ *

Stier dominiert Hals und Nacken. Bei den Angehörigen dieses Zeichens ist oft der Hals besonders ausgeprägt, entweder stark und muskulös oder lang und graziös.

49

vij g kl's Samt prime.

nnent le mops daunt fut de dic ad uemus selon les ni ... ... que venus est planete ch au de et mop st et atte ... come

Mond in den Zwillingen

Astromond

Kapitel 6

50

Charakteristische Eigenschaften

Ihre instinktive Reaktion ist:
anpassungsfähig und ungezwungen

Ihre charakterlichen Stärken sind:
Intelligenz und eine jugendlich-moderne Weltanschauung

Ihre negativen Eigenschaften sind:
ein Hang zur Oberflächlichkeit und Verschlagenheit

Sie hassen:
Routine

Sie brauchen:
viel geistige Anregung

Sie müssen lernen:
Ihre Projekte zu Ende zu führen

IHR EIGENTLICHES ICH

Sie sind ein heller Kopf, clever und unterhaltsam zugleich, und mit einem messerscharfen Verstand gesegnet.

Der Meinungsaustausch ist Ihre Stärke, Sie hören nie auf, Fragen zu stellen, und zeigen reges Interesse an allem, was um Sie herum passiert – von der Funktionsweise irgendeines Gerätes bis zur Frage, was in Ihren Mitmenschen vorgeht. Doch Ihre Aufmerksamkeitsspanne ist kurz, wie ein Schmetterling flattern Sie von einem Interessensgebiet zum nächsten, ohne sich die Zeit zu nehmen, etwas gründlich zu erlernen oder Ihre Unternehmungen zu Ende zu bringen.

PERSÖNLICHKEITEN IHRES MONDZEICHENS

Brigitte Bardot	Doris Day	Omar Sharif
Spencer Tracy	Fred Astaire	Stan Laurel
Amelia Earhart	Mae West	Pablo Casals
T. S. Eliot	Groucho Marx	Edith Piaf
Joan Baez	Sigmund Freud	Dorothy Sayers
J. D. Rockefeller	Noel Coward	Fjodor Dostojewski

Ihre Lebenseinstellung

DER ZWILLINGS-MOND ZU HAUSE

In Ihrem Zuhause wird man überall auf die neuesten technischen Errungenschaften stoßen; Sie haben alles, was die tagtägliche Hausarbeit erleichtert und spannender macht. Da Sie ein unruhiger Geist sind, möchten Sie ständig eine neue Umgebung kennenlernen und ziehen in Ihrem Leben wahrscheinlich mehrere Male um.

FAMILIÄRE BANDE

Sie behandeln alle Ihnen Nahestehenden in freundschaftlicher Art und Weise, wie Bruder oder Schwester – selbst Ihre eigenen Kinder und Eltern. Da der Zwillings-Mond bedeutet, daß Sie im Herzen immer jung bleiben, wird es zwischen Ihnen und Ihren Kindern höchstwahrscheinlich zu keinem Generationskonflikt kommen; Sie mögen die Jugend und teilen ihre Interessen, ihre Musik, ihre Spiele und ihren Spaß.

IM BERUFSLEBEN

Mond-Zwillinge sind schnelle Denker und haben überaus geschickte Hände. Neue Kenntnisse und Fertigkeiten erwerben Sie blitzschnell; man muß Ihnen etwas nur einmal zeigen oder erklären, und Sie haben das Wesentliche sofort erfaßt.

Ihre Vielseitigkeit öffnet Ihnen Tür und Tor für eine Vielzahl von Beschäftigungen, wobei Sie sich von den Branchen Kommunikation, Unterhaltung, Reisen und von den Medien am meisten angezogen fühlen.

IHR SONNEN- UND MONDZEICHEN AUF EINEN BLICK

Mond in den Zwillingen

Wie ausgewogen ist Ihre äußere (Sonnenzeichen) und Ihre innere Persönlichkeit (Mondzeichen)?

Ihre Sonne in	Charakteristika	Bewertung
Widder	Immer auf Achse	★★★★
Stier	Kreativ und clever	★★★
Zwillinge	Im Herzen jung	★
Krebs	Fürsorglich, doch schnell gelangweilt	★★
Löwe	Charismatisch	★★★★
Jungfrau	Erfinderisch	★★★
Waage	Überzeugend	★★★★★
Skorpion	Kühler Typ	★★★★
Schütze	Ruhelos	★★
Steinbock	Ambitioniert	★★★
Wassermann	Phantastisch	★★★★★
Fische	Launenhaft	★★

★ Sehr fraglich ★★ Uneins mit sich selbst ★★★ Inneres Gleichgewicht muß erarbeitet werden
★★★★ Im Einklang ★★★★★ Optimal ausgewogen

Entspannen Sie sich durch:

Surfen im Internet

FINANZIELLES

Sie müssen Ihren Hang zum Geldausgeben in den Griff bekommen.

GESUNDHEIT

Mit Ihrer nervösen und angespannten Verfassung haben Sie es von allen Mondzeichen am nötigsten, sich Zeit zum Entspannen und für ausgedehnte Erholungsphasen zu nehmen.

KINDER, DIE IM ZWILLINGS-MOND GEBOREN WERDEN

Aufgrund des Merkur-Einflusses auf dieses Mondzeichen setzt die sprachliche Entwicklung dieser Kinder sehr früh ein. Wenn sie einmal zu sprechen beginnen, hören sie nie mehr damit auf!

Die Kinder des Zwillings-Mondes sind sehr umgänglich und richtiggehende Stimmungskanonen. Alles, was sich bewegt, fasziniert sie, und ihre ständige Fragerei kann die Eltern ganz schön fertigmachen.

Beziehungen

IHRE GEFÜHLSWELT

Es wird behauptet, daß die mit dem Mond in diesem Zeichen Geborenen die Merkmale eines Chamäleons besitzen. In welcher Gesellschaft Sie sich auch befinden, Sie können sich immer anpassen und die Stimmung Ihrer Mitmenschen übernehmen. Sie sagen das, was diese Ihrer Meinung nach hören wollen, anstatt Ihre eigene, wahre Meinung oder Ihre Gefühle preiszugeben. Deshalb ist es nicht überraschend, daß andere oft Probleme haben, Ihr wahres Ich zu entdecken.

Da Abwechslung die Würze des Lebens eines Zwillings-Mondes ist, unterliegen Sie starken Stimmungsschwankungen, oder, genauer gesagt, Launen. Sie lieben das Gefühl der Freiheit und wollen leicht wie Luft, das Element des Zwillings, sein. Verpflichtungen erdrücken Sie, und zu viel Verantwortung weckt Ihre Ungeduld. Jede Situation, die Sie irgendwie aufhält, etwa eine Beziehung, die Ihre Bewegungsfreiheit einengt, empfinden Sie bald als untragbar und beklemmend.

Im Flirten sind Sie, um es offen zu sagen, ganz große Klasse, sowohl innerhalb als auch außerhalb einer Beziehung, denn weder Beständigkeit noch Treue gehören zu den starken Seiten dieses Mondzeichens.

So wie Sie sich zur geistigen Stimulierung ständig mit neuen Interessen versorgen müssen, brauchen Sie auch einen großen Bekanntenkreis, der Ihnen zur Verfügung steht, wann immer sich Langeweile breitzumachen droht. Ein Adreßbuch, überquellend mit Telefonnummern von Freunden, Bekannten und sogar ehemaligen Liebhabern, ist ein absolutes Muß für jeden, dessen Mond sich in den Zwillingen befindet.

Zwar flattern Sie von einer Sache zur anderen und von einer Person zur nächsten, doch Ihre Emotionen haben Sie meist gut unter Kontrolle. Sie sind normalerweise in der Lage, Ihre Gefühle Ihrer Vernunft unterzuordnen und herauszuarbeiten, was Ihnen schaden könnte. Angehörige des Zwillings-Mondes lassen selten ihr Herz vor dem Kopf sprechen.

Ein intelligenter Partner wird Sie faszinieren. Doch für eine wirklich erfolgreiche Beziehung muß er oder sie auch schlau genug sein, um zu erkennen, daß Sie, solange man Ihnen ausreichenden Freiraum läßt, ohnehin immer wieder gerne nach Hause zurückkehren.

Das Zeichen der Zwillinge regiert die folgenden Körperbereiche: Atmungsorgane, Nerven, Schultern, Arme und Hände. Angehörige dieses Mondzeichens entdecken vielleicht, daß sie für Krankheiten in diesen Bereichen überdurchschnittlich anfällig sind.

52

Kapitel 6   Astromond

Mond des Partners in Widder	IHRE BEZIEHUNG ZUM PARTNER

Ihr Mond in den Zwillingen

Sie sind beide rastlos und wißbegierig, und Ihr Zwillings-Mond und der Widder-Mond Ihres Partners lassen Sie ständig nach Abenteuern Ausschau halten. Ob Sie jedoch nach den gleichen Dingen suchen, ist fraglich. Unstimmigkeiten müssen Sie vielleicht in Kauf nehmen.

Stier

Sie haben zwar beide eine ganze Menge zu sagen, doch leider sprechen Sie nicht genau dieselbe Sprache. Der Stier-Mond Ihres Partners verlangt nach Beständigkeit – etwas, das Sie zu Tode langweilt.

Zwillinge

Eine glänzende, stürmische Verbindung mit vielen gemeinsamen intellektuellen Interessen, jedoch wenig Zusammenhalt, da der Mond in den Zwillingen Ruhelosigkeit vermittelt.

Krebs

Die Angehörigen des Krebs-Mondes fühlen sich in den eigenen vier Wänden am wohlsten, während jene des Zwillings-Mondes nur auf freier Wildbahn glücklich sind. Kommunikationsschwierigkeiten sind die Folge.

Löwe

Eine luftig-leichte Verbindung, voll von Spaß und Frivolität. Wenn Sie es schaffen, miteinander zu lachen und nicht übereinander, kann Ihre Beziehung höchst amüsant und erotisch-aufregend sein.

Jungfrau

Auffassungs- und Meinungsdifferenzen zwischen Ihrem Mondzeichen und dem Ihres Partners sind eine zu große Kluft für eine dauerhafte Liebesbeziehung.

Waage

Sie befinden sich absolut auf derselben emotionalen Wellenlänge. Zwillings-Mond und Waage-Mond ergeben eine der besten Partien im Tierkreis – eine aussichtsreiche, brillante Verbindung!

Skorpion

Ihr Zwillings-Mond braucht Freiheit, der Skorpion-Mond Ihres Partners wiederum ist eifersüchtig und besitzergreifend. Daraus ergibt sich eine höchst explosive Situation.

Schütze

Trotz der Tatsache, daß sich der Schütze-Mond am anderen Ende des Spektrums vom Zwillings-Mond befindet, funktioniert diese Verbindung erfahrungsgemäß ziemlich gut.

Steinbock

Zwischen Zwillings-Mond und Steinbock-Mond besteht kaum eine Seelenverwandtschaft, und Sie und Ihr Partner würden sich gegenseitig irritieren. Ein Zusammenbleiben wäre ein mühseliger Kampf.

Wassermann

Eine herrlich freundschaftliche Beziehung, in der zwar jeder kühl und unabhängig ist, jedoch in völliger Übereinstimmung mit dem Partner. Eine leichte Beziehung mit guten Zukunftsaussichten.

Fische

Ein Fische-Mond ist von allen Mondzeichen wahrscheinlich am anschmiegsamsten, ein Zwillings-Mond ist am ausweichendsten. Keiner kann sich in die Gefühle des anderen hineinversetzen.

Kapitel 6   Astromond   53

Mond im Krebs

Astromond

Kapitel 6

54

Charakteristische Eigenschaften

Ihre instinktive Reaktion ist:
gefühlsbetont und sensibel

Ihre charakterlichen Stärken sind:
Intuition und ein liebevolles Wesen

Ihre negativen Eigenschaften sind:
eine Neigung zur Defensive und ein starkes Gefühl der Unsicherheit

Sie hassen:
irgend etwas wegzuwerfen

Sie brauchen:
die Sicherheit eines ruhigen, geregelten Privatlebens

Sie müssen lernen:
weniger ernst zu nehmen, was Ihnen andere Leute sagen

PERSÖNLICHKEITEN IHRES MONDZEICHENS

Humphrey Bogart
George Orwell
Thomas Hardy
Georgio Armani
Julio Iglesias
Christian Dior
Clarke Gable

Jimi Hendrix
Jeffrey Archer
Bob Hope
Emma Thompson
Graham Greene
Boris Jelzin

Tom Cruise
Burt Bacharach
Igor Strawinski
Harrison Ford
Paul Simon
Liza Minnelli

IHR EIGENTLICHES ICH

Wie eine Krabbe, die sich schutzsuchend in ihrem harten Panzer versteckt, haben Sie gelernt, Ihre zarten Gefühle hinter einer rauhen Schale zu verbergen. Krebs-Mond-Menschen tun dies vor allem, weil sie ausgesprochen sensibel sind. Als Angehöriger dieses Zeichens sind Sie von Natur aus intuitiv und erfühlen sich Ihren Weg durchs Leben. Haben Sie das Gefühl, etwas ist richtig, dann tun Sie es; haben Sie das Gefühl, etwas ist falsch, dann lassen Sie es. Ihr Herz schlägt für Ihr Zuhause; in Ihrer vertrauten Umgebung, im Kreise Ihrer Lieben, fühlen Sie sich am wohlsten.

Ihre Lebenseinstellung
DER KREBS-MOND ZU HAUSE

Sie sind ein geborener Nestbauer, aber auch ein unverbesserlicher Sammler.

Daher wird Ihr Heim höchst behaglich und gemütlich sein, jedoch vollgestopft mit all jenen Dingen, von denen Sie sich nicht trennen können. Sie sind sehr häuslich, und Ihre Kreativität läßt Sie aus der bescheidensten Hütte einen Palast machen.

FAMILIÄRE BANDE

Alle Krebs-Mond-Angehörigen sind sowohl stark familienorientiert als auch instinktiv fürsorglich und finden Freude daran, ihre Lieben zu umsorgen. Als Kind fühlten Sie sich verantwortlich für Ihre Geschwister, und genau diese zärtliche, aufopfernde Rolle ist es, die Sie auch in Ihrer Partnerschaft und bei den eigenen Kindern übernehmen. Ihre Mutter bedeutet Ihnen viel, und Sie werden Ihre enge Beziehung zu ihr nie aufgeben.

IM BERUFSLEBEN

Krebs-Mond-Angehörige sind Menschenfreunde und fühlen sich im Beratungsbereich und in der Medizin zu Hause. In wohltätigen Einrichtungen, im Sozialbereich und in der Arbeit mit Kindern sind Sie ebenfalls gut aufgehoben. Da Sie sich in den eigenen vier Wänden am wohlsten fühlen, stellt Sie auch eine Arbeit, die von zu Hause erledigt werden kann, zufrieden. Machen Sie sich doch als Innenarchitekt, Landschaftsgestalter oder Antiquitätenhändler selbständig!

Entspannen Sie sich durch:

Verwöhnen Sie Ihre Familie mit einem Festessen

IHR SONNEN- UND MONDZEICHEN AUF EINEN BLICK

Mond im Krebs

Wie ausgewogen ist Ihre äußere (Sonnenzeichen) und Ihre innere Persönlichkeit (Mondzeichen)?

Ihre Sonne in	Charakteristika	Bewertung
Widder	Ruheloser Geist	★★
Stier	Sinn fürs Praktische	★★★★★
Zwillinge	Klatsch und Tratsch	★★
Krebs	Kuschelig	★
Löwe	Warmherzig	★★★★
Jungfrau	Verläßlich und vernünftig	★★★★
Waage	Charmant und eloquent	★★★
Skorpion	Unergründliche Tiefen	★★★★
Schütze	Eine Seele auf Wanderschaft	★★★
Steinbock	Verantwortungsbewußt	★★
Wassermann	Hin und her gerissen	★★
Fische	Hypersensibel	★★★★★

★ *Sehr fraglich*　★★ *Uneins mit sich selbst*　★★★ *Inneres Gleichgewicht muß erarbeitet werden*

★★★★ *Im Einklang*　★★★★★ *Optimal ausgewogen*

FINANZIELLES

Sie sind ein überzeugter Sparmeister, der gar nicht anders kann, als Geld zur Seite zu legen. Eines Ihrer auserwählten Besitztümer muß eines Tages einfach Sammlerwert haben.

GESUNDHEIT

Sie sind körperlich widerstandsfähiger als es scheint, obwohl Sie auf jedes Wehwehchen empfindlich reagieren. Aber es ist Ihr ständiges Sich-Sorgenmachen, das Sie umwirft.

KINDER, DIE IM KREBS-MOND GEBOREN WERDEN

Krebs-Mond-Babys sind liebesbedürftig und verschmust und hängen stark an ihren Müttern – Merkmale, die sie bis ins Erwachsenenalter beibehalten. Sie machen keinen Hehl aus ihren Gefühlen und weinen leicht, solange sie klein sind. Deshalb wird man sie in der Schule vielleicht hänseln oder tyrannisieren – eine Möglichkeit, die die Eltern dieser Krebs-Mond-Kinder bedenken sollten.

Beziehungen

IHRE GEFÜHLSWELT

Sie sind zartbesaitet und sentimental, ein vollendeter Romantiker, der gern alles durch die rosarote Brille sieht. Sie kümmern sich gerne um andere; mit Ihrer einfühlsamen, fürsorglichen Natur stehen Sie jedem zur Seite, der Sie braucht. Familie und Zuhause gehen Ihnen über alles, und Sie beschützen sie mit all Ihrer Kraft. Sind Sie zu lange von ihnen entfernt, machen Sie sich ständig Sorgen um ihr Wohlergehen.

Da sich der Mond hier in seinem eigenen Zeichen befindet, ist seine Sensibilität besonders ausgeprägt, was sich auf Ihre emotionale Reaktion anderen gegenüber verstärkend auswirkt. Instinktiv sind Sie in der Lage, sich in die Gefühle und Stimmungen anderer hineinzuversetzen, was Sie mitunter tief bewegen kann. Die Gefühle der Menschen, die Sie umgeben, wirken so ansteckend auf Sie, daß Sie, je nach vorherrschender Atmosphäre, traurig oder glücklich werden. Und genau diese Intuition macht Sie zu einem so verständnisvollen, mitfühlenden und aufopfernden Gefährten für Ihren Partner, Ihre Familie und Ihre Freunde.

Krebs-Mond und Mutterfiguren sind untrennbar miteinander verbunden. Von Anfang an hatten Sie, ob weiblich oder männlich, eine enge Beziehung zu Ihrer Mutter, und Sie ähneln ihr auch körperlich oder geistig. Bei der Partnersuche fühlen Sie sich vielleicht zu jemandem hinge-

zogen, der Sie auf die gleiche Art und Weise „bemuttert", wie es Ihre eigene Mutter in Ihrer Kindheit getan hat. Oder aber Sie fühlen sich einem Partner zugetan, der aus dem einen oder anderen Grund „bemuttert" werden möchte, und die Beziehung ermöglicht Ihnen, jene Rolle zu übernehmen, die Sie so gut beherrschen und die Ihr Leben bereichert. Ihre wahrscheinlich größte Erfüllung ist die Gründung einer eigenen Familie und die Möglich-

keit zu beobachten, wie Ihre Kinder zu glücklichen, ausgeglichenen Individuen heranwachsen.

✳ ☆ ✳ ☆ ✳ ☆ ✳ ☆ ✳ ☆ ✳ ☆

Mit dem Mond im Krebs geboren zu sein, kann bedeuten, daß Sie zu Problemen neigen, die mit diesem Zeichen assoziiert werden. Die vom Krebs regierten Körperbereiche sind Brust, Magen und Verdauungstrakt. Übrigens sind Krebs-Geborene nicht anfälliger für Krebserkrankungen als Angehörige jedes anderen Tierkreiszeichens.

Mond des Partners in	IHRE BEZIEHUNG ZUM PARTNER

Ihr Mond im Krebs

Widder

Sie schwelgen lieber in Erinnerungen, als nach vorne zu blicken, doch Ihr Widder-Mond-Partner ist ein Mensch der Gegenwart, nicht der Vergangenheit. Sie sind zärtlichkeitsbedürftig, aber Ihr Partner verwehrt sich gegen zuviel Körperkontakt. Diese Schwierigkeiten werden zwischen Ihnen stehen.

Stier

Ein Mond im Krebs und ein Mond im Stier ergeben eine höchst erfreuliche Kombination. Sie sind beide fürsorglich, sanft und aufmerksam zueinander, zu Ihrer Familie und Ihren Freunden.

Zwillinge

Zwillings-Mond-Menschen sind gerne auf Achse, während sich Krebs-Mond-Menschen nur in der Nähe des häuslichen Herdes wohl fühlen. Sie haben offensichtlich unterschiedliche Lebensvorstellungen.

Krebs

Eine herrliche Kombination, die zu einer ruhigen und ausgeglichenen, beinahe altmodischen Verbindung reift, bei der man an Lavendel und Spitzen denken muß. Sie sind liebevoll und fürsorglich zueinander.

Löwe

Dies ist eine Beziehung, die nur dann funktionieren kann, wenn Sie Ihren Löwe-Mond-Partner gebührend bewundern und dieser sich bemüht, nicht zu rechthaberisch und anmaßend zu sein.

Jungfrau

Sich mit einem Jungfrau-Mond-Partner zusammenzutun, schafft alle Voraussetzungen für eine beiderseitig befriedigende Beziehung. Sie empfinden Ihre Wahl als bereichernd und anregend.

Waage

Ihr Waage-Mond-Partner ist für Ihren Geschmack viel zu kühl und reserviert, während er Sie als körperlich und emotional zu fordernd empfindet. Alles in allem ein zäher Kampf.

Skorpion

Trotz gelegentlicher Launen und Gefühlsausbrüche liegen dieser Verbindung intensive Gefühle und tiefe Zuneigung zugrunde. An Leidenschaft wird es nicht mangeln — Ihr Liebesleben ist erotisch und heiß.

Schütze

Mit unterschiedlichen Auffassungen und Ambitionen erwarten Sie und Ihr Partner wahrscheinlich nicht dasselbe vom Leben. Am Ende weiß keiner von beiden, was der andere eigentlich will.

Steinbock

Obwohl sich Ihre Monde in entgegengesetzten Zeichen befinden, birgt diese Verbindung alle Voraussetzungen für ein höchst erfolgreiches Zusammenleben. Alles in allem eine gute Wahl.

Wassermann

Krebs-Mond und Wassermann-Mond trennen in emotionaler Hinsicht Welten — der eine ist anhänglich und unselbständig, der andere kühl und distanziert. Solcherlei Gegensätze sind schwer zu überbrücken.

Fische

Der Mond im Krebs und in den Fischen bringt sanfte, fürsorgliche Menschen hervor, die von Natur aus liebevoll und herzlich sind. Viel Verständnis und ähnlich gelagerte Gefühle ergeben ein ideales Paar.

Astromond

Kapitel 6

Mond im Löwen

58

Charakteristische Eigenschaften

Ihre instinktive Reaktion ist:

dramatisch und enthusiastisch

Ihre charakterlichen Stärken sind:

Wärme und Großzügigkeit

Ihre negativen Eigenschaften sind:

Egoismus und ein Hang zur Prahlerei

Sie hassen:

ignoriert zu werden

Sie brauchen:

Bewunderung

Sie müssen lernen:

unaufrichtige Schmeicheleien zu durchschauen

PERSÖNLICHKEITEN IHRES MONDZEICHENS

James Joyce

Peter Ustinov

Königin Elizabeth I.

Paul McCartney

Tom Hanks

Twiggy

Winston Churchill

David Bowie

Dolly Parton

Barbra Streisand

Andrew Lloyd Webber

Clint Eastwood

Leo Trotzki

Reverend Desmond Tutu

Prinz Philip

Jane Fonda

Marlene Dietrich

IHR EIGENTLICHES ICH

Der Mond im Löwen macht Sie zu einer sonnigen Frohnatur, durch die Sie sich als charismatische, attraktive Erscheinung von Ihren Zeitgenossen abheben. Sie wirken fast übertrieben aufrichtig, warmherzig und großzügig. Extravaganz kann Ihr Untergang sein, da Sie einen erlesenen Geschmack haben. Sie wollen das Leben auskosten, und wenn Sie dies in Saus und Braus tun können, dann um so besser! Ihr Platz ist im Rampenlicht; in den Schatten gestellt zu werden oder nur eine Nebenrolle zu spielen, würde Ihr Selbstvertrauen stark erschüttern.

Ihre Lebenseinstellung

DER LÖWE-MOND ZU HAUSE

Das Haus des Löwe-Mondes ist vornehm. Luxus wird vermutlich allgegenwärtig sein, mit leuchtenden Far-

ben und kostbaren Stoffen, die ihre opulente Wirkung nicht verfehlen. Löwe-Mond-Angehörige sind überglücklich, wenn ihr Zuhause auf gebührende Bewunderung stößt.

FAMILIÄRE BANDE

Menschen, die Ihrem Mondzeichen angehören, haben oft Mütter, die interessante, offenherzige, auffallende Persönlichkeiten sind und viel Wärme ausstrahlen, eine Wärme, auf die Sie besonders ansprechen.

Die Väter hingegen sind aus einem anderen Holz geschnitzt, möglicherweise autoritär oder schwierig. Sie waren sehr stolz auf Sie und hatten große Dinge mit Ihnen vor. Die gleichen Gefühle bringen Sie Ihren eigenen Kindern entgegen. Als Eltern sind Sie großzügig und neigen dazu, jeder Laune Ihrer Kinder nachzugeben.

IM BERUFSLEBEN

Lieber im Rampenlicht als im Schatten und an der Spitze eines Unternehmens als unten: egal, in welchem Bereich Sie tätig sind, Sie ziehen schnell in die Chefetage. Mit Ihrem zielstrebigen, zukunftsweisenden Handeln werden Sie bald mit Anerkennung und Erfolg belohnt. Wenn irgend möglich verbinden Sie das Geschäftliche mit dem Vergnügen. Sie besitzen auch die Gabe, jedes Hobby in ein lukratives, blühendes Geschäft zu verwandeln.

Entspannen Sie sich durch:

Schauspielen in einer Amateurschauspielgruppe in Ihrer Nähe

FINANZIELLES

Durch Ihre verschwenderische Natur sitzt Ihnen das Geld vielleicht sehr locker in der Tasche. Sollte einmal etwas davon übrigbleiben, investieren Sie es in Luxusgüter oder krisensichere Firmen.

GESUNDHEIT

Die Schwachstellen dieses Zeichens sind Herz und Rückgrat, achten Sie deshalb besonders auf Ihr Gewicht, und betreiben Sie regelmäßig Sport.

KINDER, DIE IM LÖWE-MOND GEBOREN WERDEN

Schon bei der Geburt besitzen diese Kinder eine königliche, Respekt gebietende Ausstrahlung, auch wenn sie noch so klein sind. Unabhängig von den finanziellen Möglichkeiten der Familie werden sie von ihren Eltern meist fürstlich behandelt. Dies bringt, zusammen mit ihrem altklugen Gehabe, die Gefahr mit sich, daß sie arrogant oder eingebildet werden und gerne vor ihren Freunden prahlen.

IHR SONNEN- UND MONDZEICHEN AUF EINEN BLICK

Mond im Löwen

Wie ausgewogen ist Ihre äußere (Sonnenzeichen) und Ihre innere Persönlichkeit (Mondzeichen)?

Ihre Sonne in	Charakteristika	Bewertung
Widder	Ein Feuerball	★★★★
Stier	Liebt den Luxus	★★★★
Zwillinge	Schillernd	★★★
Krebs	Sehr herzlich und liebevoll	★★★★
Löwe	Egozentrisch	★
Jungfrau	Wählerisch	★★
Waage	Hyperelegant	★★★★
Skorpion	Unergründlich	★★
Schütze	Charismatisch	★★★★★
Steinbock	Flexibel und zielstrebig	★★★
Wassermann	Leidenschaftliche Ideale	★★
Fische	Kreativ	★★

★ *Sehr fraglich*   ★★ *Uneins mit sich selbst*   ★★★ *Inneres Gleichgewicht muß erarbeitet werden*

★★★★ *Im Einklang*   ★★★★★ *Optimal ausgewogen*

Beziehungen

IHRE GEFÜHLSWELT

Da der Löwe im Tierkreis das Zeichen des Königs ist, haben jene, die mit dem Mond in dieser Stellung geboren wurden, ein großes Bedürfnis, anerkannt und als etwas Besonderes angesehen zu werden. Folglich geben Sie sich als große Persönlichkeit, deren autoritäre Ausstrahlung auch tatsächlich von den meisten Menschen respektiert wird. Darüber hinaus brauchen Sie ständige Selbstbestätigung und Lob von allen Seiten. Für Ihre Leistungen beglückwünscht zu werden

oder für Ihre Mühen Dank zu ernten, ist für Sie lebenswichtig.

Sie zeigen Ihre Gefühle und Ihre Zuneigung sehr offen und wirken auf andere liebenswürdig und herzlich. Sie sind mitteilsam und extrovertiert. Im Rampenlicht stehend sind Sie glücklich, denn Sie brauchen für Ihre Darbietungen immer ein Publikum. Das Bedürfnis, geliebt zu werden, ist bei Ihnen stark ausgeprägt. Doch in Ihrem Streben nach Lob und Anerkennung müssen Sie aufpassen, nicht oberflächlichen Schmeicheleien oder den unaufrichtigen Komplimenten von Opportunisten zu erliegen.

In Liebesangelegenheiten zeigen Sie sich aufmerksam, großzügig und von einer spontanen Herzlichkeit. Im Bett sind Sie aufregend erotisch. Sie können feurig und leidenschaftlich sein und geizen nicht mit Ihren Liebesbezeugungen. Doch Sie erwarten auch, daß Ihre Gefühle im gleichen Ausmaß und in der gleichen Intensität erwidert werden. Ist Ihr Partner aus irgendeinem Grund nicht dazu in der Lage, ist es aus mit der Liebe, und Sie lösen unverzüglich alle Bande mit der betreffenden Person.

In Beziehungen übernehmen Sie gerne die Führung, und Ihr idealer

Mond des Partners in	IHRE BEZIEHUNG ZUM PARTNER *Ihr Mond im Löwen*
Widder	Eine aufregende Beziehung, sei es geschäftlich oder privat. Diese Verbindung ist höchst energiegeladen, und Sie haben eine ganze Menge Spaß miteinander. Ihre gemeinsame Zeit wird von Vergnügen, Abenteuern und einem aktiven Sexualleben geprägt sein.
Stier	Von gelegentlichen Machtkämpfen abgesehen, sind bei diesen beiden Mondstellungen alle Voraussetzungen für eine harmonische, beständige Partnerschaft gegeben.
Zwillinge	Eine herrlich ungezwungene Verbindung mit viel Spaß und Frivolität. Wenn Sie es schaffen, miteinander und nicht übereinander zu lachen, liegt eine abwechslungsreiche, sexuell aufregende Zeit vor Ihnen.
Krebs	Diese Beziehung kann funktionieren – aber nur dann, wenn Ihr Krebs-Mond-Partner Sie über die Maßen anbetet und Sie sich mit Ihrer dominanten, fast arroganten Art etwas zurückhalten.
Löwe	Eine feurige, höchst explosive Mischung. Am Anfang der Beziehung ist Leidenschaft groß geschrieben, doch sind Sie beide viel zu wetteifernd und egozentrisch, um der Verbindung langfristig Chancen einzuräumen.
Jungfrau	Der Löwe-Mond bringt Gefühlsmenschen hervor, der Jungfrau-Mond hingegen analytische Vernunftmenschen. Solch unterschiedliche Haltungen sind keine ideale Voraussetzung für eine Beziehung.

Partner ist ein Mensch, der Sie brillieren läßt und sich damit zufriedengibt, sich in dem Glanz, der von Ihnen ausgeht, zu sonnen. Alles im allem sind Sie ein glücklicher, mitteilsamer Mensch, der aufblüht, wenn er die, die ihm am Herzen liegen, ebenfalls glücklich machen kann.

✳ ☆ ✳ ☆ ✳ ☆ ✳ ☆ ✳ ☆ ✳ ☆

Das Zeichen des Löwen regiert Herz, Wirbelsäule und Rücken. Menschen, die mit dem Mond in diesem Zeichen geboren wurden, sollten auf gesunde Ernährung und tägliche Bewegung achten. Sie müssen Übergewicht, Herzproblemen und einem steifen Rücken vorbeugen.

Mond des Partners in	IHRE BEZIEHUNG ZUM PARTNER
	Ihr Mond im Löwen
Waage	Mit einem Löwe-Mond und einem Waage-Mond im selben Haus steht ein Leben erster Klasse bevor. Beide sind für jeden Spaß zu haben, doch beiderseitiges Entgegenkommen ist eine Grundbedingung.
Skorpion	Obwohl Sie auf emotionaler Ebene Welten trennen, fühlen Sie sich unwiderstehlich voneinander angezogen. Ihre Verbindung ist in sexueller Hinsicht heftig und hitzig und wird vielleicht zum Dauerbrenner.
Schütze	Sie sind ein dynamisches Team mit allen Voraussetzungen für eine intensive Liebesbeziehung. Mit Ihren gemeinsamen Interessen und ähnlichen Weltanschauungen werden Sie einen weiten Weg gemeinsam gehen.
Steinbock	Keine einfache Verbindung, denn ein Steinbock-Mond macht sich schamlos über Ihren Stolz lustig, während Ihre angeborene Großzügigkeit Ihrem sparsamen Partner ein Dorn im Auge ist.
Wassermann	So verschieden wie Tag und Nacht und dennoch: diese Verbindung kann überraschend gut funktionieren. Obwohl Sie von den entgegengesetzten Enden des Spektrums kommen, verbindet Sie eine ganze Menge.
Fische	Obwohl dies auf den ersten Blick eine seltsame Kombination ergeben mag, ist viel verbindende Romantik und Zauber zwischen Ihnen und Ihrem Fische-Mond-Partner möglich.

Mond in der Jungfrau

Charakteristische Eigenschaften

Ihre instinktive Reaktion ist:
kühl und lässig

Ihre charakterlichen Stärken sind:
praktisches Denken und Liebe zum Detail

Ihre negativen Eigenschaften sind:
übertriebene Besorgtheit

Sie hassen:
Extravaganz und Prahlerei

Sie brauchen:
ein eingefahrenes Gleis

Sie müssen lernen:
sich zu entspannen und sich keine Gedanken darüber zu machen, was die Nachbarn denken könnten

IHR EIGENTLICHES ICH

Wenn der Mond bei Ihrer Geburt das Zeichen der Jungfrau durchschritten hat, könnte man Sie als seriöse und zurückhaltende Erscheinung beschreiben. Obwohl Sie durchaus zu schnellen, instinktiven Reaktionen in der Lage sind, haben Sie dennoch etwas Ruhiges und Bedächtiges an sich. Sie nehmen eher einen Schritt zurück als daß Sie sich in den Vordergrund drängen. Doch Außenstehende sollten sich lieber nicht täuschen lassen: Hinter dieser Ruhe und Gelassenheit lauert ein scharfer Verstand, ein kritisches Urteilsvermögen und ein gutes Auge, dem nichts entgeht.

PERSÖNLICHKEITEN IHRES MONDZEICHENS

J. F. Kennedy	Kenneth Branagh	Shirley MacLaine
Gloria Vanderbilt	Madonna	Leo Tolstoi
Bill Cosby	Dustin Hoffman	Gina Lollobrigida
Prinzessin Anne	Robert Redford	Lenny Bruce
Mel Gibson	Benjamin Britten	Thomas Carlyle
Stephen Hawking	Vanessa Redgrave	Jack Kerouac
Glenn Miller		

Ihre Lebenseinstellung

DER JUNGFRAU-MOND ZU HAUSE

Viele Jungfrau-Monde wechseln mehrere Male in ihrem Leben den Wohnsitz, sie entwurzeln sich oft vom Ort ihrer Kindheit und schlagen fern der Heimat ihre Zelte auf. Sie ziehen eine ländliche Umgebung einer urbanen vor. Ihr Zuhause ist meist sehr sauber und nett; Jungfrau-Monde bevorzugen oft ein Singledasein.

FAMILIÄRE BANDE

Ihre frühe Kindheit war vielleicht nicht ganz unproblematisch, worunter die Beziehung zu Ihren Eltern gelitten haben könnte. Wenn Sie selbst Eltern werden, sind Sie eher kühl und distanziert und erwarten, daß das Familienleben wie am Schnürchen läuft. Zu Ihrem Nachwuchs sind Sie streng und unnachgiebig, aber gerecht.

IM BERUFSLEBEN

Durch Ihren methodischen Zugang zur Arbeit werden Sie sicherlich in jedem Beruf erfolgreich und zufrieden sein, bei dem es auf Präzision und Liebe zum Detail ankommt. Zu den Bereichen, die Ihr Interesse erwecken, gehören Technik, Mechanik und Ingenieurswesen sowie Medizin und Wissenschaft. Gartenbau liegt ebenfalls auf Ihrer Linie. Auch jede Art von Forschung, sei es in diesen Bereichen oder auf akademischer Ebene, wäre das Richtige für Sie.

Entspannen Sie sich durch:

einen Spaziergang auf dem Lande

Mond in der Jungfrau

Wie ausgewogen ist Ihre äußere (Sonnenzeichen) und Ihre innere Persönlichkeit (Mondzeichen)?

Ihre Sonne in	Charakteristika	Bewertung
Widder	Scharfsinnig und bestimmt	★★
Stier	Vernünftig	★★★★★
Zwillinge	Redegewandt	★★★
Krebs	Fürsorglich	★★★★
Löwe	Sonnig, aber reserviert	★★
Jungfrau	Kritisch	★
Waage	Scharfblick	★★★
Skorpion	Bestimmt	★★★
Schütze	Klug und zuvorkommend	★★★
Steinbock	Seriös	★★★★★
Wassermann	Intelligent	★★★★
Fische	Medizinisch interessiert	★★

★ Sehr fraglich ★★ Uneins mit sich selbst ★★★ Inneres Gleichgewicht muß erarbeitet werden

★★★★ Im Einklang ★★★★★ Optimal ausgewogen

FINANZIELLES

In finanziellen Belangen sind Sie genauso sorgfältig und durchorganisiert wie in allen anderen Lebensbereichen, deshalb haben Sie zweifellos ein paar lukrative Investitionen getätigt und für Ihre Zukunft optimal vorgesorgt.

GESUNDHEIT

Spannungskopfschmerzen vom Nachdenken über Details und vom Grübeln über Berufliches sind das Schreckgespenst der Jungfrau-Mond-Geborenen.

KINDER, DIE IM JUNGFRAU-MOND GEBOREN WERDEN

Sowohl Jungen als auch Mädchen, die mit dem Mond in diesem Zeichen geboren wurden, sind oft ängstlich und scheu, manchmal sogar nervös. Sie sind introvertiert und sich selbst genug und brauchen oft Ermutigung, ihre inneren Qualitäten auch auszudrücken. Sie besitzen eine ausgezeichnete Konzentrationsfähigkeit, und arbeiten systematisch und unermüdlich, bis sie das angestrebte Ziel erreicht haben.

Beziehungen

IHRE GEFÜHLSWELT

Wurden Sie mit dem Mond in der Jungfrau geboren, sind Sie wahrscheinlich ein sehr zuvorkommender, fürsorglicher Mensch, der immer für andere da ist. Sie brauchen das Gefühl, gebraucht zu werden. Dabei laufen Sie jedoch manchmal Gefahr, daß Sie sich zuviel zumuten und sich durch Ihre zahlreichen Verpflichtungen überfordern.

Vielleicht weil Sie von Natur aus scheu sind, oder weil Sie Angst haben, verletzt zu werden, geben Sie Ihre innersten Gefühle nie preis. Das bedeutet aber, daß Sie kühl und reserviert wirken. Bevor Sie jemandem Ihr Vertrauen oder gar Ihre Liebe schenken, überlegen Sie gut. Außerdem stellen Sie an andere die gleichen hohen Ansprüche wie an sich selbst. Sie streben immer nach höchster Perfektion, lassen sich schon wegen Kleinigkeiten graue Haare wachsen, sind kritisch Ihrer Erscheinung und Ihrem Verhalten gegenüber und verlangen von anderen, es Ihnen gleichzutun.

Der Mond steht in dieser Position nicht gerade im leidenschaftlichsten Zeichen. Aber er durchdringt Sie dafür mit einer vernünftigen, praktischen Einstellung zu Beziehungen. Sie sagen sich, daß man von einer Partnerschaft, die man mit offenen Augen und ohne Illusionen eingeht, nicht enttäuscht werden kann.

Für Sie ist es entscheidend, den richtigen Partner zu finden. Sie brauchen einen geistig ebenbürtigen Menschen an Ihrer Seite, den Sie respektieren können, der Sie nicht kritisiert und der Ihre Handlungen nicht anzweifelt. Ihr Partner muß Ihr wirtschaftliches Denken und Ihren klaren Kopf schätzen, Sie ermutigen, Ihre Gefühle zu zeigen und Sie erinnern, auch einmal loszulassen und sich zu entspannen. Er muß Sie vor allen Dingen auch zum Lachen bringen können. Mit diesem Partner an Ihrer Seite werden Sie aufblühen und höchste Erfüllung finden.

✳ ✩ ✳ ✩ ✳ ✩ ✳ ✩ ✳ ✩ ✳ ✩ ✳ ✩

Magen und Darm sind die von der Jungfrau beeinflußten Körperbereiche. Wenn Sie in diesem Mondzeichen geboren wurden, sind dies vielleicht Ihre körperlichen Schwachstellen. Da die Jungfrau auch das Nervensystem regiert, sind Entspannungsübungen wie Joga oder Meditation Ihrem Wohlbefinden sehr zuträglich.

Mond des Partners in	IHRE BEZIEHUNG ZUM PARTNER
Widder	### Ihr Mond in der Jungfrau Ihr Jungfrau-Mond verlangt nach Sauberkeit, Ordnung und Disziplin, was sich mit der saloppen Einstellung, die Ihr Partner zum häuslichen Leben hat, nicht vereinbaren läßt. Auch das Thema Sex ist nicht unproblematisch, da Sie die spontane Leidenschaft des Widder-Mondes nicht immer zu schätzen wissen.
Stier	Mit beiden Monden in starken, verläßlichen Erdzeichen haben Sie viele Gemeinsamkeiten. Alle Voraussetzungen für eine sinnliche, dauerhafte Beziehung sind gegeben.
Zwillinge	Meinungs- und Auffassungsunterschiede zwischen Ihrem Mondzeichen und dem Ihres Partners machen die Kluft zwischen Ihnen unüberwindbar, was einer dauerhaften, romantischen Beziehung im Wege steht.
Krebs	Sich mit einem Krebs-Mond-Partner zusammenzutun, ist eine gute Entscheidung. Einer beiderseitig befriedigenden, harmonischen Beziehung steht nichts im Wege.
Löwe	Der Jungfrau-Mond bringt Vernunftmenschen hervor, der Löwe-Mond Gefühlsmenschen. Eine so gegensätzliche Ausgangssituation läßt vermuten, daß diese Beziehung keine hohe Lebenserwartung hat.
Jungfrau	Obwohl Sie zweifellos vieles gemeinsam haben, besteht die Gefahr, daß sich Ihre Beziehung eine Spur zu langweilig gestaltet. Sie arbeiten beide hart, können jedoch nicht abschalten.
Waage	Ihre verbale Kommunikation wird sehr befriedigend sein, mit langen Diskussionen bis spät in die Nacht. Doch leider ist Ihnen so ziemlich alles andere wichtiger als Lust und Leidenschaft.
Skorpion	An sich wäre die Beziehung in mehr als einer Hinsicht eine tolle Sache. Doch Skorpion-Monde sind körperlich sehr anspruchsvoll, Jungfrau-Monde manchmal prüde. Keine guten Aussichten für das Liebesleben!
Schütze	Jungfrau-Monde lieben es, festen Boden unter den Füßen zu haben, Schütze-Monde hingegen lassen sich nicht festnageln. Sie sind beide auf Ihre Art unabhängig, was gegen eine dauerhafte Verbindung spricht.
Steinbock	Mit beiden Monden in Erdzeichen wissen Sie beide ganz genau, was der andere will und braucht. Dies ergibt eine großartige Verbindung, vielleicht sogar für die Ewigkeit.
Wassermann	Ihr Jungfrau-Mond braucht einen genauen Zeitplan. Der Wassermann-Mond Ihres Partners genießt das Unvorhersehbare. Solange Sie keinen Kompromiß finden, stehen die Chancen nicht gut für Sie.
Fische	Auf eine gute freundschaftliche Beziehung zwischen Ihnen und Ihrem Fische-Mond-Partner kann man wetten. Bei einer intimeren Beziehung finden Sie aber oft heraus, daß Sie's doch lieber lassen sollten.

Mond in der Waage

66

Charakteristische Eigenschaften

Ihre instinktive Reaktion ist:
umgänglich und charmant

Ihre charakterlichen Stärken sind:
Takt und ein ausgeprägtes Gerechtigkeitsgefühl

Ihre negativen Eigenschaften sind:
Unentschlossenheit und die Angewohnheit, anderen gerne den Schwarzen Peter zuzuschieben

Sie hassen:
alles Unangenehme

Sie brauchen:
eine schöne, harmonische Umgebung

Sie müssen lernen:
die Dinge zu nehmen, wie sie kommen

PERSÖNLICHKEITEN IHRES MONDZEICHENS

Katherine Hepburn
Bertrand Russell
Louis Armstrong
Maria Callas
Fidel Castro
Bruce Springsteen
Michael Caine

Simone Signoret
Ella Fitzgerald
Pierre Cardin
Sylvester Stallone
Agatha Christie
Billie Jean King
Rudolph Valentino

Rudolf Nurejew
Josephine Baker
Henry Fonda
Edwin Aldrin
Betty Grable
Walt Disney

IHR EIGENTLICHES ICH

Mit dem Mond im Zeichen der Waage werden Sie sich ständig dabei ertappen, wie Sie alles und jeden auf die Waagschale werfen, um sich letzten Endes doch nicht entscheiden zu können. Andere sehen Sie als Zögerer und Zauderer. In Wirklichkeit wollen Sie einfach jedem gefallen und sich so verhalten, wie man es von Ihnen erwartet. Harmonie ist für Ihr Wohlbefinden unerläßlich. Sie streben nach Frieden, Schönheit und Ruhe, alles Häßliche und Widersprüchliche ist Ihnen ein Greuel. Elegant, charmant, zuvorkommend und kultiviert sind Sie eine Klasse für sich.

Ihre Lebenseinstellung

DER WAAGE-MOND ZU HAUSE

Alle im Waage-Mond Geborenen haben einen ausgeprägten Sinn für

Ästhetik, und eine schöne Wohnungseinrichtung ist Ihnen wichtiger als eine bequeme. Sie legen größten Wert auf Design, und Ihr Zuhause ist dementsprechend ausgestattet: eine Wohnung wie aus einem Hochglanzmagazin!

FAMILIÄRE BANDE

Oft stammen Waage-Monde aus Familien, die schöpferisch begabt sind – sehr belesen, musikalisch oder künstlerisch veranlagt. Ihre Mutter ist wahrscheinlich sehr feminin, eine attraktive, aparte Erscheinung, die am Leben und an der Karriere ihres Waage-Mond-Sprößlings großen Anteil nimmt. Bei Ihren eigenen Kindern legen Sie größten Wert auf gute Umgangsformen und fördern ihre musischen oder künstlerischen Fähigkeiten.

IM BERUFSLEBEN

Ihr Arbeitsbereich muß elegant und ästhetisch ansprechend sein, damit Sie sich kreativ voll entfalten können. Sie hassen Streß und Konflikte, jede Unstimmigkeit zwischen Ihnen und Ihren Kollegen wirkt sich negativ auf Ihre Arbeitsleistung aus. Da Sie sich gut auf Ihre Mitarbeiter einstellen können, glänzen Sie vor allem im Team. Sie fühlen sich zur Welt der Kunst hingezogen, aber auch zum diplomatischen Dienst und zu jeder Beschäftigung, bei der es um Beraten, Verhandeln oder Vermitteln geht.

FINANZIELLES

Da Sie einen teuren Geschmack und eine Vorliebe für beste Qualität haben, brauchen Sie ziemlich viel Geld zum Leben. Am liebsten würden Sie es erben oder in der Lotterie gewinnen, wenn Sie es jedoch selbst erarbeiten müssen, werden Sie alles daran setzen, einen möglichst streßfreien und lukrativen Job zu finden.

GESUNDHEIT

Sie sind von Natur aus nicht sehr belastbar, und zuviel Streß kann bei Ihnen Drüsenprobleme oder Niereninfektionen auslösen.

KINDER, DIE IM WAAGE-MOND GEBOREN WERDEN

Dies sind die entzückendsten, bravsten Babys überhaupt. Sie lernen schnell, wie sie durch ihr gewinnendes Wesen alles erreichen können. Sie sehen aus, als könnten sie kein Wässerchen trüben! Mit einer so einnehmenden Persönlichkeit ausgestattet, werden Kinder des Waage-Mondes schon von klein auf zu meisterhaften Psychologen, die mit ihren Mitmenschen perfekt umgehen können.

IHR SONNEN- UND MONDZEICHEN AUF EINEN BLICK

Mond in der Waage

Wie ausgewogen ist Ihre äußere (Sonnenzeichen) und Ihre innere Persönlichkeit (Mondzeichen)?

Ihre Sonne in	Charakteristika	Bewertung
Widder	Ungeduldig	★★
Stier	Liebt das süße Leben	★★★★
Zwillinge	Geistreich, aber ohne Tiefgang	★★★★★
Krebs	Wohlwollend	★★★
Löwe	Extravagant	★★★★
Jungfrau	Analytisch	★★★
Waage	Unentschlossen	★
Skorpion	Kultiviert	★★★
Schütze	Versöhnlich	★★★
Steinbock	Statusbewußt	★★
Wassermann	Faszinierend	★★★★★
Fische	Gelassen	★★★

★ Sehr fraglich   ★★ Uneins mit sich selbst   ★★★ Inneres Gleichgewicht muß erarbeitet werden
★★★★ Im Einklang   ★★★★★ Optimal ausgewogen

Mond des Partners in	IHRE BEZIEHUNG ZUM PARTNER
Widder	### Ihr Mond in der Waage Wenn Entscheidungen zu treffen sind, lassen Sie sich gerne Zeit, um alle Für und Wider abzuwägen. Ihr Widder-Mond-Partner ist jedoch ein Mann der Tat. Trotz dieser Unterschiede können Sie beide viel voneinander lernen.
Stier	Gemeinsame Kreativität ist eine gute Ausgangsbasis für eine erfolgreiche Verbindung. Sie werden mit Ihrem Stier-Mond-Partner eine künstlerische und höchst sinnliche Beziehung aufbauen.
Zwillinge	Sie sind emotionell auf derselben Wellenlänge. Zwillings-Mond zusammen mit Waage-Mond ist eine der besten Beziehungen im Tierkreis. Eine gute Wahl!
Krebs	Ihr Krebs-Mond-Partner ist ein sehr anschmiegsamer Mensch, Sie hingegen halten gerne etwas Abstand, denn zuviel Körperkontakt ist Ihnen ein Greuel. Ein anstrengender Kampf steht ins Haus!
Löwe	Löwe-Mond und Waage-Mond im selben Haus verspricht ein erstklassiges Zusammenleben. In dieser Beziehung wird es nie langweilig, jedoch müssen sich beide Partner kompromißbereit zeigen.
Jungfrau	Auf verbaler Ebene, mit langen Diskussionen bis spät in die Nacht, wird Ihre Beziehung Sie sicherlich erfüllen. Doch leider ist Ihnen so ziemlich alles andere wichtiger als Leidenschaft.

Beziehungen

IHRE GEFÜHLSWELT

Sie sind charmant, liebenswert und freundlich und ständig darauf bedacht zu gefallen, weil Harmonie und eine positive Sicht der Dinge für Ihre intakte Gefühlswelt unabdingbar sind. Da Sie in Beziehungen bereits die kleinste Unstimmigkeit aus der Fassung bringt, zeigen Sie sich versöhnlich und kompromißbereit, um Ihr unbeschwertes Leben zu sichern.

Menschen mit dieser Mondabstimmung sind in der Lage, ihre Emotionen verstandesmäßig zu erfassen, und

können, trotz ihres geselligen und freundlichen Wesens, auch kalt und abweisend sein. Haben sie den richtigen Partner einmal gefunden, sind sie ihm ein wunderbarer Gefährte – unterhaltsam, witzig und erbaulich. Doch viele Waage-Mond-Geborene sind unzuverlässige Menschen, die nur in guten Zeiten zu ihrem Partner stehen und sich in Krisenzeiten schnell aus dem Staub machen.

Sie weigern sich, die Welt so zu nehmen, wie sie ist, und idealisieren eine Welt der Ehre und Tapferkeit, voll von schönen Maiden und tapferen Rittern. Es ist nicht feurige Leidenschaft,

nach der Sie streben, sondern Romantik. Menschen, deren Mond in der Waage steht, sind verträumte Wesen, die ihr Leben in einem Zustand ständiger Euphorie verbringen wollen. Doch Euphorie ist bekanntlich vergänglich, und wenn sich der romantische Zauber einer neuen Beziehung unaufhaltsam in Alltag verwandelt, bleiben Waage-Mond-Angehörige oft vollkommen ernüchtert zurück.

Als Waage-Mond-Geborener sind Sie sich wahrscheinlich Ihres exquisiten Geschmacks bewußt. Auch wenn es um die Wahl eines Partners geht, legen Sie größten Wert auf Äußerlich-

keiten. Ihr idealer Partner muß attraktiv, gepflegt und gut gekleidet sein. Nichts stößt Sie mehr ab als Derbheit, ungehobeltes Benehmen oder mangelnde Sauberkeit. Tadellose Manieren, Raffinesse und das Versprechen, die Romantik am Leben zu erhalten, sind die richtigen Voraussetzungen, um Ihr Herz zu gewinnen.

✳ ☆ ✳ ☆ ✳ ☆ ✳ ☆ ✳ ☆ ✳ ☆ ✳ ☆

Der medizinischen Astrologie zufolge sind die Nieren der große Schwachpunkt der Menschen mit dieser Mondstellung. Sie haben vielleicht schon bemerkt, daß Sie zu Infektionen oder Schmerzen in diesem Bereich bzw. in den Harnwegen neigen.

IHRE BEZIEHUNG ZUM PARTNER

Mond des Partners in

Ihr Mond in der Waage

Waage	Eine erstklassige, anspruchsvolle Seelenverwandtschaft. Wie sollen jedoch mit zwei Waage-Monden unter einem Dach jemals Entscheidungen getroffen werden, da Sie beide so unentschlossen sind?
Skorpion	Eine interessante Verbindung, in der jeder vom anderen eine ganze Menge lernen kann. Ein Skorpion-Mond braucht jedoch mehr Hingabe als ein Waage-Mond bereit oder fähig ist zu bieten.
Schütze	Sie sind beide sehr freiheitsliebend – das verbindet Sie. Abzustimmen, was man nun besser gemeinsam tut bzw. was man lieber im Alleingang unternimmt, ist die große Kunst in dieser Beziehung.
Steinbock	Ihr Mond neigt zum Müßiggang, der Mond Ihres Partners zu harter Arbeit. Sie sind unbeschwert, Ihr Partner manchmal ein Moralist. Die Kluft zwischen Ihnen scheint unüberwindbar.
Wassermann	Diese Verbindung bedeutet Spaß, Freundschaft, Verständnis. Sie haben so viele gemeinsame Eigenschaften und teilen so viele Interessen, daß sich Ihr Zusammenleben friedvoll und harmonisch gestalten wird.
Fische	Sie sind beide kreativ und schönheitsliebend, brauchen Harmonie und Ruhe. Ihr Liebesleben kann sanft und zärtlich sein, doch letzten Endes machen Sie oft den Partner für eigene Fehler verantwortlich.

Mond im Skorpion

70

Charakteristische Eigenschaften

Ihre instinktive Reaktion ist:
scharfsinnig und beharrlich

Ihre charakterlichen Stärken sind:
Klugheit und die Fähigkeit, sich auf das Vordringlichste zu konzentrieren

Ihre negativen Eigenschaften sind:
Eifersucht und Reizbarkeit

Sie hassen:
Untreue in jeder Form

Sie brauchen:
das Gefühl, alles und jeden im Griff zu haben

Sie müssen lernen:
sich selbst weniger ernst zu nehmen

IHR EIGENTLICHES ICH

Kühl, erotisch, mysteriös, sinnierend und nicht ungefährlich sind nur einige der Eigenschaften, die den Menschen dieser Mondabstimmung zugeschrieben werden.

Skorpion-Monde lassen sich einfach nicht unterkriegen, besitzen eine ungeheure Charakterstärke, vollste Konzentrationsfähigkeit und unerschütterliche Zielstrebigkeit.

Mit derart unschlagbaren Charaktereigenschaften ausgestattet, gelten Sie fürwahr als eine charismatische Persönlichkeit. Dominanz steht bei Ihnen an erster Stelle – Sie wollen jede Situation fest im Griff haben und lassen sich von niemandem in die Karten sehen.

PERSÖNLICHKEITEN IHRES MONDZEICHENS

Claudia Cardinale	Charlie Chaplin	Elizabeth Taylor
Fred Zinneman	Warren Beatty	John Wayne
Prinz Andrew	Stanley Kubrick	John Logie Baird
Maria Montessori	Raquel Welch	Louis Malle
Dave Brubeck	J. P. Getty	Steven Spielberg
Gerard Depardieu	Rod Stewart	John Steinbeck
Alfred Hitchcock	James Dean	Douglas Fairbanks jr.

Ihre Lebenseinstellung

DER SKORPION-MOND ZU HAUSE

Konservativ, von guter Qualität und bequem: Diese Anforderungen stellen Sie an Ihr Zuhause. Antiquitäten und dunkle Farben ziehen Sie für gewöhnlich modernen Stücken in hellen Tönen vor. Da der Skorpion ein Wasserzeichen ist, wäre ein Haus mit Blick aufs Meer das Höchste der Gefühle.

FAMILIÄRE BANDE

Ihre Bewunderung aktiver Frauen geht wahrscheinlich auf frühe Erinnerungen an Ihre Mutter zurück, welche, falls sie eine typische Skorpion-Mond-Mutter ist, stark und/oder dominierend ist. Ihren Geschwistern sind Sie treu und fühlen sich eng mit ihnen verbunden. Ihre eigenen Kinder werden Sie liebevoll, aber streng erziehen.

IM BERUFSLEBEN

Skorpion-Monde werden vermutlich nie ohne Arbeit sein, denn sie verfügen über einen untrüglichen sechsten Sinn, sofort etwas zu finden. Die Befehle geben Sie – in Spitzenpositionen sind Sie meist auch erfolgreicher als in untergeordneter Stellung. Mit Ihren intuitiven Fähigkeiten und Ihrer wißbegierigen Natur eignen Sie sich hervorragend für eine Tätigkeit im psychologischen oder psychiatrischen Bereich. Auch bei der Polizei, in der Forschung oder als Chirurg wären Sie sicherlich erfolgreich.

Entspannen Sie sich durch:

Teilnahme an einem Karatekurs

IHR SONNEN- UND MONDZEICHEN AUF EINEN BLICK

Mond im Skorpion

Wie ausgewogen ist Ihre äußere (Sonnenzeichen) und Ihre innere Persönlichkeit (Mondzeichen)?

Ihre Sonne in	Charakteristika	Bewertung
Widder	Athletisch	★★★
Stier	Hartnäckig	★★
Zwillinge	Scharfsinnig und aufmerksam	★★★
Krebs	Höchst gefühlsbetont	★★★★★
Löwe	Treu ergeben	★★★
Jungfrau	Beruflicher Instinkt	★★★
Waage	Unwiderstehlich anziehend	★★
Skorpion	Besessen	★
Schütze	Idealistisch	★★
Steinbock	Zielstrebig	★★★
Wassermann	Einsichtig	★★
Fische	Meisterpsychologe	★★★★★

★ Sehr fraglich ★★ Uneins mit sich selbst ★★★ Inneres Gleichgewicht muß erarbeitet werden

★★★★ Im Einklang ★★★★★ Optimal ausgewogen

FINANZIELLES

Sie sind ein kluger Investor, intuitiv wählen Sie jene Sparform, die den höchsten Gewinn abwirft.

GESUNDHEIT

Erkrankungen der Geschlechtsorgane sind manchmal die Schwachstelle im System des Skorpion-Mondes.

KINDER, DIE IM SKORPION-MOND GEBOREN WERDEN

Einer alten Sage zufolge wird beim Tod eines Skorpions ein neuer geboren. Und es kommt tatsächlich nicht selten vor, daß in Familien, in denen vor kurzem ein Mitglied starb, ein Baby mit einer Mond-Skorpion-Betonung geboren wird.

Im Haushalt eines Skorpionbabys scheint sich alles um den neuen Erdenbürger zu drehen. Skorpion-Mond-Kinder haben ein ausgeprägtes Ego und geben von Anfang an zu verstehen, was sie wollen. Sie lassen es nicht zu, daß sie übersehen werden.

Beziehungen

IHRE GEFÜHLSWELT

Intensiv ist das treffendste Adjektiv, wenn man die Emotionen eines Menschen mit dieser Mondstellung beschreiben will. Nach außen hin mögen Sie aalglatt erscheinen, doch Ihre Gefühle sind unermeßlich und tiefgründig. Auf Ihre Umgebung wirken Sie dadurch unendlich geheimnisvoll. Und genau dies umgibt Sie mit jenem Hauch von Mystik, der Sie so faszinierend und unwiderstehlich anziehend macht. Und tatsächlich, die Angehörigen des anderen Geschlechts tun alles, um Ihnen möglichst nahe zu kommen und Ihre Geheimnisse zu lüften.

Während Sie selbst eher verschwiegen sind, besitzen Sie die Gabe, andere zu durchschauen, und haben somit das Zeug zu einem hervorragenden Psychologen und einem Meister der Manipulationskunst.

Mit Ihrer messerscharfen Intuition können Sie schon von weitem Unwahrheiten, Schmeicheleien oder Betrügereien ausmachen. Was für Sie zählt, ist Ehrlichkeit. Das Leben selbst ist entweder schwarz oder weiß – mit wenig Raum für Zwischentöne. Der erste Eindruck ist für Sie entscheidend: Entweder Sie mögen jemanden sofort oder gar nicht. Nur wenige bekommen eine zweite Chance.

Ihre Gefühle unterliegen ständigen Hochs und Tiefs, Sie schwanken zwischen himmelhoch jauchzend und zu Tode betrübt. Ein erfülltes Liebesleben hat für Sie einen sehr hohen Stellen-

wert, Sie streben eine tiefe, bedeutungsvolle Zweierbeziehung mit dem Partner Ihrer Wahl an.

Herausforderungen können Sie nicht widerstehen, weshalb Ihr idealer Partner leidenschaftlich und draufgängerisch sein muß, stets bereit, sein Bestes zu geben. Einer solchen Beziehung fühlen Sie sich dann absolut verpflichtet. Sie schwören hundertprozentige Treue, verlangen dasselbe aber auch von Ihrem Partner. Wenn Sie sich seiner Loyalität sicher sein können, erweisen Sie sich als ehrlich, hilfsbereit und äußerst fürsorglich. Als treuer und zuverlässiger Begleiter schenken Sie Ihrem Lebenspartner Herz und Seele.

✳ ☆ ✳ ☆ ✳ ☆ ✳ ☆ ✳ ☆ ✳ ☆

Menschen, die mit dem Mond im Skorpion geboren wurden, neigen überdurchschnittlich oft zu Problemen in Zusammenhang mit den Geschlechts- oder Ausscheidungsorganen, da diese traditionellerweise mit diesem Zeichen in Verbindung gebracht werden.

Mond des Partners in	

Ihr Mond im Skorpion

Widder
Wenn es Ihnen gelingt, Ihre Eifersucht zu zügeln und das Freiheitsbedürfnis Ihres Partners zu akzeptieren, werden Sie mit einer Leidenschaft belohnt, die die Unterschiede zwischen Ihnen mehr als wett macht.

Stier
Ihr Mond befindet sich in einem Wasserzeichen, der Ihres Partners in einem Erdzeichen. Erde und Wasser kann entweder Schlamm ergeben, oder aber eine solide Basis. Sie haben die Wahl.

Zwillinge
Ihr Skorpion-Mond ist eifersüchtig und besitzergreifend, während der Zwillings-Mond Ihres Partners Freiheit braucht. Die Situation, die sich daraus ergibt, ist höchst explosiv.

Krebs
Trotz gelegentlicher Launen und Gefühlsausbrüche werden dieser Verbindung intensive Gefühle und tiefe Zuneigung zugrunde liegen. An Leidenschaft mangelt es nicht, das Liebesleben ist erotisch und heiß.

Löwe
Obwohl Sie auf der Gefühlsebene sehr unterschiedlich sind, fühlen Sie sich unwiderstehlich voneinander angezogen. Auch das ausgeprägte Liebesleben erhöht die Chancen dieser Verbindung.

Jungfrau
An sich haben Sie gute Voraussetzungen für ein erfülltes Zusammenleben. Skorpion-Monde sind jedoch körperlich anspruchsvoll, Jungfrau-Monde hingegen eher prüde – traurige Aussichten für das Liebesleben!

Waage
Eine interessante Verbindung, in welcher jeder vom anderen eine ganze Menge lernen kann. Doch braucht ein Skorpion-Mond mehr Hingabe, als ein Waage-Mond zu geben bereit oder fähig ist.

Skorpion
Zwei Skorpion-Monde, beide intensiv und verinnerlicht, würden im selben Haus eine Beziehung leben, die vor Spannung knistert und in der keiner der beiden bereit oder fähig ist, die Situation zu entschärfen.

Schütze
Ihr Mond ist besitzergreifend und verlangt absolute Hingabe. Der Schütze-Mond Ihres Partners braucht Freiheit und eine längere Leine. Sie werden unaufhörlich verschiedenen Zielen nachjagen.

Steinbock
Zwischen Ihnen ist eine magische Anziehungskraft spürbar – ein gutes Omen für eine Beziehung. Doch haben Sie beide eine unterschiedliche Auffassung von Hingabe. Finden Sie einen gemeinsamen Weg!

Wassermann
Ihr Skorpion-Mond ist fordernd, der Wassermann-Mond Ihres Partners ist kalt und abweisend. Es zeichnen sich kaum Gemeinsamkeiten ab, was zu Spannungen und Unstimmigkeiten führen muß.

Fische
Emotionell gesehen sind Sie das ideale Paar. Sie begegnen den Höhen und Tiefen des Lebens mit der gleichen Einstellung und fühlen sich magisch zueinander hingezogen. Eine brillante Liaison.

Mond im Schützen

Astromond

74

Kapitel 6

Charakteristische Eigenschaften

Ihre instinktive Reaktion ist:
offen und freundlich

Ihre charakterlichen Stärken sind:
Enthusiasmus und Weitblick

Ihre negativen Eigenschaften sind:
Unverantwortlichkeit und Taktlosigkeit

Sie hassen:
eingeengt zu werden

Sie brauchen:
Freiheit, zu sagen und zu tun, was Ihnen richtig erscheint

Sie müssen lernen:
Ihrer Rastlosigkeit Herr zu werden

PERSÖNLICHKEITEN IHRES MONDZEICHENS

Bob Hope	Garry Kasparow	Ravi Shankar
Howard Hughes	Judy Garland	Barry Manilow
Herman Melville	Arthur Koestler	Bob Geldof
Christopher Reeve	Billy Graham	Pablo Picasso
Joan Sutherland	Danny DeVito	Randy Newman
Umberto Eco	Mary Tyler Moore	Yoko Ono
Billy Crystal	Albert Einstein	Rupert Murdoch

IHR EIGENTLICHES ICH

Als Angehöriger des Schütze-Mondes sind Sie eine stets gut gelaunte, unbekümmerte Frohnatur. Sie sind optimistisch und enthusiastisch und wollen alles auskosten, was das Leben zu bieten hat. Vielleicht sind Sie deshalb so ruhelos und immer auf der Suche nach neuen Herausforderungen und Abenteuern. Zum Glück sind Sie anpassungsfähig und finden sich in jeder Situation leicht zurecht. Auch wenn Sie mitunter einen oberflächlichen Eindruck machen, sind Sie im Grunde ein philosophischer Mensch, mit einem großen Schatz an Lebensweisheit.

Ihre Lebenseinstellung

DER SCHÜTZE-MOND ZU HAUSE

Da der Schütze-Mond-Geborene nicht zu den ordentlichsten Menschen gehört, sieht man seiner Wohnung an,

daß sie bewohnt wird. Seine Präferenz ist eher für modernes Interieur, weniger für Antikes. Es würde zu ihm passen, sich fern der Heimat im Ausland anzusiedeln, vielleicht in einer Universitätsstadt oder nahe einer Kathedrale.

FAMILIÄRE BANDE

Der Schütze-Mond wird mit fremden Landen assoziiert, er entstammt oft einer Mischehe, einer Einwandererfamilie oder Eltern, die in seiner Jugend weit gereist sind. Ihre Eltern hatten sicherlich ausgeprägte Ansichten zu Erziehungsfragen und haben Sie zu einer selbständigen, selbstsicheren Persönlichkeit herangezogen. Ihre Familie sehen Sie als Team, dessen Mitglieder alle am selben Strang ziehen. Für Ihre eigenen Kinder werden Sie eher die Freundesrolle als die Elternrolle übernehmen.

IM BERUFSLEBEN

Flexible Zeiteinteilung liegt Ihnen weit mehr als eine starre Arbeitszeit, in der Sie sich nicht halb so gut entfalten können. Da Sie sich über jegliche Konvention hinwegsetzen und tun, was Ihnen paßt, sollten Sie vielleicht den Weg beruflicher Selbständigkeit einschlagen, damit Sie Arbeitszeit und Arbeitsweise selbst bestimmen können. Sie sind der geborene Lehrer bzw. Vortragende, ein brillanter Sportler oder Touristikexperte.

Entspannen Sie sich durch:

das Organisieren einer zwanglosen Party für alle Ihre Freunde

FINANZIELLES

Von Natur aus unbekümmert, ist der Schütze-Mond auch in Geldangelegenheiten oft sorglos. Solange er nur genug hat, um das nächste Abenteuer bestreiten zu können, kommt er damit auch recht gut zurecht.

GESUNDHEIT

Bei diesem Zeichen kann Übergewicht zu einem Problem werden, vor allem um die Lebensmitte. Achten Sie auf den Hüft- und Schenkelbereich.

KINDER, DIE IM SCHÜTZE-MOND GEBOREN WERDEN

Die Kinder dieses Zeichens sind neugierig und abenteuerlustig und interessieren sich für alles, was sich bewegt. Sie werden oft in unbeschwerte Familien hineingeboren, wobei die Eltern häufig mit klerikalen, religiösen oder akademischen Institutionen in Verbindung stehen. Sie haben ein sonniges Gemüt und lieben die Natur. Im Sport und bei Fremdsprachen sind sie nicht zu übertreffen.

IHR SONNEN- UND MONDZEICHEN AUF EINEN BLICK

Mond im Schützen

Wie ausgewogen ist Ihre äußere (Sonnenzeichen) und Ihre innere Persönlichkeit (Mondzeichen)?

Ihre Sonne in	Charakteristika	Bewertung
Widder	Der geborene Entdecker	★★★★★
Stier	Forschungsinteressen	★★★★
Zwillinge	Rastlos	★★
Krebs	Unentschlossen	★★
Löwe	Sonniges Gemüt	★★★★★
Jungfrau	Philosophisch	★★
Waage	Umgänglich	★★★★
Skorpion	Wißbegierig	★★
Schütze	Unstet	★
Steinbock	Erfolgreich	★★★
Wassermann	Inspiriert	★★★★
Fische	Fernweh	★★

★ Sehr fraglich ★★ Uneins mit sich selbst ★★★ Inneres Gleichgewicht muß erarbeitet werden
★★★★ Im Einklang ★★★★★ Optimal ausgewogen

Beziehungen

IHRE GEFÜHLSWELT

„Sperr mich nicht ein" ist das Anliegen des Schütze-Mond-Geborenen. Gehören Sie dieser Gruppe an, dann ist Ihnen Ihre Freiheit mehr wert als alles andere im Leben. In Liebesbeziehungen werden Sie deshalb sofort unruhig, wenn Sie merken, daß „etwas Ernstes" daraus werden könnte. Anlehnungsbedürftige, unselbständige Menschen sind Ihnen ein Greuel. Da Sie selbst eher freimütig gesinnt sind, hassen Sie es, wenn Ihr Partner zur Eifersucht neigt oder versucht, von Ihnen Besitz zu ergreifen, worauf Sie unsensibel und kaltblütig reagieren.

Sie sind ein leidenschaftlicher, spontaner Liebhaber, müssen jedoch lernen, Ihrem Partner Zeit und Raum für seine eigenen Gefühle zu lassen. Wenn Sie den Bund fürs Leben schließen, sollte Ihr Partner emotional genauso unkompliziert sein wie Sie selbst. Auch sollte er Ihre Ansichten und philosophischen Einstellungen teilen. Doch Menschen mit dieser Mondstellung kommen auch ganz gut ohne intensive Liebesbeziehung in ihrem Leben aus – aber nur, solange sie einen großen Freundeskreis haben.

Sie sind ein offener, aufrichtiger Mensch, dem so schnell nichts peinlich ist, am allerwenigsten, über intimste Gefühle oder Erfahrungen zu sprechen. Überrascht finden Sie immer wieder heraus, daß andere in dieser Hinsicht nicht so freizügig und direkt sind wie Sie. Daraus ergibt sich, daß Sie oft ins Fettnäpfchen treten oder die weniger Dickhäutigen mit unsensiblen Fragen oder taktlosen Enthüllungen schockieren.

Doch Sie sind voller Jovialität, fröhlich und unbekümmert und haben den Dreh heraus, alle mit dem Ihnen eigenen Enthusiasmus und Optimis-

Mond des Partners in	IHRE BEZIEHUNG ZUM PARTNER
	Ihr Mond im Schützen
Widder	Sie sind beide abenteuerlustig und energiegeladen und suchen die Herausforderung und einen weiten Horizont: beste Aussichten für eine abwechslungsreiche, erfüllende Beziehung – im Bett und anderswo.
Stier	Als Stier-Mond-Geborener braucht Ihr Partner festen Boden unter den Füßen. Ihr Schütze-Mond läßt sich jedoch nicht fesseln. Es scheint, als hätten Sie nicht viel gemeinsam.
Zwillinge	Obwohl sich Schütze-Mond und Zwillings-Mond am entgegengesetzten Ende des Spektrums befinden, hat sich diese Verbindung schon des öfteren als sehr harmonisch erwiesen.
Krebs	Mit unvereinbaren Auffassungen und grundverschiedenen Zielen stellen Sie sich dem Leben. Jeder hat seine eigenen Vorstellungen, keiner kann sich in den anderen hineinversetzen.
Löwe	Löwe-Mond und Schütze-Mond sind in der Tat ein feuriges, dynamisches Duo! Es sind alle Voraussetzungen für eine intensive Liebesbeziehung gegeben. Ihr Lebensinhalt und Ihre Interessen stimmen überein. Das kann eigentlich nur gut gehen!
Jungfrau	Jungfrau-Monde müssen immer festen Boden unter den Füßen haben, Schütze-Monde wollen sich nicht binden. Sie sind, jeder auf seine Weise, zu unabhängig für eine langfristige Beziehung.

Mond des Partners in	IHRE BEZIEHUNG ZUM PARTNER
	### Ihr Mond im Schützen
Waage	Freiheit geht beiden über alles – das verbindet Sie. Die Erfolgsaussichten dieser Beziehung hängen sehr davon ab, ob Sie herausfinden, was gemeinsam bzw. was besser alleine unternommen werden sollte.
Skorpion	Der Skorpion-Mond Ihres Partners ist vereinnahmend und verlangt totale Hingabe. Sie brauchen Ihre Freiheit und eine eher lockere Beziehung. Sie werden ständig unterschiedlichen Zielen nachjagen.
Schütze	Eine höchst verständnisvolle, philosophisch bereichernde Beziehung. Sie verstehen es, aus dem Leben das Beste herauszuholen, und gemeinsam erlebte Dinge hinterlassen einen bleibenden Eindruck.
Steinbock	Um die Wahrheit zu sagen, Steinbock-Monde und Schütze-Monde leben auf völlig anderen Sternen. Diese Beziehung am Leben zu erhalten kann sich als aufreibender Kampf gestalten.
Wassermann	Ihre Mondzeichen haben viele Gemeinsamkeiten, nicht zuletzt, daß das beiderseitige Bedürfnis nach Freiraum akzeptiert wird. In vieler Hinsicht sind Sie wahrscheinlich ein höchst unkonventionelles Paar. Doch das ist es vielleicht gerade, was dieser Beziehung Spannung verleiht.
Fische	Dies ist eine nicht gerade einfache Beziehung, da Ihr Schütze-Mond freiheitsliebend ist, der Fische-Mond Ihres Partners hingegen sehr anhänglich und anlehnungsbedürftig.

mus anzustecken. Über einen Mangel an Freunden und Bekannten können Sie sich deshalb nicht beklagen! Sie sind ein Abenteurer par excellence, wollen immer in Bewegung sein und fühlen sich ganz einfach unterwegs am wohlsten.

✳ ☆ ✳ ☆ ✳ ☆ ✳ ☆ ✳ ☆ ✳ ☆ ✳ ☆

Der Schütze-Mond regiert Schenkel, Hüften und Leber. Wenn Sie mit dem Mond in diesem Zeichen geboren wurden, lieben Sie wahrscheinlich üppiges Essen und ein gutes Leben – Dinge, die nicht nur Ihre Leber belasten, sondern auch im Hüft- und Schenkelbereich Spuren hinterlassen!

Mond im Steinbock

Astromond

Kapitel 6

78

Charakteristische Eigenschaften

Ihre instinktive Reaktion ist:
vorsichtig und reserviert

Ihre charakterlichen Stärken sind:
Fleiß und Verantwortungsbewußtsein

Ihre negativen Eigenschaften sind:
Snobismus und Gefühlskälte

Sie hassen:
kindisches Betragen

Sie brauchen:
Status, Prestige und Anerkennung

Sie müssen lernen:
Ihren Zynismus zu zügeln

IHR EIGENTLICHES ICH

Ausdauernd, fleißig und bodenständig ist der ernste, reife Steinbock-Mensch. Seine übervorsichtige Natur wird oft fälschlicherweise als Pessimismus interpretiert. Sie sind ambitioniert und beharrlich, wenn es darum geht, die angestrebte Position zu erreichen. Ihr Durchhaltevermögen gepaart mit der Bereitschaft, sich die Karriereleiter hinaufzuarbeiten, garantiert, daß Sie früher oder später die angestrebte Macht und Anerkennung auch erhalten.

Ihre Lebenseinstellung
DER STEINBOCK-MOND ZU HAUSE

Da Ihr Geschmack konservativ und formell ist, bevorzugen Sie eine schlichte Ausstattung, auf überladenes

PERSÖNLICHKEITEN IHRES MONDZEICHENS

Stephen Sondheim
Yehudi Menuhin
Tammy Wynette
John Glenn jr.
Dorothy Parker
Johnny Carson
Kim Basinger
Franco Zeffirelli

Cher
James Stewart
Jane Russell
Yves Saint Laurent
Arnold Schwarzenegger
Arthur C. Clarke
Mary Quant

Interieur können Sie gut verzichten. Menschen mit dieser Mondstellung sind übertrieben ordentlich, in ihrem Haus ist alles an seinem Platz.

FAMILIÄRE BANDE

Steinbock-Monde sind oft ihrem Vater sehr ähnlich. Die Mutter war wahrscheinlich eine starke Persönlichkeit, sparsam mit Zärtlichkeiten, aber voller Ambitionen für ihre Kinder. Dies ist etwas, was Sie auch für Ihre eigenen Kinder übernehmen, deren Erfolg im Leben Ihnen über alles geht. Sie erwarten von ihnen, daß sie so tüchtig sind wie Sie selbst. Andernfalls zeigen Sie sofort Ihre Mißbilligung.

IM BERUFSLEBEN

Da Sie dem vielleicht tüchtigsten und unermüdlichsten Mondzeichen angehören, sind Ihr Geschäftssinn und Organisationstalent nicht zu überbieten. Sie erledigen alles praktisch, logisch und mit viel Initiative. Vorgesetzte und Kollegen merken bald, daß Sie verläßlich und verantwortungsbewußt sind und zusätzliche Aufgaben gerne auf sich nehmen. Sie arbeiten so viel, daß Sie Gefahr laufen, zum Workaholic zu werden. Der Finanzbereich, Unternehmensführung oder die Politik sprechen Sie an.

Entspannen Sie sich durch:
einen wirklich witzigen Film

FINANZIELLES

Sie arbeiten ausdauernd und sparen viel, da Sie genügsam und bescheiden sind und Ihr Geld auf die Bank tragen. Steinbock-Mond-Menschen sagt man nach, daß sie sich durch ihren Fleiß oft ein Vermögen erarbeiten.

GESUNDHEIT

Angehörige dieses Mondzeichens sind meist drahtig und zäh und haben oft ein langes Leben. Ab der Lebensmitte haben sie manchmal Probleme mit Knochen und Gelenken, wie Rheuma oder Arthritis. Ihr größter Schwachpunkt sind die Knie.

KINDER, DIE IM STEINBOCK-MOND GEBOREN WERDEN

Diese Kinder sind kleine Erwachsene, was kein Nachteil ist, da sie aus verschiedenen Gründen schnell erwachsen werden müssen. Oft sind die Eltern nicht mehr jung, so daß sich das Kind von klein auf für die Familie verantwortlich fühlt. Das Familienleben läuft in geregelten Bahnen ab, die Kinder leiden oft an mangelnder Zuneigung, was im späteren Leben nicht selten ihre eigenen Beziehungen trübt.

IHR SONNEN- UND MONDZEICHEN AUF EINEN BLICK

Mond im Steinbock

Wie ausgewogen ist Ihre äußere (Sonnenzeichen) und Ihre innere Persönlichkeit (Mondzeichen)?

Ihre Sonne in	Charakteristika	Bewertung
Widder	Bestimmt	★★★★
Stier	Sehr nüchtern	★★★★★
Zwillinge	Perfekt organisiert	★★★
Krebs	Häuslich	★★
Löwe	Der geborene Führer	★★★★
Jungfrau	Methodisch	★★★★★
Waage	Standesbewußt	★★
Skorpion	Mächtig	★★★★
Schütze	Wohltätig	★★
Steinbock	Workaholic	★
Wassermann	Einen Schritt voraus	★★★
Fische	Zurückhaltend	★★

★ Sehr fraglich ★★ Uneins mit sich selbst ★★★ Inneres Gleichgewicht muß erarbeitet werden
★★★★ Im Einklang ★★★★★ Optimal ausgewogen

Beziehungen

IHRE GEFÜHLSWELT

Wenn Sie mit dem Mond im Steinbock geboren wurden, sind Sie ein kühler Typ und wirken auf andere distanziert und förmlich. Gefühlsausbrüche sind von Ihnen nicht zu erwarten. Ein Übermaß an Körperkontakt ist Ihnen unangenehm, oberflächliche Sentimentalität stößt Sie ab. Doch obwohl Ihr Kopf das Herz beherrscht, sind Sie großzügig und, was Beziehungen anbelangt, kontrolliert und reif.

Kurze sexuelle Begegnungen reizen Sie nicht, und man kann Ihnen nicht vorwerfen, Sie wären ein flatterhafter, koketter Liebhaber. Ganz im Gegenteil: Sie nehmen Ihre Verantwortung ernst, und haben Sie einmal Ihr Wort gegeben, dann sind Sie treu und aufrichtig. Bevor Sie sich jedoch auf feierliche Schwüre einlassen, erwägen Sie sorgfältig die Folgen – spontane, gefühlsbetonte Handlungen sind nicht Ihre Sache. Sie würden niemals überstürzt eine Beziehung eingehen.

In Ihrer Welt gilt es, gesellschaftliche Konventionen zu beachten. Obwohl die Einhaltung von Anstandsregeln oft unvereinbar mit spontanen Emotionen ist, ist dies der Ihrer Meinung nach richtige Weg, den zu gehen Sie für Ihre Pflicht halten. Andernfalls würden Sie sich schreckliche Sorgen machen, was andere von Ihnen denken könnten.

Dann ist da noch die Frage der gesellschaftlichen Stellung, die für den Steinbock-Menschen von großer Bedeutung ist. Entweder erklimmen Sie die Leiter zum Erfolg allein, oder Sie wünschen sich einen ambitionierten, verläßlichen Partner, der Sie dabei tatkräftig unterstützt.

Manchmal versuchen Sie sich einzureden, daß Sie, solange Sie finanziell abgesichert und in erstklassiger beruflicher und gesellschaftlicher Stellung sind, auf Liebe und Zuneigung gut verzichten können. Setzen Sie sich jedoch eingehender damit auseinander, kommen Sie bald zu dem Schluß, daß das Leben ohne jemanden, der Freud und Leid mit Ihnen teilt, recht düster ist.

✴ ☆ ✴ ☆ ✴ ☆ ✴ ☆ ✴ ☆ ✴ ☆

Wenn Sie in diesem Zeichen geboren wurden, beugen Sie Knochen- und Gelenksproblemen vor, da diese vom Steinbock beeinflußt werden.

Ihr Mond im Steinbock

Mond des Partners in	
Widder	Rosige Zeiten stehen dieser Beziehung bevor, wenn Sie und Ihr Partner auch geschäftlich miteinander verbunden sind. Sie werden in der Lage sein, Ihre sehr ausgeprägten, doch verschiedenartigen Leidenschaften in den Erfolg Ihres Unternehmens einfließen zu lassen.
Stier	Zwischen diesen beiden Mondzeichen existiert eine wundervolle Seelenverwandtschaft – ein gutes Vorzeichen für ein abwechslungsreiches, langes Leben zu zweit. Ein gutes Team!
Zwillinge	Zwillings-Monde und Steinbock-Monde sind auf allen Ebenen verschieden. Folglich würden Sie und Ihr Partner sich ständig irritieren, und ein Zusammenleben wäre mit zähem Ringen verbunden.
Krebs	Trotz der Tatsache, daß Ihre Monde in entgegengesetzten Zeichen stehen, hat diese Verbindung gute Aussicht auf ein erfülltes Zusammenleben. Alles in allem eine gute Wahl.
Löwe	Keine einfache Beziehung, da Ihr verschwenderischer Partner das Haushaltsbudget ganz schön durcheinanderbringen würde. Ihr Steinbock-Mond würde wiederum nicht zögern, seinen Übermut zu dämpfen.
Jungfrau	Mit beider Monde in Erdzeichen können Sie sich in die Wünsche und Bedürfnisse des anderen gut hineindenken. Eine hervorragende, dauerhafte Kombination mit besten Erfolgsaussichten.
Waage	Ihr Mond hat sich harter Arbeit verschrieben, während der Ihres Partners zum Müßiggang tendiert. Waage-Monde sind unbeschwert, Sie mitunter ein Moralist. Alles deutet auf viele Grundsatzdebatten hin.
Skorpion	Sie fühlen sich magisch voneinander angezogen – ein gutes Omen für eine dauerhafte Verbindung. Jedoch haben Sie sich jeder einer anderen Sache verschrieben. Versuchen Sie einen gemeinsamen Weg zu finden.
Schütze	Um es offen zu sagen, leben Steinbock-Monde und Schütze-Monde in anderen Welten. Um diese Beziehung aufrechtzuerhalten, werden Sie all Ihre Kräfte aufbieten müssen.
Steinbock	Ein starkes Team, da Sie beide die Welt im selben Licht sehen und sich Ihre Ziele gleichen. Sie sind beide Arbeitstiere, was Erfolg und Gewinn erwarten läßt, vor allem, wenn Ihre Beziehung geschäftlicher Natur ist.
Wassermann	Die Unterschiede zwischen Ihnen sind unübersehbar, dennoch kann der Wassermann-Mond Ihre Stimmung heben und Sie Ihrem Partner dabei helfen, festen Halt zu finden.
Fische	Probleme ohne Ende. Steinbock-Monde werden oft als steinhart beschrieben, Fische-Monde hingegen sind weich wie Butter. Diese Rechnung geht schlicht und einfach nicht auf.

Mond im Wassermann

82

Charakteristische Eigenschaften

Ihre instinktive Reaktion ist:
kühl, aber freundlich

Ihre charakterlichen Stärken sind:
Aufrichtigkeit und Engagement für Schwächere

Ihre negativen Eigenschaften sind:
Exzentrik und die Tendenz, Ihre Gefühle zu leugnen

Sie hassen:
den Status quo aufrechtzuerhalten

Sie brauchen:
eine Lebensaufgabe

Sie müssen lernen:
Ihre Gefühle denen zu zeigen, die Sie lieben

IHR EIGENTLICHES ICH

Als Wassermann-Mond besitzen Sie ein außergewöhnliches, originelles We-sen, Sie sind weitblickend und phanta-siebegabt. Obwohl andere Ihre Ideen oft exzentrisch finden, sind sie doch zu-kunftsweisend, und in zehn oder zwan-zig Jahren wird man sie anerkennen und schätzen. Von humanitären In-stinkten geprägt, wollen Sie die Welt verbessern und engagieren sich für Fragen von globaler Bedeutung.

Ihre Lebenseinstellung

DER WASSERMANN-MOND ZU HAUSE

Ultramodern ist das Schlagwort für die Präferenzen des Wassermann-Mondes,

PERSÖNLICHKEITEN IHRES MONDZEICHENS

Diana, Prinzessin von Wales
Michelle Pfeiffer
Fidel Castro
Carl Lewis
Iris Murdoch
Jesse Owens
Tennessee Williams

Sophia Loren
Orson Welles
Muhammed Ali
Mary Baker Eddy
Henry Ford
George Gershwin

John Lennon
Jean-Paul Sartre
Woody Allen
Leslie Caron
H. G. Wells
John Le Carré
Margaret Atwood

was seine häusliche Umgebung betrifft. Ungewöhnliche Farben und Formen herrschen vor, Ihr Haus hebt sich deutlich von anderen ab. Hausarbeit ist nicht Ihre Stärke, da es Ihrer Meinung nach zu viele interessantere Dinge im Leben gibt, um seine Zeit mit Aufräumen zu verschwenden.

FAMILIÄRE BANDE

Ihr Familienleben ist genauso unkonventionell wie Ihr Charakter. Haben Sie Ihre Eltern vielleicht mit ihren Vornamen angesprochen? Oder besteht zwischen Ihren Eltern, oder zwischen Ihnen und Ihrem Partner, ein großer Altersunterschied? Vielleicht übte Ihr Vater einen ungewöhnlichen Beruf aus, wie Astronaut, Erfinder, Professor, oder er war ein Genie in irgendeinem Bereich.

IM BERUFSLEBEN

Sie ergreifen sicherlich einen ungewöhnlichen Beruf. Vielleicht versuchen Sie sich als Forscher, Auslandskorrespondent oder Filmemacher. Ihre Kreativität und Ihr Weitblick würden Ihnen sicherlich auch in der Modebranche von Nutzen sein. Und da Sie ein brillanter Logiker sind und andere gerne beraten, würden Sie gut in ein Beratungsteam passen. Besonders angesprochen fühlen Sie sich jedoch von wohltätigen Organisationen, wo Sie sich engagiert für andere einsetzen.

Entspannen Sie sich durch:

Schach, Scrabble oder andere Brettspiele mit Ihren Freunden

FINANZIELLES

Geld an sich übt auf Sie keine große Faszination aus. Falls Sie doch welches anlegen, investieren Sie nur in Unternehmen, deren Ruf in ökologischer und ethischer Hinsicht einwandfrei ist.

GESUNDHEIT

Knöchel, Schienbeine und Unterschenkel sind Ihre empfindlichen Bereiche. Kreislaufprobleme, wie Bluthochdruck, können sich im späteren Leben noch dazugesellen.

KINDER, DIE IM WASSERMANN-MOND GEBOREN WERDEN

Kinder mit dieser Mondabstimmung sind wie der Kuckuck im Nest, entweder weil sie keine äußerliche Ähnlichkeit mit anderen Familienmitgliedern aufweisen, oder weil sich ihre Vorlieben deutlich von denen der anderen unterscheiden. Sie sind ungewöhnlich intelligent und begabt und haben ein zugängliches, menschenfreundliches Wesen, wodurch sie für Teamarbeit wie geschaffen sind.

IHR SONNEN- UND MONDZEICHEN AUF EINEN BLICK

Mond im Wassermann

Wie ausgewogen ist Ihre äußere (Sonnenzeichen) und Ihre innere Persönlichkeit (Mondzeichen)?

Ihre Sonne in	Charakteristika	Bewertung
Widder	Umstritten	★★★
Stier	Vorausschauend	★★★
Zwillinge	Elektrisierend	★★★★★
Krebs	Mitfühlend	★★
Löwe	Impulsiv	★★
Jungfrau	Weichherzig	★★
Waage	Unbekümmert	★★★★★
Skorpion	Einsichtig	★★
Schütze	Originell	★★★★
Steinbock	Weitblickend	★★
Wassermann	Exzentrisch	★
Fische	Gedankliche Höhenflüge	★★

★ Sehr fraglich   ★★ Uneins mit sich selbst   ★★★ Inneres Gleichgewicht muß erarbeitet werden

★★★★ Im Einklang   ★★★★★ Optimal ausgewogen

	IHRE BEZIEHUNG ZUM PARTNER
Mond des Partners in	
Widder	**Ihr Mond im Wassermann** Mit dem Mond in diesem Zeichen wird es ein leichtes für Sie sein, den Freiheitsdrang Ihres Partners zu akzeptieren. Im Gegenzug wird Ihr Widder-Mond-Partner auch Ihre Intimsphäre nicht stören. In dieser Partnerschaft ist genug Toleranz und Verständnis für eine harmonische Beziehung vorhanden.
Stier	Ein Wassermann-Mond hat mit einem Stier-Mond wenig gemeinsam, da jeder dem Leben mit anderen Erwartungen und Wünschen entgegentritt. Folglich ist kaum eine gemeinsame Basis vorhanden.
Zwillinge	Eine fröhliche, freundschaftliche Beziehung, in der beide Partner locker und unabhängig sind und dennoch viel gemeinsam haben. Eine luftig-leichte Verbindung mit guten Erfolgsaussichten.
Krebs	Auf der Gefühlsebene sind Wassermann-Monde und Krebs-Monde keine ebenbürtigen Partner. Der eine ist unabhängig und distanziert, der andere anlehnungsbedürftig – das kann nicht gut gehen!
Löwe	Sie sind in vieler Hinsicht verschieden wie Tag und Nacht, dennoch kann diese Verbindung funktionieren. Obwohl Sie von entgegengesetzten Enden des Spektrums kommen, gibt es auch viel Verbindendes.
Jungfrau	Ihr Wassermann-Mond liebt das Unvorhersehbare. Der Jungfrau-Mond Ihres Partners ist pedantisch genau. Wenn Sie keinen Kompromiß finden, stehen die Chancen schlecht für Sie.

Kapitel 6   Astromond

84

Beziehungen

IHRE GEFÜHLSWELT

Wenn Sie mit dem Mond in diesem Zeichen geboren wurden, dann versuchen Sie, festen Bindungen eher aus dem Weg zu gehen. Sie sind ein Gesellschaftsmensch, dem mehr an einem großen Freundeskreis gelegen ist als an einer ernsten, allumfassenden Zweierbeziehung. Sie zeigen zwar Ihre

✳ ☆ ✳ ☆ ✳ ☆ ✳ ☆ ✳ ☆ ✳ ☆

Die Schwachstellen des Wassermann-Mondes sind Herz-Kreislauf-System, Knöchel und Schienbeine.

Gefühle ganz offen und ehrlich, sind aber überrascht, wenn andere in Herzensangelegenheiten nicht so leidenschaftslos sind wie Sie selbst.

Das Problem, sofern man von einem solchen sprechen kann, liegt in Ihrer Einstellung zu Gefühlen, welche – wie Ihre progressiven intellektuellen Vorstellungen – als radikal oder fortschrittlich bezeichnet werden könnte.

Sie sind von Natur aus tolerant und aufgeschlossen, und Ihr Zugang zu Beziehungen ist ebenfalls ein eher unkonventioneller. Wilde Ehen oder Dreierbeziehungen etwa, für viele Menschen inakzeptabel, erscheinen

Ihnen ganz normal. Und genau dieser unorthodoxe Charakterzug läßt Sie in den Augen anderer oft gefühllos und distanziert erscheinen.

Der Mond in dieser Stellung – ebenso wie in den Zwillingen und der Waage, den anderen beiden Luftzeichen – bedingt, daß Ihr Charakter sehr facettenreich ist. Sie erscheinen wie ein Chamäleon, das je nach Umgebung und Gesellschaft blitzschnell Form und Farbe verändern kann. Was Sie letzten Monat, gestern oder noch vor einer halben Stunde waren, ist Vergangenheit. Nur das Jetzt und Heute zählt, denn der Wassermann-Mond-

Geborene lebt einzig und allein in der Gegenwart.

Mit dieser Philosophie ist es demnach nicht überraschend, daß Sie von Ihren Freunden und Ihrem Partner als unberechenbar empfunden werden, da Sie unvermittelt und ohne offensichtlichen Grund Ihre Gefühle auf den Kopf stellen oder Ihre Ideologie von gestern zugunsten der heutigen über den Haufen werfen. Das macht Ihre Gesellschaft aber auch so faszinierend, originell und aufregend. Eines ist sicher – teilt man sein Leben mit einem Partner dieser Mondstellung, ist für Abwechslung gesorgt.

IHRE BEZIEHUNG ZUM PARTNER

Mond des Partners in

Ihr Mond im Wassermann

Waage
Sie sind einander so ähnlich und teilen so viele Interessen, daß einem harmonischen Zusammenleben mit viel Spaß und Verständnis nichts im Wege steht. Eine phantastische Kombination!

Skorpion
Der Skorpion-Mond Ihres Partners ist fordernd, Ihr Wassermann-Mond kühl und distanziert. Sie stimmen in wenigen Belangen überein, was zu Spannungen und Unstimmigkeiten führen kann.

Schütze
Ihre Mondzeichen haben zahlreiche Gemeinsamkeiten, nicht zuletzt, daß Sie das beiderseitige Bedürfnis nach Freiraum akzeptieren. In vieler Hinsicht werden Sie ein recht unkonventionelles Paar abgeben – doch das ist es vielleicht gerade, was Ihrer Beziehung Spannung verleiht.

Steinbock
Die Unterschiede zwischen Ihnen sind nicht zu übersehen. Der Steinbock-Mond hilft Ihnen jedoch, inneren Frieden zu finden, während Sie seine Stimmung heben können – vielleicht keine schlechte Ausgangsbasis.

Wassermann
Mit Ihrer unorthodoxen Einstellung zu Beziehungen geben Sie ein außergewöhnliches Paar ab. Von allen Zeichen entscheiden sich die Wassermann-Mond-Geborenen am spätesten für den Bund fürs Leben!

Fische
Ein Wassermann-Mond gekoppelt mit einem Fische-Mond ergibt eine recht turbulente Beziehung. Beide sind jedoch sehr interessiert, was in ihrem Partner vorgeht. Diese Einfühlsamkeit ist eine gute Basis.

Mond in den Fischen

86

Charakteristische Eigenschaften

Ihre instinktive Reaktion ist:
sanft und mitfühlend

Ihre charakterlichen Stärken sind:
Kreativität und Einfühlungsvermögen

Ihre negativen Eigenschaften sind:
Launenhaftigkeit und das Gefühl, das Opfer anderer zu sein

Sie hassen:
Aggression in jeder Form

Sie brauchen:
Verständnis und Unterstützung

Sie müssen lernen:
in der Realität zu leben

PERSÖNLICHKEITEN IHRES MONDZEICHENS

Paul Newman	Hilary Clinton	Allen Ginsberg
Hermann Hesse	Robin Williams	Michael Jackson
Elvis Presley	Robert De Niro	P. D. James
Norma Shearer	Frank Sinatra	Marie Stopes
Grace Kelly	Martin Scorsese	Charles Schultz
J. R. R. Tolkien	Ava Gardner	Sacha Distel
Enrico Caruso		

IHR EIGENTLICHES ICH

Menschen, deren Mond in den Fischen steht, sind zarte Pflänzchen, die viel Schutz und Pflege brauchen. Sie sind vertrauensvoll und unbefangen. Verträumt, romantisch und mitfühlend, leben Sie in einer Märchenwelt, die so weit wie möglich von der harten Wirklichkeit entfernt ist. Der Mond in dieser Stellung beeinflußt Ihre Emotionen und macht Sie extrem sensibel, indem er Ihr Herz mit hohen Gefühlswellen überflutet. Sie fürchten ständig, andere zu beleidigen oder zu verletzen. Liebe und Gemütsruhe zu finden ist Ihr allergrößter Wunsch.

Ihre Lebenseinstellung
DER FISCHE-MOND ZU HAUSE
Mit dem ausgeprägten schöpferischen Talent Ihres Mondzeichens ausgestattet, legen Sie Wert auf eine ge-

schmackvolle Umgebung mit künstlerischem Touch. Ihre Liebe zu Kunst und Musik ist allgegenwärtig. Zu Wasser fühlen Sie sich stark hingezogen und sollten alles daran setzen, an einem Fluß oder am Meer zu leben.

FAMILIÄRE BANDE

Der Kontakt zu Ihrer Mutter war möglicherweise nicht so innig, wie er Ihrer Meinung nach hätte sein sollen. Vielleicht wurden Sie im ersten Lebensabschnitt zurückgewiesen oder enttäuscht. Da Familienzugehörigkeit für Sie sehr wichtig ist, hat diese Erfahrung unter Umständen Ihrem Selbstvertrauen geschadet und Sie um so sensibler gemacht. Ihrer eigenen Familie bringen Sie eine selbstlose Liebe entgegen. Nichts macht Sie glücklicher, als mit Ihren Lieben alles zu teilen.

IM BERUFSLEBEN

Mit dieser Mondstellung sind Sie ein unverzichtbares Mitglied eines Teams, denn Sie sind immer um ein angenehmes Arbeitsklima und gute Zusammenarbeit bemüht. Dabei blühen Sie richtiggehend auf. Besonders erfolgreich sind Sie in Berufen, in denen Sie Ihre Kreativität ausleben können, wie im Bereich Musik, Mode oder Kunst. Auch eine Beratungstätigkeit, Psychologie oder Psychotherapie kommen in Frage. Ganzheitsmedizin und alternative Heilpraktiken kommen Ihren Fähigkeiten ebenfalls entgegen.

Entspannen Sie sich durch:
einen Spaziergang oder Meditation

IHR SONNEN- UND MONDZEICHEN AUF EINEN BLICK

Mond in den Fischen

Wie ausgewogen ist Ihre äußere (Sonnenzeichen) und Ihre innere Persönlichkeit Mondzeichen)?

Ihre Sonne in	Charakteristika	Bewertung
Widder	Unverwüstlich	★★
Stier	Schöpferisch begabt	★★★
Zwillinge	Märchenerzähler	★★★
Krebs	Fürsorglich	★★★★★
Löwe	Romantisch	★★★
Jungfrau	Scharfsinnig	★★
Waage	Verträumt	★★★★
Skorpion	Psychoanalytisch	★★★★★
Schütze	Kosmopolit	★★★
Steinbock	Reserviert	★★
Wassermann	Engagiert	★★
Fische	Verletzlich	★

★ Sehr fraglich   ★★ Uneins mit sich selbst   ★★★ Inneres Gleichgewicht muß erarbeitet werden

★★★★ Im Einklang   ★★★★★ Optimal ausgewogen

FINANZIELLES

Von allen Mondzeichen sind Sie am wenigsten geschäftstüchtig. Haben Sie einmal etwas Geld übrig, dann geben Sie es gerne denen, die es Ihrer Meinung nach dringender benötigen als Sie selbst. Ein Partner, der Ihre Finanzen in die Hand nimmt, wäre eine große Hilfe für Sie.

GESUNDHEIT

Die häufigste Problemzone des Fische-Mond-Geborenen sind die Füße.

KINDER, DIE IM FISCHE-MOND GEBOREN WERDEN

Der Fische-Mond bringt süße, sanfte Babys hervor, die leicht zufriedenzustellen sind. Sie wachsen zu eher passiven Kindern heran, die eine lebhafte Vorstellungskraft besitzen und sich oft in ihre Phantasiewelt zurückziehen. Sie sind scheu und sensibel und hängen in der Schule ihren Tagträumen nach. In künstlerischen Gegenständen und im Aufsatzschreiben stellen sie alle anderen in den Schatten.

Beziehungen

IHRE GEFÜHLSWELT

Sie sind sensibel, emotionell und sentimental und das romantischste aller Zeichen. Darüber hinaus haben Sie ein weiches, leicht verletzbares Herz, welches Ihnen ermöglicht, instinktiv zu merken, wenn es anderen schlecht geht. Und weil Sie so sanft und einfühlsam sind, geben Sie einen fürsorglichen Partner ab, der zuhören kann und immer mit Rat und Tat zur Stelle ist. Mit Ihrem gutmütigen Wesen und Ihrer träumerischen, idealisierenden Sicht von Beziehungen lassen Sie sich von stärkeren, manchmal weniger rücksichtsvollen Menschen leicht beeinflussen oder sogar ausnützen.

Kritik und harte Worte verletzen Sie tief und können Ihre Laune verderben, Streitigkeiten und aggressives Verhalten machen Sie buchstäblich krank. Wenn Sie ins Kreuzfeuer von Konflikten geraten, etwa bei einem Familienstreit, würden Sie am liebsten die Flucht ergreifen und sich zum Beispiel irgendeine Arbeit in einem anderen Raum suchen oder eine lange Autofahrt machen, in der Hoffnung, daß sich bei Ihrer Rückkehr der Sturm bereits gelegt hat.

Möglicherweise wird Ihr Rückzug von Ihren Mitmenschen als reine Verdrießlichkeit und als Schmollen interpretiert. Dabei ziehen Sie sich nur deshalb aus der Schlacht zurück, weil dies Ihrem natürlichen Verteidigungsmechanismus entspricht. Sie ziehen es vor, den Kopf in den Sand zu stecken, in der Hoffnung, daß das, was Sie nicht sehen, auch nicht geschieht, und Ihre Welt somit wieder in Ordnung ist. Der Wunsch nach perfekter Harmonie und überirdisch schöner Übereinstimmung, ohne Gewalt und Leiden, ist in Ihnen sehr ausgeprägt.

Sie sind sehr wohl bereit, Ihren Beitrag zu einer besseren Welt zu leisten, doch Sie brauchen einen Partner, der ebenfalls dazu in der Lage ist. Ideal wäre jemand, der es auch versteht, Ihr Selbstvertrauen zu stärken, und Sie ermutigt, mehr an sich selbst zu glauben.

✳ ☆ ✳ ☆ ✳ ☆ ✳ ☆ ✳ ☆ ✳ ☆

Da die Fische jenes Tierkreiszeichen sind, das Alkohol und Drogen beeinflußt, müssen sich Menschen mit dieser Mondabstimmung vorsehen, nicht vor ihren Problemen oder dem Alltagsstreß in den Alkohol zu flüchten. Der Fische-Mond regiert auch den Fußbereich. Menschen dieses Mondzeichens haben entweder die zierlichen Füße einer Ballerina, oder sie stolpern beim Gehen immer wieder über ihre eigenen Füße.

Ihr Mond in den Fischen

Widder

Ihr Widder-Mond-Partner wird mit Ihren zarten Gefühlen kurzen Prozeß machen, er wird sich schroff und abweisend geben. Die Leidenschaft wird zwischen Ihnen glühen, doch Sie könnten sich daran verbrennen.

Stier

Diese beiden Mondstellungen ergänzen einander bestens, jeder kann vom anderen eine ganze Menge lernen. Sie haben den kongenialen Partner gefunden!

Zwillinge

Ein Fische-Mond ist das vielleicht anlehnungsbedürftigste aller Mondzeichen, ein Zwillings-Mond das ausweichendste. Keiner von beiden kann sich in die Gefühle des anderen wirklich hineinversetzen.

Krebs

Krebs-Mond und Fische-Mond bringen sanfte, fürsorgliche Menschen mit einer liebevollen, herzlichen Natur hervor. Sie denken und fühlen sehr ähnlich, was eine ideale Beziehung erwarten läßt.

Löwe

Obwohl diese Verbindung auf den ersten Blick seltsam anmutet, ist sie dennoch sehr romantisch und aufregend, wodurch Sie sich mit Ihrem Löwe-Mond-Partner eng verbunden fühlen.

Jungfrau

Auf Freundschaft zwischen Ihnen und Ihrem Jungfrau-Mond-Gefährten kann man wetten. Gestaltet sich die Beziehung jedoch intimer, finden Sie bald heraus, daß die gegenseitige Anziehungskraft nachläßt.

Waage

Sie sind beide kreativ, schönheitsliebend und suchen Ruhe und Harmonie. Ihr Liebesleben kann sanft und erfüllend sein, doch Sie werden sich oft gegenseitig für Ihre eigenen Fehler verantwortlich machen.

Skorpion

Sie sind in der Lage, den Höhen und Tiefen des Lebens mit den gleichen Emotionen zu begegnen und fühlen sich magisch voneinander angezogen. Die perfekte Beziehung!

Schütze

Dies ist nicht die einfachste aller Beziehungen, denn Ihr Fische-Mond ist anlehnungsbedürftig und schutzsuchend, dem Schütze-Mond Ihres Partners hingegen geht seine Freiheit über alles.

Steinbock

Probleme ohne Ende. Steinbock-Monde könnte man als hart wie Stein bezeichnen, während Fische-Monde weich wie Butter sind. Diese Rechnung geht einfach nicht auf.

Wassermann

Ein Wassermann-Mond gekoppelt mit einem Fische-Mond ergibt eine etwas turbulente Verbindung. Doch gehen beide aufeinander ein und fühlen sich stark zueinander hingezogen.

Fische

Eine wonnige, verträumte, idealistische Romanze. Doch leider fehlt Ihnen beiden die Fähigkeit, praktisch zu denken und Nägel mit Köpfen zu machen.

KAPITEL 7

ERFOLG IM BERUF

Jeder Börsenmakler weiß nur zu gut, daß es auf den richtigen Zeitpunkt ankommt. Zur rechten Zeit am rechten Ort zu sein entscheidet oft zwischen Erfolg und Mißerfolg. Dies gilt für alle Bereiche, für das Geschäftsleben jedoch ganz besonders. Es zahlt sich aus zu wissen, wann der optimale Zeitpunkt ist, um eine Besprechung anzusetzen; um Projekte in Angriff zu nehmen; um Verträge zu unterzeichnen oder Werbekampagnen einzuplanen; um eine Gehaltserhöhung zu verlangen; um sich um eine Stelle zu bewerben oder sich selbständig zu machen; um zu expandieren, einen Kredit aufzunehmen, Personal anzustellen oder zu entlassen, und dergleichen mehr.

Im Einklang mit dem Lauf des Mondes Ihre Aktivitäten anzusetzen und seine günstigen Einflüsse zu nützen bringt beruflichen Erfolg. Finden Sie mit Hilfe der Tabellen und Tips in diesem Buch Ihren persönlichen Rhythmus.

AM BALL BLEIBEN

Der Schlüssel zu erfolgreichem Timing liegt im Lauf des Mondes, dessen täglicher Zyklus den Fluß der Ereignisse beeinflußt, Stimmungen und Erwartungen steuert und das allgemeine Tempo des Lebens verändert.

Um am Ball zu bleiben, müssen Sie lernen, sich an die unterschiedlichen Erfordernisse, die sich durch die wechselnden Mondphasen ergeben, anzupassen und im Einklang mit ihnen zu handeln.

EINIGE GOLDENE REGELN GUTEN TIMINGS

Wenn Sie ein neues Projekt während der beiden Wochen des zunehmenden Mondes starten, wird es eher von Erfolg gekrönt sein als nach dem Vollmond. Versuchen Sie während des abnehmenden Mondes etwas in Gang zu bringen, wird sich das eher mühsam gestalten und kann möglicherweise im Sand verlaufen.

Andererseits ist die Zeitspanne zwischen Voll- und Neumond günstig, wenn man etwas zu einem Abschluß bringen möchte. Dies kann die folgenden Dinge umfassen:

- Betriebe gesundschrumpfen
- Personal abbauen
- Reinigungsaktionen
- Sortimentsanalysen
- Konkurrenzinformationen einholen

VOM MOND GELEITET

Neumondtag

Stellen Sie sich den Neumondtag als einen dynamischen Tag vor. Jetzt beginnt der Mond wieder zu wachsen, sein Licht verdoppelt sich, seine neue, schöpferische Energie wird spürbar. Es ist an der Zeit, einen Gang hinaufzuschalten und Pläne für die Zukunft zu schmieden – im privaten und im geschäftlichen Bereich. Schreiben Sie fünf bis zehn Ziele nieder, und arbeiten Sie daran, diese zu erreichen – entweder kurzfristig, während der nächsten vier Wochen, oder langfristig, während der kommenden Monate.

1 Starten Sie alle neuen Projekte ab dem Tag nach Neumond bis zum Tag vor dem nächsten Vollmond.

2 Die zwei auf den Neumond folgenden Wochen sind Zeiten der Expansion und Öffentlichkeitsarbeit. Nutzen Sie sie, um Ihre Arbeit und Ihre Firma ins rechte Licht zu rücken.

3 Machen Sie am Neumondtag Pläne, setzen Sie sich Ziele, und bringen Sie die Kugel ins Rollen.

4 Nach dem Vollmond sollten Sie Ihren Terminkalender und Ihre Geschäftspläne kritisch beurteilen und neu bewerten.

5 Es wäre unklug, sich in den zwei Wochen zwischen Vollmond und Neumond um eine Stelle zu bewerben oder ein neues Produkt auf den Markt zu bringen.

Neumond bis Erstes Viertel

- leiten Sie neue Geschäfte in die Wege
- setzen Sie Verträge auf
- unterzeichnen Sie Dokumente
- erledigen Sie Ihre Korrespondenz
- knüpfen Sie neue Kontakte
- bewerben Sie sich
- stellen Sie neue Ideen vor
- verlautbaren Sie Übernahmegebote
- gehen Sie Partnerschaften ein
- starten Sie neue Projekte
- klagen Sie auf Schadenersatz
- beginnen Sie eine Bautätigkeit
- setzen Sie Vorstandssitzungen an
- stellen Sie sich einer Wahl
- wählen Sie neue Mitglieder
- führen Sie Bewerbungsgespräche, stellen Sie Personal ein
- veröffentlichen Sie Ihre positiven Umsatzzahlen

Erstes Viertel bis Vollmond

- machen Sie Öffentlichkeitsarbeit, verbessern Sie das Firmenimage
- starten Sie Werbekampagnen
- holen Sie Rechts- und Finanzberatung ein
- verleihen Sie Geld
- geben Sie Gehaltserhöhungen und Bonuszahlungen bekannt
- geben Sie Fusionen bekannt

Vollmondtag

- bewerten Sie Ihre Fortschritte
- konzentrieren Sie Ihre ganze Energie darauf, laufende Projekte während der nächsten zwei Wochen zu forcieren
- planen Sie, alle zeitaufwendigen, unproduktiven Abläufe zu rationalisieren

Vollmond bis Drittes Viertel

- stellen Sie Nachforschungen an, nehmen Sie geheime Projekte in Angriff
- führen Sie Forschungsprojekte durch
- erschließen Sie neue Märkte
- führen Sie Konsumentenbefragungen und Imagestudien durch
- bereiten Sie das Budget vor
- machen Sie Inventur

- führen Sie Wartungsarbeiten durch
- schreiben Sie Berichte
- überdenken Sie die Firmenpolitik
- stellen Sie neue Zeitpläne zusammen
- besuchen Sie Fortbildungskurse

Drittes Viertel bis Neumond

- treten Sie zurück bzw. kündigen Sie
- verkleinern Sie Ihr Unternehmen
- versetzen bzw. kündigen Sie Personal
- geben Sie Gehaltskürzungen bekannt
- strukturieren Sie das Unternehmen um
- delegieren Sie
- beenden Sie Geschäftsbeziehungen
- nehmen Sie ein Darlehen auf
- gehen Sie vor Gericht
- veröffentlichen Sie schlechte Geschäftsergebnisse
- rufen Sie zum Streik auf
- erledigen Sie Renovierungsarbeiten
- gehen Sie in Startposition
- führen Sie Projekte zu Ende
- bereiten Sie den Start neuer Projekte für die nächste Mondphase vor

und Fallen der Preise ebenfalls beeinflussen. Manche Zyklen wirken sich sogar über mehrere Jahre hinweg aus. Der Mondeinfluß ist zwar nicht so dramatisch, wirkt aber sehr wohl auf einer monatlichen Basis.

Bei Neumond und Vollmond sind häufig Konjunkturrückgänge zu verzeichnen, während acht oder neun Tage nach Neumond mit einem bedeutenden Aufschwung zu rechnen ist. Aufzeichnungen über diese monatlichen Schwankungen helfen, bei Investitionen richtig zu entscheiden.

ERKENNEN DER ZEICHEN

Auch deutet vieles auf einen Einfluß des Zeichens hin, das der Mond gerade durchschreitet, da jedes Zeichen seine individuelle „Natur" hat. Stellen Sie mit Hilfe der Tabellen am Ende des Buchs fest, in welchem Zeichen sich der Mond zu einer bestimmten Zeit befindet, und lesen Sie dann unter „Zeichen der Zeit" nach, wie Sie diesen Einfluß nutzen können.

Arbeiten Sie mit den Zeiten

Für alle, die mit dem Finanzmarkt zu tun haben, ist es von größtem Interesse, über die mit den Mondphasen zusammenhängenden Rhythmen von Höhen und Tiefen Bescheid zu wissen. Natürlich kommen auch andere Zyklen zum Tragen, etwa die Konstellation Jupiter-Saturn, die das Steigen

✳ ☆ ✳ ☆ ✳ ☆ ✳ ☆

Wann soll man etwas riskieren, wann lieber auf Nummer sicher gehen ... Astrologen zufolge besteht ein Zusammenhang zwischen Mondkreislauf und geschäftlichem Erfolg. Es kann sich auszahlen, sich im Einklang mit dem Mond zu bewegen.

ZEICHEN DER ZEIT

Mond im Widder

GÜNSTIG FÜR: Handeln, kaufen, verkaufen, spontane Entscheidungen treffen, Härtemaßnahmen einführen, Situationen nutzen, neue Pläne in die Praxis umsetzen, in neue Geschäfte (auch riskante oder bahnbrechende) einsteigen

VERMEIDEN SIE: Ihr ganzes Pulver zu verschießen, impulsiv zu handeln, wichtige Punkte zu überspringen

HÜTEN SIE SICH VOR: Der schlechten Laune anderer

Wichtige Tage für Aktivitäten betreffend: Autoindustrie, Technik, Sport, Pionierleistungen

Mond im Stier

GÜNSTIG FÜR: Investitionen tätigen, Grundstücke mieten oder leasen, neues Personal aufnehmen, das Geschäftslokal neu gestalten, ein gutes Arbeitsklima schaffen

VERMEIDEN SIE: Sich gehen zu lassen, sich auf die Hinterbeine zu stellen, gute Gelegenheiten ungenützt lassen

HÜTEN SIE SICH VOR: Inflexiblen Mitarbeitern

Wichtige Tage für Aktivitäten betreffend: Baugewerbe, Einrichtungsfirmen, Innenarchitektur, Landwirtschaft, Gartenbau, Gartenarchitektur, Bekleidungsbranche

Mond in den Zwillingen

GÜNSTIG FÜR: Handeln, kaufen, verkaufen, Geschäftsreisen, neue Ideen entwickeln, Korrespondenz, das Geschäftslokal umorganisieren bzw. renovieren, neue Geräte/Kommunikationsanlagen installieren, Präsentationen, Krisensitzungen

VERMEIDEN SIE: Vom Wesentlichen abzuschweifen, eine oberflächliche Einschätzung der Situation, die Wahrheit zurückzuhalten, zu viele Eisen im Feuer zu haben

HÜTEN SIE SICH VOR: Betrügern und Hochstaplern

Wichtige Tage für Aktivitäten betreffend: Medien, audiovisuelle Ausrüstung, Kommunikationstechnik, Druckgewerbe, Zeitungen und Zeitschriften, Nachrichtenagenturen, Postdienste, Schulen, Spielwarenhersteller

Mond im Krebs

GÜNSTIG FÜR: Dokumente unterzeichnen, Firmenkrippe gründen, unbefriedigende Bedingungen beenden

VERMEIDEN SIE: Engstirnig zu denken, Wagnisse nur zögernd einzugehen, keine Kritik zu vertragen, sich von der schlechten Laune anderer anstecken zu lassen

HÜTEN SIE SICH VOR: Sozialschmarotzern und Schnorrern

Wichtige Tage für Aktivitäten betreffend: Haushaltsartikel, Grundstücke, Möbelproduzenten, Kinderpflegeartikel, Fischereibedarf

Mond im Löwen

GÜNSTIG FÜR: Grundstücke mieten oder leasen, die Situation unter Kontrolle bringen, Geldtransaktionen, Glückstreffer

VERMEIDEN SIE: Geldverschwendung, eine überlegene Haltung Ihren Kollegen gegenüber, intime Beziehungen zu Mitarbeitern einzugehen

HÜTEN SIE SICH VOR: Den Indiskretionen anderer

Wichtige Tage für Aktivitäten betreffend: Luxusgüter, Designermarken, Kosmetikindustrie, teure Reisen, Hotellerie und Gastgewerbe, Theater, Kinderartikel, Lotterien und Glücksspiel

Mond in der Jungfrau

GÜNSTIG FÜR: Handeln, kaufen, verkaufen, Geschäftsreisen, Reorganisation, Präsentation detaillierter Konten, Demonstrationen, Überprüfung von Postwurfsendungen, Inventur

VERMEIDEN SIE: Durch unwichtige Details den Überblick zu verlieren, überkritisch zu sein, Beurteilungsfehler zu machen

HÜTEN SIE SICH VOR: Der Panikmache anderer

Wichtige Tage für Aktivitäten betreffend: Spitäler, Ärztestand, Tierarztpraxen, Pharmaindustrie, Statistiker, Hersteller von Präzisionswerkzeugen, Bioläden, Diät- und Fitneß-Studios, Heilpraktiker, Catering-Firmen, Tiernahrungshersteller

ZEICHEN DER ZEIT

Mond in der Waage

GÜNSTIG FÜR: Renovieren, Informationen bekanntgeben, neue Geschäftsverbindungen eingehen, Marketing, Public Relations, Verträge unterzeichnen, Verhandlungen, Unstimmigkeiten beilegen, Betriebsausflüge und -feiern

VERMEIDEN SIE: Unentschlossenheit, Ihre Verantwortung abzuwälzen, sich Feinde zu machen, Heimlichtuereien

HÜTEN SIE SICH VOR: Der Unentschlossenheit anderer

Wichtige Tage für Aktivitäten betreffend: Diplomatischen Dienst, Musik- und Unterhaltungsbranche, PR, Kunst, Mode, Hochzeitsbekleidung, Werbeagenturen.

Mond im Skorpion

GÜNSTIG FÜR: Dokumente unterschreiben, Grundstücke mieten, Büro ausmalen, Vertrauen zeigen, Probleme lösen, diskrete Nachforschungen anstellen, der Konkurrenz eins auswischen, wichtige Geschäfte tätigen

VERMEIDEN SIE: Informationen zurückzuhalten, niemanden in Ihre Karten sehen zu lassen, geheime Zeitpläne zu erstellen, zu tun, als wüßten Sie mehr, als der Fall ist

HÜTEN SIE SICH VOR: Dem Unmut anderer

Wichtige Tage für Aktivitäten betreffend: Polizei, chirurgische Eingriffe, Forschung, Geheimdienst, Fleischereibranche, Bergbau, Investmentfirmen, Bestattung

Mond im Schützen

GÜNSTIG FÜR: Handeln, Verkaufsförderung, Werbung, wichtige Korrespondenz, Reisen, Besprechungen, Geld leihen oder verleihen, juristische Angelegenheiten

VERMEIDEN SIE: Details zu übersehen, Rastlosigkeit, finanzielle Verantwortungslosigkeit, unsorgfältige Arbeit

HÜTEN SIE SICH VOR: Der Nachlässigkeit anderer

Wichtige Tage für Aktivitäten betreffend: Verlagswesen, das Gesetz, Tourismus, Außenhandelsbeziehungen, religiöse Organisationen, Lehrer, Hochschule

Mond im Steinbock

GÜNSTIG FÜR: das Wesentliche in Angriff nehmen, Überstunden machen, das Ablagesystem umorganisieren, neue Zeitpläne erstellen, Verwaltung, um Beförderung ansuchen, neue Betriebe gründen, den Chef unterhalten

VERMEIDEN SIE: Eine starre Haltung, Überarbeitung, Depressionen, mangelndes Mitgefühl mit den Mitarbeitern

HÜTEN SIE SICH VOR: Rücksichtslosen Ambitionen anderer

Wichtige Tage für Aktivitäten betreffend: Bank- und Finanzangelegenheiten, Realitäten, politische Parteien, Staatsoberhaupt, Adelige, Superstars

Mond im Wassermann

GÜNSTIG FÜR: Grundstücke und Gebäude mieten, Arbeitsbedingungen verbessern, Geldtransfers, den Firmensitz neu gestalten, Zusammenarbeit zwischen den Kollegen fördern

VERMEIDEN SIE: Einzelpersonen zu vernachlässigen, abgehobene Standpunkte zu vertreten, Ziele fallenzulassen

HÜTEN SIE SICH VOR: Unterbrechungen

Wichtige Tage für Aktivitäten betreffend: Kraftwerke, wissenschaftliche Forschungsinstitute, Gewerkschaften, neue Erfindungen, Hersteller elektronischer oder High-Tech-Ausrüstung, Clubs, Vereine, Sozialdienste

Mond in den Fischen

GÜNSTIG FÜR: Dokumente unterzeichnen, finanzielle Vereinbarungen vorbereiten, Postwurfsendungen machen, notwendige Reparaturen durchführen, Inventur machen

VERMEIDEN SIE: Tatsachen zu beschönigen, leicht beeinflußbar zu sein, unlogisches Denken, Selbstzweifel

HÜTEN SIE SICH VOR: Den unrealistischen Erwartungen anderer, Machenschaften hinter den Kulissen

Wichtige Tage für Aktivitäten betreffend: Film und Fernsehen, Petrochemie, Ölraffinerien, Brauereien, Schiffbau, Pediküre, Schuhherstellung

Unternehmensprofile

Unabhängig davon, wie groß oder klein das Unternehmen ist, ob bereits etabliert oder soeben gegründet, das Erstellen eines Horoskops kann für seinen Erfolg von ungeheurem Nutzen sein. Die Bedeutung des Mondes ist für alles Geschäftliche äußerst wichtig, da daraus abzulesende Faktoren unschätzbare Einblicke ermöglichen – nicht nur über das laufende Geschäft, sondern auch über Zukunftsperspektiven und die Stellung in der Geschäftswelt. Beispielsweise läuft der geschäftliche Erfolg oft in Zyklen ab: das 7./8., 14./15., 21./22. und 28./29. Jahr ist für positive oder negative Geschäftszahlen,

für eine Expansion, ein Gesundschrumpfen, die Einführung neuer Verkaufsstrategien usw. signifikant. Beachten Sie, daß diese Intervalle mit den Mondphasen übereinstimmen. Wenn man diese zyklische Entwicklung der Unternehmensangelegenheiten erkennt, kann man Produkte und Neuentwicklungen darauf abstimmen und von den bevorstehenden Trends profitieren.

SICHT VON AUSSEN

Abgesehen vom Erfolg eines Unternehmens zeigt die Mondstellung im Horoskop auch, wie das Unternehmen von Außenstehenden gesehen wird

☀ ☆ ☀ ☆ ☀ ☆ ☀ ☆ ☀ ☆ ☀ ☆

Eine Grundregel für gute Geschäfte ändert sich auch über die Jahre nicht: Vertragsunterzeichnungen und Geschäftsabschlüsse zum günstigsten Zeitpunkt erhöhen die Chancen langfristigen Erfolgs. Immer mehr Firmen lassen heute ihr astrologisches Profil erstellen, was Ihnen oft in der Entscheidungsfindung, bei Investitionsplänen, Handelspraktiken und Personalfragen gute Dienste leistet.

und wie die Märkte auf seine Produkte reagieren werden. Beachtet man Position und Aspekte des Mondes in der Karte, bekommt man ein relativ genaues Bild der Firmenentwicklung in den kommenden Jahren.

KÖRPER, GEIST UND GESUNDHEIT

Ist Ihnen schon aufgefallen, daß Sie an manchen Tagen so energiegeladen aufwachen, daß Sie Bäume ausreißen könnten? An anderen Tagen wiederum wollen Sie am liebsten gar nicht aufstehen. Wenn Sie sich Notizen machen, werden Sie herausfinden, daß sich diese Stimmungen periodisch wiederholen. Dieser Rhythmus stimmt oft mit den Mondphasen und dem astrologischen Zeichen überein, in welchem der Mond steht.

Die Phasen des Mondes und seine Stellung in den Zeichen beeinflussen unseren Körper und Geist. So wie der Mond alle 2¼ Tage ein anderes Zeichen betritt, so ändern sich auch seine Einflüsse auf unsere Stimmung.

IHRE GESUNDHEIT UND DER MOND

Die Zeit zwischen Neumond und Vollmond ist die Zeit neuer Initiativen. Bei Vollmond können wir die Früchte unserer harten Arbeit ernten. Wenn der Mond abnimmt, sollten wir unsere Bemühungen überdenken und Fehler korrigieren. Die Zeit, in der sich der Mond unseren Blicken entzieht, eignet sich gut zum Meditieren und Nachdenken, zum Mobilisieren innerer Kräfte und zur Einstimmung auf die neuen Energien, die der Neumond mit sich bringt.

Vom Neumond zum Vollmond

- Eine produktive Zeit, in der Ihre Bemühungen doppelt belohnt werden
- Nehmen Sie neue Projekte in Angriff
- Setzen Sie Ideen um
- Unterziehen Sie sich medizinischen Behandlungen
- Geben Sie sich der Schönheitspflege hin
- Lassen Sie Ihr Haar schneiden, wenn Sie möchten, daß es schnell nachwächst
- Verloben Sie sich/entscheiden Sie sich, zusammenzuleben/heiraten Sie
- Machen Sie langfristige Pläne für Ihre Beziehungen

Erstes Mondviertel

Wenn Sie versuchen, eine verlorene Telefonnummer zu finden oder jemanden zu treffen hoffen, dessen Adresse Sie verlegt haben, dann ist das Erste Viertel des Mondes der richtige Zeitpunkt – alles wird Ihnen in den Schoß fallen.

Vollmond

- Die Zeit starker Gefühle
- Dinge erscheinen überdimensional
- Verschieben Sie alle Entscheidungen
- Lassen Sie Ihr Haar schneiden, wenn Sie möchten, daß es dichter nachwächst

Vom Vollmond zum Neumond

- Zupfen Sie Ihre Augenbrauen
- Lassen Sie Ihr Haar schneiden, wenn Sie möchten, daß es langsamer nachwächst
- Lassen Sie Ihr Haar färben
- Führen Sie Enthaarungsbehandlungen durch
- Gehen Sie zum Zahnarzt
- Beginnen Sie mit einer Diät
- Beenden Sie Fehden

Letztes Mondviertel

- Trennen Sie sich von unnötigem Ballast
- Werfen Sie alles Lästige weg

Körperliche und geistige Gesundheit

MONDWAHNSINN

Es ist unbestritten, daß der Mond unseren Geisteszustand beeinflußt. Allen voran ist das medizinische Personal psychiatrischer Anstalten von diesem Phänomen überzeugt. Zu Vollmond steigen Selbstmordversuche, psychotisches Verhalten und Einweisungen in Nervenkliniken. Das Verhältnis zwischen Wahnsinn und Mond findet sogar in mehreren Sprachen seinen Niederschlag – die italienische Phrase *avere la luna* („wütend sein") heißt wörtlich „den Mond haben".

VOLLMOND UND OPERATIONEN

Zu Vollmond sollten Operationen wenn möglich vermieden werden, da Wunden zu diesem Zeitpunkt stärker bluten und das Blut langsamer gerinnt. In manchen Teilen der Erde wurden chirurgische Eingriffe an Vollmondtagen von medizinischer Seite sogar verboten. Da der Blutfluß um das Letzte Viertel und zu Zeiten des Neumondes träger ist, sind diese Phasen für den Heilungsprozeß nach Operationen wegen der geringeren Blutungsgefahr günstiger. Das gleiche gilt für Zahnextraktionen.

MONDZYKLUS UND KRANKHEIT

Wenn Sie zwischen Neumond und Vollmond erkranken, wird es länger dauern, bis Sie wieder gesund sind, als bei Krankheiten, die bei abnehmendem Mond auftreten.

Im Laufe des Monats schwanken Enthusiasmus und Energieniveau. Wenn Sie beim Beginn einer Diät oder eines Fitneßprogramms den Mondzyklus berücksichtigen, erhöhen Sie deren Wirksamkeit auf Ihre Gesundheit – auf geistiger und körperlicher Ebene.

TRUNKENHEITSFOLGEN

Haben Sie sich schon gefragt, warum dieselbe Alkoholmenge manchmal eine stärkere Wirkung auf Sie hat als für gewöhnlich? Der Grund ist vielleicht der, daß die Wirkung des Alkohols am Vollmondtag verstärkt wird.

KÖRPERIMAGE

Nützen Sie die verstärkenden Einflüsse des Mondes in Stier, Löwe oder Waage, und lassen Sie sich massieren oder kosmetisch behandeln. Dies ist auch die beste Zeit, um Image, Frisur oder Garderobe zu verändern.

Bemühungen, etwas „abzulegen" – wie etwa abzunehmen, körperlichen oder seelischen Ballast abzuwerfen oder das Rauchen aufzugeben – haben bessere Erfolgschancen, wenn man bei abnehmendem Mond damit beginnt; planen Sie es am besten gleich nach Vollmond. Auch wenn der Mond die Zeichen Widder, Zwillinge, Löwe, Jungfrau, Schütze oder Wassermann durchschreitet, ist dies hilfreich.

Ehen, die im Himmel geschlossen werden

Es wäre lächerlich, von jemandem zu erwarten, daß er sich nur dann verliebt, wenn die Sterne günstig stehen. Würden wir uns alle nach diesem Grundsatz richten, dann wären Beziehungen wohl sehr dünn gesät.

Andererseits investieren wir in die Vorbereitung von Hochzeiten viel Zeit und Mühe. Warum sollen wir dann nicht auch die Mondkonstellation miteinbeziehen? Versuchen Sie den Hochzeitstermin so einzurichten, daß er auf einen Tag fällt, an dem die Einflüsse für eine dauerhafte, harmonische Beziehung besonders günstig sind.

98

GUTE AUSSICHTEN

Im allgemeinen sollte man heiraten oder mit dem gemeinsamen Nestbau beginnen, wenn der Mond im Zunehmen ist, also zwischen Neumond und dem Tag vor dem nächsten Vollmond. Die verheißungsvollen Aussichten zu diesem Zeitpunkt helfen Ihrer Beziehung, sich zu entfalten.

Meiden Sie die Tage um Vollmond, wenn erhöhte Spannung das Ereignis trüben und einen Schatten der Vergänglichkeit auf die Verbindung werfen könnte. Auch die abnehmende Mondphase sollte umgangen werden, da diese die Glücks- und Erfolgsaussichten beeinträchtigen würde.

✳ ✩ ✳ ✩ ✳ ✩ ✳ ✩ ✳ ✩ ✳ ✩ ✳ ✩

Die Wahl eines günstigen Mondtages für Ihren Hochzeitstermin erhöht die Chancen auf eine dauerhafte Beziehung.

GUTE TAGE FÜR DIE HOCHZEITSGLOCKEN

Wenn Sie das Wesen der Beziehung an sich verstehen möchten, sollten Sie die Qualitäten des Mondzeichens zum Zeitpunkt der Eheschließung genauer unter die Lupe nehmen. Und zwar …

Die Erdzeichen – Stier, Jungfrau, Steinbock

Ehen, die begannen, als der Mond in einem der Erdzeichen stand, sind von Beständigkeit und Verläßlichkeit geprägt. Unter dem Stier wird das Paar gemeinsam durch dick und dünn gehen. Bei einer Regentschaft der Jungfrau wird es gewissenhaft sein und hart arbeiten, aber auch etwas Kleinlichkeit ist zu erwarten. Ein Steinbock-Mond verheißt ein ambitioniertes Pärchen, zwei Stützen der Gesellschaft.

Die Luftzeichen – Zwillinge, Waage, Wassermann

Schließen Sie den Bund fürs Leben unter einem der Luftzeichen, dann liegt eine strahlende, stürmische, aber möglicherweise nicht dauerhafte Beziehung vor Ihnen. Wenn man den Wankelmut in den Griff bekommt, ist eine Ehe unter einem Zwillings-Mond oft fröhlich und unbeschwert. Unter dem Waage-Mond, einem Zeichen, das Ehe und Partnerschaft allgemein regiert, ist eine anspruchsvolle, kultivierte Verbindung zu erwarten. Eine Wassermann-Mond-Ehe wird durch Freundschaft gekennzeichnet sein, wobei die Ehepartner aber auf ihre Unabhängigkeit bestehen.

Die Feuerzeichen – Widder, Löwe, Schütze

Ehen, die unter einem Feuerzeichen geschlossen werden, sind leidenschaftlich. Mit einem Widder-Mond an der Macht ist das Verlangen groß, aber die Glut kann rasch erlöschen. Unter dem romantischen Löwe-Mond sind die Vorzeichen für das Eheleben besonders günstig. Wenn der Mond im Schützen steht, ist das Potential für geistiges Wachstum gegeben, doch ist dieses Paar niemals bereit, sich einengen zu lassen.

Die Wasserzeichen – Krebs, Skorpion, Fische

Wenn der Mond die Wasserzeichen durchwandert, kommen deren starke Geschlechts- und Fortpflanzungstriebe zum Tragen. Ein Krebs-Mond gehört zu den verheißungsvollsten Hochzeitsterminen. Unter dem Zeichen des Skorpions können Eifersucht und Besitzgier die Verbindung trüben. Anders bei einem Fische-Mond: Zärtlichkeit und Mitgefühl im Übermaß sind an der Tagesordnung, doch gegenseitige emotionale Abhängigkeit kann zum Problem werden.

Das Ende der Beziehung

Trennung und Scheidung sind leider nichts Ungewöhnliches. Wie unerfreulich dies auch sein mag, wenn das Auseinandergehen unumgänglich ist, kann die Wahl des richtigen Zeitpunkts, um die Beziehung offiziell zu beenden, gewährleisten, daß die Trennung mit einem Mindestmaß an Bitterkeit und Groll vonstatten geht. Versucht man, die Beziehung bei zunehmendem Mond zu beenden, werden die Verhandlungen nur unnötig in die Länge gezogen. Das Letzte Viertel dagegen ist allgemein für Schlußstriche günstig und läßt, mit dem bevorstehenden Neumond, auf einen frischen Neubeginn hoffen.

In Einklang bleiben

Jedesmal, wenn der Mond ein neues Zeichen betritt, beeinflussen die Merkmale dieses Zeichens unseren Gemüts- und Gesundheitszustand. Manche Aktivitäten harmonieren mit den vorherrschenden Energien, andere sind kontraproduktiv. Da der Mond einmal im Monat jedes Zeichen durchschreitet, kann man sich durch ein wenig Verständnis dieser Einflüsse den sich verändernden Anforderungen anpassen. Wir können unser Leben mit diesem Zyklus in Einklang bringen, indem wir erkennen, welche Aufgaben gut zu bewältigen sind und welches Verhalten vermieden werden sollte.

✳ ☆ ✳ ☆ ✳ ☆ ✳ ☆ ✳ ☆ ✳ ☆

Stier-Mond-Geborene werden in der Phase des abnehmenden Mondes gerne zärtlich.

	EMPFOHLENE AKTIVITÄTEN WÄHREND DER PHASE DES ZUNEHMENDEN MONDES	EMPFOHLENE AKTIVITÄTEN WÄHREND DER PHASE DES ABNEHMENDEN MONDES	WAS SIE VERMEIDEN SOLLTEN	ZU BEACHTENDE GESUNDHEITLICHE ASPEKTE
Widder	• Stellen Sie sich neuen Herausforderungen • Beginnen Sie mit einer Kampfsportart oder mit Selbstverteidigung • Steigen Sie in ein neues Gymnastikprogramm ein	• Lassen Sie Ihr Haar schneiden • Lassen Sie Ihre Sehkraft überprüfen • Gehen Sie zum Zahnarzt	• Unbesonnenheit • Zu schnelles Fahren • Überstürzt den Job zu wechseln • Um jeden Preis ans Ziel zu kommen	• Kopfschmerzen • Verbrühungen und Brandwunden • Schnittverletzungen • Unfälle

	EMPFOHLENE AKTIVITÄTEN WÄHREND DER PHASE DES ZUNEHMENDEN MONDES	EMPFOHLENE AKTIVITÄTEN WÄHREND DER PHASE DES ABNEHMENDEN MONDES	WAS SIE VERMEIDEN SOLLTEN	ZU BEACHTENDE GESUNDHEITLICHE ASPEKTE
Stier	• Probieren Sie ein neues Rezept • Gehen Sie ins Theater • Nähen Sie ein paar neue Polsterüberzüge • Starten Sie ein Sparprogramm • Schließen Sie einen neuen Versicherungsvertrag ab • Arbeiten Sie im Garten	• Richten Sie Ihr Schlafzimmer in neuen Farben ein • Regeln Sie Ihre finanziellen Angelegenheiten • Massieren Sie Ihren Partner • Gönnen Sie sich ein entspannendes Aromatherapiebad • Malen Sie • Musizieren Sie	• Zu viel zu essen • Zu besitzgierig zu sein • Sich ständig etwas Neues zu wünschen	• Rauher Hals • Mandelentzündung
Zwillinge	• Schreiben Sie Briefe an Ihre Freunde • Rufen Sie Ihre Geschwister an • Besuchen Sie einen Computerkurs • Nehmen Sie an einer Diskussionsrunde teil • Beginnen Sie mit dem Buch, das Sie schon immer schreiben wollten	• Spielen Sie mit Ihren Kindern ein Brettspiel • Statten Sie der Bibliothek einen Besuch ab • Kaufen Sie Bücher und Schreibutensilien • Legen Sie die Beine hoch, und schmökern Sie in einer Zeitschrift • Machen Sie eine Spritztour auf dem Lande	• Zu leicht ablenkbar zu sein • Mit einer Aufgabe zu beginnen, bevor Sie eine andere zu Ende gebracht haben	• Nervöse Anspannung • Aufregung • Ruhelosigkeit
Krebs	• Besuchen Sie Ihre Eltern • Malen Sie Ihr Wohnzimmer aus • Übersiedeln Sie • Betreiben Sie Ahnenforschung • Kochen Sie Ihrer Familie ihr Lieblingsgericht	• Machen Sie einen Spaziergang an einem Strand oder Flußufer • Gehen Sie schwimmen • Stellen Sie Ihre Möbel um • Machen Sie eine Reise in Ihr Gedächtnis • Pflanzen Sie einen Baum	• Sich in anderer Leute Angelegenheiten einzumischen • Zu anhänglich zu sein	• Sorgen • Launenhaftigkeit • Verdorbener Magen • Hautprobleme
Löwe	• Verbringen Sie den Nachmittag mit Ihrem Partner • Lieben Sie sich • Seien Sie kreativ – malen, schreiben, nähen Sie, besuchen Sie Theater/Konzert/Oper • Gehen Sie zum Pferderennen oder ins Casino • Kaufen Sie jemandem ein Geschenk	• Gehen Sie mit Ihren Kindern ins Kino • Sagen Sie Ihrer Familie, daß Sie sie lieben • Schauen Sie sich einen lustigen Fernsehfilm an • Hängen Sie einen goldgerahmten Spiegel ins Vorzimmer • Seien Sie sich bewußt, wie gut es Ihnen geht • Legen Sie sich in die Sonne	• Minderwertigkeitskomplexe • Groll • Anzunehmen, daß Sie von niemandem geschätzt werden	• Rückenschmerzen • Kreislaufprobleme

Bereiten Sie abends ein tolles Essen zu.

Nehmen Sie sich Zeit für Kreativität

102

	EMPFOHLENE AKTIVITÄTEN WÄHREND DER PHASE DES ZUNEHMENDEN MONDES	EMPFOHLENE AKTIVITÄTEN WÄHREND DER PHASE DES ABNEHMENDEN MONDES	WAS SIE VERMEIDEN SOLLTEN	ZU BEACHTENDE GESUNDHEITLICHE ASPEKTE
Jungfrau	• Beginnen Sie, sich gesünder zu ernähren • Lesen Sie über alternative Medizin nach • Werden Sie Mitglied in einem Fitneßclub • Unterziehen Sie sich medizinischen Therapien • Seien Sie zu Ihrem Haustier besonders liebevoll	• Nehmen Sie Ihre täglichen Aktivitäten unter die Lupe • Legen Sie schlechte Angewohnheiten ab • Starten Sie einen Wohnungsputz • Geben Sie Kleidungsstücke weg, die Sie nicht mehr tragen	• Sich über unwichtige Dinge aufzuregen • Überkritisch zu sein • Modetorheiten	• Reizbarkeit • Gastritis oder Diätfehler
Waage	• Heiraten Sie • Laden Sie Freunde ein • Gehen Sie ins Konzert • Kaufen Sie sich eine neue CD oder Kassette • Schicken Sie Ihrem Partner rote Rosen • Kaufen Sie etwas Exklusives für die Wohnung • Verbringen Sie mit Ihrem Partner ein romantisches Wochenende	• Gehen Sie mit Ihrem Liebling in ein intimes Restaurant zum Abendessen • Schaffen Sie sich einen Raum, in den Sie sich zum Entspannen und Ausruhen zurückziehen können • Gehen Sie ins Museum/ in eine Kunstgalerie • Machen Sie ein Ikebana-Blütenarrangement	• Sich ungeliebt zu fühlen • Einsamkeit • Streß	• Nierenleiden • Biochemisches Ungleichgewicht
Skorpion	• Besuchen Sie einen Psychologiekurs • Machen Sie Bootsfahrten • Suchen Sie nach Dingen, die Sie verlegt haben • Beginnen Sie mit einer neuen Therapie • Besuchen Sie einen Astrologen • Erfahren Sie mehr über Hypnose	• Suchen Sie nach Antworten für alles, was Ihnen am Herzen liegt • Lesen Sie einen Thriller • Analysieren Sie Ihre eigene Psyche • Schaffen Sie Ordnung im Keller • Sehen Sie sich einen Spionagefilm an • Lösen Sie ein Rätsel	• Eifersucht • Trotz • Jede Situation und Person im Griff haben zu wollen • Grübeln	• Probleme im Bereich der Fortpflanzungsorgane • Hämorrhoiden

Die glückliche Wiederkehr

Jeden Monat, wenn der Mond zu Ihrem eigenen Mondzeichen zurückkehrt, ist dies wie ein kleiner Geburtstag, der den Ton für die kommenden vier Wochen angibt. Wie Sie sich dann fühlen wirkt sich auf den ganzen bevorstehenden Monat aus. Idealerweise sollte man den genauen Grad wissen, in dem sich Ihr Mond bei Ihrer Geburt befand, doch dazu ist ein von einem Astrologen erstelltes Geburtshoroskop erforderlich. Doch es genügt auch, das Tierkreiszeichen zu kennen, in welchem der Mond bei Ihrer Geburt stand, um die Tendenzen ablesen zu können, die Sie im kommenden Monat erfassen werden.

	EMPFOHLENE AKTIVITÄTEN WÄHREND DER PHASE DES ZUNEHMENDEN MONDES	EMPFOHLENE AKTIVITÄTEN WÄHREND DER PHASE DES ABNEHMENDEN MONDES	WAS SIE VERMEIDEN SOLLTEN	ZU BEACHTENDE GESUNDHEITLICHE ASPEKTE
Schütze	• Schreiben Sie sich in der Volkshochschule ein • Gehen Sie auf Reisen • Planen Sie ein Campingwochenende ein • Kontaktieren Sie Freunde/Verwandte im Ausland • Gehen Sie reiten • Besuchen Sie einen philosophischen Vortrag	• Lesen Sie einen Reisebericht • Sinnieren, meditieren oder beten Sie • Gehen Sie zur Kirche • Machen Sie mit Ihrem Hund einen Spaziergang auf dem Land • Machen Sie eine Liste Ihrer Ambitionen für die Zukunft	• Langeweile • Unnötige Risiken • Übermäßigen Genuß	• Leberprobleme • Gewichtszunahme
Steinbock	• Werden Sie Mitglied einer politischen Partei • Stürzen Sie sich in den Frühjahrsputz • Besteigen Sie einen Berg • Laden Sie Ihren Chef ein • Gehen Sie einer ernsthaften Arbeit nach • Gründen Sie eine Firma • Kaufen Sie sich schicke Geschäftskleidung	• Erstellen Sie eine Liste der zehn Punkte, die Sie im Leben erreichen wollen • Reden Sie mit Ihrem Partner über Ihre Pläne • Zählen Sie das Geld in Ihrem Sparschweinchen • Schalten Sie auf Sparflamme • Sagen Sie Ihrem Liebling, was Sie für ihn empfinden	• Sich über Geld, soziale Stellung oder Beruf Sorgen zu machen • Durch zu viel Arbeit das Vergnügen zu kurz kommen zu lassen	• Zahnschmerzen • Hautabschürfungen • Gelenksprobleme – vor allem in den Knien
Wassermann	• Streichen Sie Ihre Küchenmöbel knallblau • Erfinden Sie etwas • Organisieren Sie eine Überraschungsparty • Werden Sie Mitglied in einem Club • Kaufen Sie sich einen Computer • Erlernen Sie einen neuen Tanz	• Stellen Sie die Möbel um, bevor Sie zu Bett gehen • Bieten Sie der nächstgelegenen Schule/Klinik Ihre Hilfe an • Treffen Sie Freunde zum Mittagessen	• Gegen die Regeln zu verstoßen • Sich nur aus Prinzip aufzulehnen • Ihre Kündigung einzureichen	• Knöchelverstauchungen • Kreislauferkrankungen
Fische	• Schreiben Sie einen Liebesroman • Gehen Sie schwimmen • Trinken Sie in der Badewanne Champagner • Komponieren Sie ein Musikstück • Gehen Sie tanzen • Malen Sie ein Bild	• Machen Sie eine Reflexzonenbehandlung • Schreiben Sie Ihre Träume auf • Kuscheln Sie sich an Ihren Liebsten • Gehen Sie früh zu Bett • Hören Sie Ihre Lieblingsmusik	• Sich in die erstbeste Person zu verlieben, der Sie begegnen • Ihre Meinung zu ändern • Sich nicht gewachsen zu fühlen	• Körperliche und geistige Überempfindlichkeit • Probleme mit den Füßen

Geben Sie sich der Leidenschaft des Schützen hin – reiten Sie.

KAPITEL 9

TIPS FÜR ZU HAUSE

Rund ums Haus

Für einen optimalen Haushalt sollten Sie Ihre Hausarbeit auf die entsprechenden Mondphasen abstimmen und die Kräfte nutzen, die zur Wirkung kommen, wenn der Mond durch die verschiedenen Zeichen wandert.

FRÜHJAHRSPUTZ

Nehmen Sie großangelegte Reinigungsaktionen nach dem Vollmond in Angriff. Die paar Tage nach dem Letzten Viertel eignen sich am besten dafür.

BACKEN

Wenn Sie selbst Brot backen, ist Ihnen vielleicht nicht entgangen, daß der Teig in den zwei Wochen des zunehmenden Mondes mehr aufgeht als in der zweiten Hälfte des Mondzyklus.

BRAUEN

Viele Hobbybrauer beachten strenge Regeln bezüglich des Abfüllzeitpunktes Ihrer Weine und Biere. Zwei bestimmte Zeiten im Mondzyklus sind besonders empfehlenswert: der Vollmondtag und der Tag des Letzten Viertels. Idealerweise sollte sich der Mond auch in einem der Wasserzeichen – Krebs, Skorpion oder Fische – befinden.

IM HAUS

Malerarbeiten sollten an den Tagen um das Letzte Viertel und wenn der Mond im Stier, Löwen oder Wassermann steht, durchgeführt werden. Meiden Sie den Neumond und Zeiten, wenn der Mond im Krebs, Skorpion oder in den Fischen steht, da die Wasserzeichen den Trocknungsprozeß verlangsamen können. Das Einrichten Ihrer Wohnung sollten Sie bei zunehmendem Mond in Angriff nehmen, vor allem unter Stier, Krebs, Löwe, Waage oder Wassermann. Zeiten, wenn sich der Mond im Stier oder Krebs befindet, sind ideal für Arbeiten an Mobiliar und Inneneinrichtung. Elektrische Leitungen werden am besten gelegt, wenn der Mond im Wassermann steht.

GESCHICKTE UMZÜGE

Suchen bzw. kaufen Sie ein neues Haus oder eine Wohnung, wenn der Mond im „häuslichen" Zeichen des Krebses steht. Findet der Kauf an einem Stier-Mond-Tag statt, werden Sie sich sicher fühlen. Der Mond im Löwen bringt Liebe und Lachen ins Haus. Wassermann sorgt für liebevolle Beziehungen und ein Haus, das immer voll von Freunden ist. Für eine Übersiedlung sollten Sie die Zeit zwischen Neumond und dem Tag vor Vollmond wählen, mit dem Mond im Stier, Löwen, Skorpion oder Wassermann. Bauen Sie ein Haus, dann sollten Sie den Grundstein legen, wenn der Mond im Stier, Löwen oder Wassermann steht, vorzugsweise am Vollmondtag.

104

HIMMLISCHE PARTYS

Wenn Sie eine Party oder ein Abendessen für Freunde planen, werfen Sie zuerst einen Blick auf die Sterne:

Mond im Widder

Sorgen Sie für Nervenkitzel und Spannnung. Planen Sie aufregende Spiele oder ein Champagnerpicknick, damit es ein denkwürdiges Ereignis wird.

Mond im Stier

Stellen Sie ein üppiges Menü mit vielen Desserts zusammen. Gehen Sie sicher, daß jeder einen Sitzplatz findet — Komfort ist ein absolutes Muß.

Mond in den Zwillingen

Partys gehen gesellig und beschwingt über die Bühne — vor allem Überraschungspartys.

Mond im Krebs

Planen Sie traditionelle Familientreffen.

Mond im Löwen

Hier sind die Schlagworte Luxus und Opulenz. Die schwarze Krawatte ist für jede Art von Treffen, das Sie für diesen Tag organisieren, ein Muß.

Mond in der Jungfrau

Gesundes Essen und der Jungfrau-Mond sind eine gute Kombination. Wie wär's mit einer Gartenparty mit vitaminreichen Salaten und frischen Früchten?

Mond in der Waage

Hier lautet das Stichwort Eleganz. Das Beste ist gerade gut genug, achten Sie daher auf erste Qualität und entsprechende Präsentation. Spielen Sie sanfte Musik, und pflegen Sie mit Ihren Gästen eine kultivierte Unterhaltung.

Mond im Skorpion

Der Skorpion-Mond hat etwas Verführerisches an sich, Ihr Fest wird daher vielleicht ganz unerwartet vor erotischer Spannung knistern.

Mond im Schützen

Ungezwungenheit ist der Schlüssel. Schaffen Sie eine entspannte, heitere Atmosphäre mit viel Eß- und Trinkbarem, lehnen Sie sich zurück, und beobachten Sie, wie die Runde dahinschmilzt.

Mond im Steinbock

Steinbock ist das Zeichen von Status, Autorität und Erfolg. Laden Sie Ihren Chef ein, oder reservieren Sie einen Tisch im besten Restaurant der Stadt. Auch zu formellen Empfängen wird geraten.

Mond im Wassermann

Lassen Sie sich etwas Originelles einfallen, um die Einladung zu einem echten Erlebnis werden zu lassen. Eine Feuerwerksparty wäre genial, oder Sie montieren ein paar Discolampen und tanzen die Nacht durch.

Mond in den Fischen

Illusion ist das Motto, wenn der Mond in den verträumten Fischen steht — wie wär's mit einem verrückten Kostümfest oder einem eleganten Maskenball?

IHR MOND-EINKAUFSFÜHRER

Mond im Widder

EINKAUFSTIP: Wie geschaffen fürs Shopping, Sie sind voller Energie und Enthusiasmus

KAUFEN: Sportbekleidung und -ausrüstung ☆ Hüte ☆ Sonnenbrillen ☆ Brillen ☆ Werkzeug ☆ Alles aus Metall ☆ Autos ☆ Heimwerkerbedarf ☆ Alles Rote

MEIDEN: Impulskäufe

AKTUELLER TIP: Gehen Sie zum Friseur

Mond im Stier

EINKAUFSTIP: Achten Sie darauf, daß die Einkäufe auch ihr Geld wert sind

KAUFEN: Alles Praktische ☆ langlebige Konsumgüter ☆ Luxusartikel ☆ Kosmetik ☆ Schokolade und andere Delikatessen ☆ Blumen ☆ Pflanzen ☆ Gartenmöbel und -geräte ☆ Sitzmöbel ☆ Betten und Bettwäsche

MEIDEN: Technische Spielereien

AKTUELLER TIP: Entschließen Sie sich zu einer neuen Investitionsform

Mond in den Zwillingen

EINKAUFSTIP: Diese Tage eignen sich hervorragend für den Auslagenbummel und das Stöbern in vielen Geschäften

KAUFEN: Computer ☆ Technische Geräte ☆ Technische Spielereien ☆ Schreibutensilien ☆ Bücher ☆ Telefone und andere Kommunikationsgeräte ☆ Spielwaren ☆ Wörterbücher und Enzyklopädien

MEIDEN: Ausgedehnte Einkaufsexpeditionen

AKTUELLER TIP: Kaufen Sie ein Auto

Mond im Krebs

EINKAUFSTIP: Ausgezeichnet für den monatlichen Großeinkauf, für Dinge für die Wohnung und für Ihre Lieben

KAUFEN: Lebensmittel und Getränke zum Ergänzen Ihrer Vorratskammer ☆ Küchenausstattung ☆ Geschenke und Postkarten ☆ Haushaltsschnickschnack ☆ Porzellan ☆ Wäsche und Spitzen ☆ Souvenirs ☆ Antiquitäten ☆ Boote ☆ Alles Weiße oder Silberne

MEIDEN: Einkaufen in der Nähe Ihres Arbeitsplatzes

AKTUELLER TIP: Suchen und/oder kaufen Sie ein Haus

Mond im Löwen

EINKAUFSTIP: Hoffentlich haben Sie für diese Einkaufstour auch gespart – Sie werden in verschwenderischer Stimmung sein

KAUFEN: Schmuck ☆ Luxusartikel ☆ Seidendessous ☆ Kinderkleidung ☆ Geschenke für Ihre Kinder ☆ Theaterkarten ☆ Freizeitkleidung ☆ Freizeitartikel ☆ Champagner ☆ Kaviar ☆ Alles aus Gold

MEIDEN: Grundnahrungsmittel einkaufen

AKTUELLER TIP: Schließen Sie Wetten ab oder kaufen Sie ein Los

Mond in der Jungfrau

EINKAUFSTIP: Sie haben ein gutes Auge für Details

KAUFEN: Alles zum Ergänzen Ihrer Hausapotheke ☆ Tagebücher ☆ Zeitplaner ☆ Lebensmittel aus biologischem Anbau ☆ Vitamin- und Mineralpräparate ☆ Putzmittel ☆ Toiletteartikel ☆ Eine Mitgliedschaft im Fitneßcenter ☆ Eine kleine Überraschung für Ihre Angestellten oder Kollegen ☆ Begleichen Sie alle offenen Rechnungen

MEIDEN: Alles, was nicht praktisch ist

AKTUELLER TIP: Sehen Sie sich Ihre Lebensversicherungspolice genauer an

Mond in der Waage

EINKAUFSTIP: Sie sind vielleicht nicht sehr entscheidungsfreudig – nehmen Sie einen Freund mit, der bei der Auswahl hilft

KAUFEN: Haute Couture ☆ Alles Schöne, Teure oder Elegante ☆ Accessoires ☆ Alles zum Verschönern der Wohnung ☆ Geschenke für den Partner ☆ Konzertkarten ☆ CDs ☆ Parfum ☆ Blumenarrangements ☆ Partyessen

MEIDEN: Einkaufen in einer heruntergekommenen Gegend

AKTUELLER TIP: Reservieren Sie einen Tisch für ein romantisches Dinner zu zweit

Mond im Skorpion

EINKAUFSTIP: Sie sind scharfsinnig und schlau und durchschauen alle Verkaufstricks

KAUFEN: Kriminalromane ☆ Gehaltvolle Weine ☆ Tarot-Karten ☆ Exotische Gewürze ☆ Verführerische Dessous ☆ Fotoausrüstung ☆ Parfum oder Aftershave ☆ Rote Rosen für Ihren Liebling ☆ Ein Testamentsformular ☆ Einen neuen Satz Küchenmesser

MEIDEN: Abweichen von der Einkaufsliste

AKTUELLER TIP: Vereinbaren Sie einen Termin für eine entspannende Massage

Mond im Schützen

EINKAUFSTIP: Sie sind spendierfreudig und haben mit allen aufgespürten Schnäppchen große Freude

KAUFEN: Importwaren ☆ Lässige Garderobe ☆ Reiseführer ☆ Ferngläser ☆ Kompaß ☆ Wanderschuhe ☆ Campingausrüstung ☆ Karten und Atlanten ☆ Geschenke für die Familie ☆ Reliquien ☆ Secondhand-Waren

MEIDEN: Einkaufen in Ihrem Wohnviertel

AKTUELLER TIP: Buchen Sie jetzt Ihren Urlaub

Mond im Steinbock

EINKAUFSTIP: Nicht die ideale Zeit zum Einkaufen, da Probleme auftreten können

KAUFEN: Praktische Haushaltsartikel ☆ Kleidung von guter Qualität ☆ langlebige Konsumgüter ☆ professionelles Werkzeug ☆ Dinge für ältere Verwandte ☆ Büroausstattung ☆ Uniformen ☆ Metallwaren ☆ Heimwerkerbedarf

MEIDEN: Den Kauf unnötiger Dinge – Sie würden die Ausgabe bereuen

AKTUELLER TIP: Kaufen Sie eine Alarmanlage

Mond im Wassermann

EINKAUFSTIP: Stöbern Sie in ungewöhnlichen Geschäften nach verrückten Dingen

KAUFEN: Lampen ☆ Elektrische Geräte ☆ Wissenschaftliche Instrumente ☆ Ein Buch über Meditation ☆ Das neueste Küchengerät ☆ Alles Knallblaue ☆ Kerzenleuchter ☆ Duftöle ☆ Karten und Geschenke für Freunde

MEIDEN: Einkaufen unter Streß – Sie brauchen Zeit zum Stöbern

AKTUELLER TIP: Treten Sie einem Club bei

Mond in den Fischen

EINKAUFSTIP: Unterbrechen Sie Ihren Einkaufsbummel durch mehrere Kaffee- oder Snackpausen, um Ihre Füße zu schonen

KAUFEN: Kosmetik ☆ Alkoholische Getränke ☆ CDs oder Kassetten ☆ Schuhe und Strümpfe ☆ Ein Buch über Träume ☆ Künstlerbedarf ☆ Bilder ☆ Kristallgläser, Karaffen oder Schüsseln ☆ Liebesromane ☆ Bettwäsche ☆ Bademode

MEIDEN: Kostspielige Dinge – Sie sind durch geschickte Verkaufstaktik leicht zu unüberlegten Käufen zu überreden

AKTUELLER TIP: Gönnen Sie sich eine Reflexzonenmassage

Einkaufstips

Unser geschäftiges Leben heutzutage läßt kaum zu, daß wir die Wahl haben, wann wir die Dinge kaufen, die wir brauchen. Dennoch ist es ratsam, sich die günstigen Mondphasen zu merken, wenn es um die Anschaffung bedeutender Dinge geht.

VOM NEUMONDTAG BIS ZUM ERSTEN VIERTEL

Wählen Sie diese Periode für den Auslagenbummel, um sich beraten zu lassen und Proben zu sammeln. Sie werden merken, daß zu dieser Zeit die meisten Menschen energiegeladen und hilfsbereit sind und Sie doppelt so schnell zu den gewünschten Informationen kommen.

VOM ERSTEN VIERTEL BIS ZUM LETZTEN VIERTEL

Die beste Zeit, um an seinen Entscheidungen festzuhalten und wichtige Anschaffungen zu tätigen. Vermeiden Sie jedoch große Ausgaben am Vollmondtag und am Tag davor, da Sie zu dieser Zeit für Impulskäufe anfälliger sind als sonst. Eine günstige Zeit zum Einkaufen ist vom Tag nach Vollmond bis zum Letzten Viertel: Sie werden wohldurchdachte Entscheidungen treffen und Dinge erstehen, die ihr Geld wert sind.

VOM LETZTEN VIERTEL BIS ZUM NEUMOND

Eine ungünstige Zeit zum Einkaufen, weil jeder mit seiner Energie am Ende

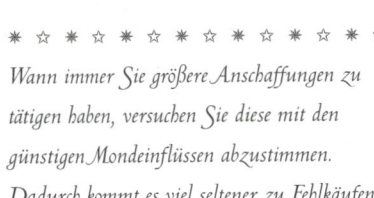

Wann immer Sie größere Anschaffungen zu tätigen haben, versuchen Sie diese mit den günstigen Mondeinflüssen abzustimmen. Dadurch kommt es viel seltener zu Fehlkäufen.

ist. Ihr Urteilsvermögen ist nicht besonders gut, das Verkaufspersonal ist weniger entgegenkommend, das Einkaufen ist allgemein schwieriger, und die Ware lädt nicht zum Kauf ein. Probieren Sie doch eine Bestellung über einen Versandkatalog oder Internet-Shopping als Alternativen.

Im Garten

Auch in Zusammenhang mit Gartenbau und Pflanzenzucht wird der Nutzen planetarer Einflüsse seit Jahrtausenden anerkannt. Gärtnern Sie nach den Grundsätzen der Mondlehre, dann können Sie sich auf Pflanzen freuen, die groß, schön und gesund sind – ganz ohne Chemie und aus wahrhaft biologischem Anbau!

Schnelle Tips

EINJÄHRIGE PFLANZEN

Pflanzen Sie vom Tag nach Neumond bis zum Tag vor dem Ersten Viertel, wenn der Mond in einem fruchtbaren oder halb-fruchtbaren Zeichen steht.

Das hilft den Pflanzen, kurze, flachliegende Wurzeln zu bilden und sich schnell zu entwickeln.

ZWEI- UND MEHRJÄHRIGE PFLANZEN

Pflanzen Sie vom Tag nach Vollmond bis zum Tag vor dem Letzten Viertel, wenn der Mond in einem fruchtbaren oder halb-fruchtbaren Zeichen steht. Dies hilft den Pflanzen, sich langsam zu entwickeln und tiefe, kräftige Wurzeln zu bilden.

UNKRAUT JÄTEN

Erledigen Sie dies zwischen dem Letzten Viertel und Neumond, wenn der Mond in einem unfruchtbaren Zeichen steht. Durchwandert der Mond gerade ein fruchtbares Zeichen, wäre der Erfolg von kurzer Dauer.

ERDARBEITEN

Umstechen und pflügen sollten Sie, wenn der abnehmende Mond in einem unfruchtbaren Zeichen steht, sonst wird das Unkraut bald wieder wuchern.

UMSETZEN

Setzen Sie Pflanzen immer bei zunehmendem Mond und während eines fruchtbaren Mondzeichens um.

VEREDELN

Aufgepfropftes gedeiht am besten, wenn die Säfte steigen, also wenn der Mond zunimmt.

MÄHEN

Das Mähen bei zunehmendem Mond begünstigt dichten, üppigen Wuchs, das Mähen bei abnehmendem Mond verlangsamt das Nachwachsen.

SAMEN SAMMELN

Sammeln Sie Samen bei Vollmond, wenn der Mond in den Feuer- oder Luftzeichen Widder, Löwe, Schütze, Zwillinge oder Wassermann steht.

ERNTEN

Ernten Sie Früchte und Gemüse zwischen Voll- und Neumond, vorzugsweise während der unfruchtbaren oder halb-unfruchtbaren Feuer- oder Luftzeichen Widder, Löwe, Schütze, Zwillinge oder Wassermann.

ACHT REGELN ZUM ERFOLGREICHEN GÄRTNERN MIT DEM MOND

1 Pflanzen oder säen Sie immer in der für die Pflanze richtigen Jahreszeit (z. B. werden Einjahrspflanzen im Frühjahr des Jahres gepflanzt, in dem sie blühen sollen).

2 Berücksichtigen Sie den bevorzugten Standort der Pflanze.

3 Säen Sie alle oberirdisch wachsenden Pflanzen bei zunehmendem Mond.

4 Säen Sie alles in die Erde Wachsende (wie etwa Wurzelgemüse und Knollengewächse) bei abnehmendem Mond.

5 Säen Sie einjährige Pflanzen bei zunehmendem Mond. Sie müssen schnell Wurzeln bilden, die sich aber nur flach unter der Oberfläche ausbreiten. Wenn Sie sie in diesem Zeitraum pflanzen, wird diese Art der Wurzelbildung begünstigt. Flachwurzelnde Einjahrspflanzen lassen sich im Herbst auch leichter herausziehen.

6 Pflanzen Sie zwei- und mehrjährige Pflanzen bei abnehmendem Mond. Sie müssen ihre Energien zur Ausbildung eines robusten, weitverzweigten Wurzelsystems aufwenden. Dies wird ihnen erleichtert, wenn sie bei abnehmendem Mond gepflanzt werden, da sie dann eine längere „ruhige" Zeit haben, um sich zu entwickeln.

7 Zu Neumond, Vollmond und an Viertelmond-Tagen sollten Sie nie säen oder umsetzen.

8 Koordinieren Sie die Mondphasen mit den Tierkreiszeichen, die der Mond durchschreitet (siehe S. 109–110).

Das Wesen der Mondzeichen

Die zwölf Zeichen werden nach ihrer Fruchtbarkeit in Gruppen zusammengefaßt. Die unfruchtbaren und halb-unfruchtbaren Zeichen sind ungünstig für das Wachstum, doch vorteilhaft für Unkraut- und Schädlingsbekämpfung und Erdarbeiten. Die Verweise auf Fruchtbarkeit bzw. Unfruchtbarkeit eines Zeichens beziehen sich auf landwirtschaftliche Abläufe – nicht auf unter diesen Zeichen geborene Menschen!

FRUCHTBARE ZEICHEN
Krebs, Skorpion, Fische
HALB-FRUCHTBARE ZEICHEN
Stier, Waage, Steinbock
HALB-UNFRUCHTBARE ZEICHEN
Widder, Schütze, Wassermann
UNFRUCHTBARE ZEICHEN
Zwillinge, Löwe, Jungfrau

DIE WAHL DES RICHTIGEN ZEICHENS

Mond im Widder
Natur: halb-unfruchtbar

- Beste Zeit zum Jäten, wenn der Mond in diesem Zeichen steht und abnimmt
- Pikante Gemüse wie Knoblauch pflanzen, kurz bevor der Mond dieses Zeichen verläßt
- Boden bearbeiten
- Mähen

Mond im Stier
Natur: halb-fruchtbar

- Optimal zum Setzen von Blumenzwiebeln und von Pflanzen, die unterirdisch Frucht tragen, vom Tag nach Vollmond bis zum Tag vor dem Letzten Viertel
- Einjährige Pflanzen, Blattgemüse und pastellfarbig blühende Pflanzen säen, wenn der Mond in diesem Zeichen steht und zunimmt
- Keine Rankpflanzen setzen

Mond in den Zwillingen
Natur: unfruchtbar

- Gute Zeit zum Jäten, Schneiden, zur Schädlings- und Krankheitsbekämpfung, zwischen dem Letzten Viertel und Neumond
- Boden bearbeiten
- Nichts pflanzen, säen oder umsetzen

Mond im Krebs
Natur: fruchtbar

- Unter diesem Zeichen und bei zunehmendem Mond gesäte Pflanzen und Blumen sind widerstandsfähig und üppig
- Beste Pflanzzeit für wäßrige Gemüse und Früchte, wie Melonen oder Gurken, wenn der Mond zunimmt
- Alle Moosarten pflanzen
- Den Garten ausreichend gießen

DIE WAHL DES RICHTIGEN ZEICHENS

Mond im Löwen

Natur: unfruchtbar

- Unter diesem Zeichen nichts pflanzen, säen oder umsetzen
- Optimal zum Unkraut jäten, zum Einsatz von Unkrautvernichtungsmitteln, zur Bekämpfung von Schädlingen und Krankheiten, vor allem bei abnehmendem Mond
- Formschnitt

Mond in der Jungfrau

Natur: unfruchtbar

- Nicht empfehlenswert zum Säen, Pflanzen oder Umsetzen
- Zurückschneiden, Unkraut vernichten, Schädlinge und Krankheiten bekämpfen
- Boden bearbeiten

Mond in der Waage

Natur: halb-fruchtbar

- Unter diesem Zeichen und bei zunehmendem Mond (vom Tag nach Neumond bis zum Tag vor Vollmond) gesetzte Blumen duften betörend, werden farbenprächtig und schön
- Unter diesem Mondzeichen kein Gemüse pflanzen
- Wein, Kletter- und Schlingpflanzen setzen

Mond im Skorpion

Natur: fruchtbar

- Ideal zum Säen, Pflanzen und Umsetzen von Blumen, Obst und oberirdisch wachsendem Gemüse, und zwar bei zunehmendem Mond zwischen dem Tag nach Neumond und dem Tag vor Vollmond

- Unter diesem Zeichen gezogene Pflanzen sind gesund, robust und langstielig und liefern Unmengen von Trieben und Sämlingen
- Wein, Kletter- und Schlingpflanzen setzen

Mond im Schützen

Natur: halb-unfruchtbar

- Nur intensiv schmeckendes Obst oder Gemüse pflanzen, und zwar bei zunehmendem Mond und kurz bevor der Mond dieses Zeichen verläßt
- Boden bearbeiten
- Mähen

Mond im Steinbock

Natur: halb-fruchtbar

- Nützliches Zeichen, wenn auch nicht erste Wahl, zum Säen und Auspflanzen. Vorteilhaft für den Anbau widerstandsfähiger, trockenheitsunempfindlicher Pflanzen

- Gut für Pflanzen, die unterirdisch Früchte tragen
- Nicht jäten

Mond im Wassermann

Natur: halb-unfruchtbar

- Boden bearbeiten
- Nicht pflanzen, säen, umsetzen oder jäten
- Mähen

Mond in den Fischen

Natur: fruchtbar

- Hervorragend zur Förderung des Wurzelwachstums und allgemein fürs Auspflanzen, und zwar bei zunehmendem Mond, zwischen dem Tag nach Neumond und dem Tag vor Vollmond
- Kompakte, niedrige Pflanzen mit pastellfarbenen Blüten säen
- Nicht empfehlenswert für Wein oder Schlingpflanzen

Gestalten Sie Ihren eigenen Mondgarten

Einer alten astrologischen Lehre zufolge wird jede Pflanze von einem der Planeten beherrscht. Der Mond regiert alle weißblühenden Pflanzen und silberfarbenes Blattwerk. Huldigen Sie der Weißen Göttin, indem Sie einen ganzen Mondgarten anlegen oder auch nur ihr zu Ehren einen kleinen Gartenwinkel, eine Terrasse oder zumindest einen Blumenkasten bepflanzen.

Wählen Sie beim Anlegen eines Mondgartens ausschließlich weiß- oder cremeweiß blühende Pflanzen, von welchen viele, wie etwa Madonnenlilien, Jasmin, Ziertabak und Levkojen, betörend duften. Betonen Sie das Weiß, indem Sie die Blüten mit silberblättrigem Beifuß oder Funkien durchsetzen bzw. umrahmen. Auch ein Teich darf in diesem Garten nicht fehlen. Er verleiht ihm nicht nur eine zusätzliche Dimension und schafft die nötigen Bedingungen für Wasserlilien, die auch vom Mond regiert werden, sondern steht selbst ebenfalls unter der Herrschaft des Mondes.

WECHSEL DER JAHRESZEITEN

Mit ein wenig Mühe und Einfallsreichtum wird Ihr Mondgarten bald überschwenglich grünen und blühen, wobei zu jeder Jahreszeit etwas anderes im Mittelpunkt steht, und wird Sie mit einem duftenden Blütenmeer belohnen. Darüber hinaus schaffen Sie sich einen Ort des Friedens und der Ruhe, der die Schönheit und Klarheit der Mondgöttin widerspiegelt.

ZAUBER DES MONDGARTENS

In der Folge finden Sie einige Anregungen für Blumen, Kräuter, Gemüse, ein- und mehrjährige Pflanzen für Ihren Mondgarten

Blumen

Wasserlilien • Weißer Mohn • Gänseblümchen • Schneeglöckchen • Madonnenlilien • Weißer Phlox • Maiglöckchen • Weiße Rosen • Lotusblumen • Ziertabak • Weiße, nachtduftende Levkojen • Weißer Steinbrech • Silberling

Kletterpflanzen

Convolvulus-Winde (oft Mondblume genannt; sie ist dem Mond gewidmet und soll ihrem Besitzer Glück bringen) • Geißblatt • Sommerjasmin • Passionsblume

Sträucher

Maiblumenstrauch • Weiße Hortensie • Weiße Hebe • Weißer Flieder • Weiße Buddleja • Pfeifenstrauch

Bäume

Trauerweide • Esche • Espe • Olive • Palme • Ahorn • Magnolien • Holunder

Obst und Gemüse

Melonen • Gurken • Kürbisse • Wassermelonen • Zwiebel • Brunnenkresse • Kopfsalat

Kräuter

Ysop • Rosmarin • Zitronenmelisse • Kamille • Thymian

Silberblättrige Pflanzen

Beifuß • Funkie • Greiskraut • Ziest • Lichtnelke • Fetthenne

KAPITEL 10

MONDSAGEN

Seit Jahrtausenden ist der Mond mit den Mythen aller Völker verwoben, und abergläubische Bräuche sind keine Seltenheit. Viele davon werden, oft trotz besseren Wissens, bis zum heutigen Tag praktiziert. Man hofft noch immer auf die glückbringende – oder zumindest vor Unheil bewahrende – Wirkung dieser kleinen Rituale. ,

NEUMOND-ABERGLAUBE

112

Die Energien des Neumondes sind besonders deutlich spürbar, weshalb sich um diese Mondphase die meisten Geschichten ranken. Kinder lehrte man beispielsweise, niemals auf den Neumond zu zeigen, da dies unhöflich wäre und Unglück für den ganzen folgenden Monat mit sich brächte. Auch den ersten Blick auf die neue Mondsichel durch Glas oder, schlimmer noch, durch einen Spiegel reflektiert zu erhaschen, galt als unheilbringend, denn sie sollte nur im Freien erblickt werden. Von noch größerem Unglück wurden angeblich jene heimgesucht, die einschliefen, während ihnen der Mond ins Gesicht schien, da man annahm, dies verursache Alpträume oder führe zum Wahnsinn.

Andererseits wurde empfohlen, sich vor dem Neumond zu verneigen, da einem als Gegenzug ein Wunsch er-

* ☆ * ☆ * ☆ * ☆ * ☆ * ☆ * ☆

Um Ihr Schicksal milde zu stimmen, betrachten Sie den Neumond über Ihre rechte Schulter.

füllt würde. In manchen Ländern wurde das Drehen einer Silbermünze in der Tasche angeraten, wenn man den Neumond erblickte, da dies den Reichtum vergrößern sollte.

GEBURT UND KINDER

Ein Großteil des Brauchtums in Zusammenhang mit dem Mond kreist um die Kenntnis kosmischer Bewegungen und planetarer Konstellationen und deren Auswirkungen auf alle Lebewe-

sen. Da Empfängnis und Geburt mit den Mondphasen in Verbindung gebracht wurden, ist es nicht weiter überraschend, daß die Mondkunde Ausgangspunkt unzähliger Altweibergeschichten über Kinder und Geburt ist.

So empfiehlt man werdenden Müttern das Trinken von Tee aus Himbeerblättern, um die Geburtswehen zu lindern. Viele Hebammen erachten diesen Rat als hilfreich, da die chemischen Bestandteile der Blätter muskelentspannend wirken. Doch eine Warnung an dieser Stelle: Himbeerblatt-Tee darf nicht während der ersten Schwangerschaftsmonate getrunken werden, da er zu einer Fehlgeburt führen könnte. Was in Zusammenhang mit dieser alten Weisheit von Interesse ist, ist die Tatsache, daß Himbeeren der Überlieferung nach vom Mond regiert werden.

Eine andere alte Lehre besagt, daß ein Kind je nach seinem Geburtstag gewisse Charakteristika entwickelt. Dem liegt die Annahme zugrunde, daß jeder Wochentag von einem bestimmten Planeten beherrscht wird, der allen unter seiner Herrschaft Geborenen seinen Stempel aufdrückt. Diese Eigenschaften wurden im folgenden Gedicht verewigt:

> ☆
>
> DAS MONTAGSKIND HAT HELLE HAUT,
>
> DAS DIENSTAGSKIND VIEL ANMUT,
>
> DAS MITTWOCHSKIND IST VOLLER LEID,
>
> DAS DONNERSTAGSKIND HAT SEHR WEIT,
>
> DAS FREITAGSKIND LIEBT UND GIBT,
>
> DAS SAMSTAGSKIND MUSS HART ARBEITEN,
>
> DOCH DAS KIND, DAS AM SONNTAG GEBOREN IST,
>
> IST FRISCH UND MUNTER, GUT UND GESUND.
>
> ☆

DAS BLASSE GESICHT DES MONDES

Laut Überlieferung beherrscht der Mond den Montag – *lundi* im Französischen und *lunedi* im Italienischen haben ihre Wurzel in *luna,* dem lateinischen Wort für Mond. Man sagt dem Mond nach, daß er allen seinen Untertanen ein rundes, hellhäutiges Gesicht schenkt. Auf diesen milchigweißen Teint wird in der ersten Zeile des obigen Gedichts Bezug genommen. Interessant ist auch, daß in einer anderen Version die erste Zeile „Das Montagskind hat ein volles Gesicht" lautet, was das zweite Merkmal anspricht, das mit dem Einfluß des Mondes auf Gesichtszüge assoziiert wird.

Ein weiteres physiologisches Kennzeichen, das mit dem Mond in Zusammenhang gebracht wird, liefert die Hand. Der Mondberg befindet sich am unteren Ende der Handfläche, genau oberhalb des Handgelenks und in direkter Verlängerung des kleinen Fingers. Mit diesem Bereich der Hand verbindet man Vorstellungskraft, Traditionsbewußtsein, Empfindungsvermögen und psychische Fähigkeiten. Ist er unterentwickelt, hat die betreffende Person wenig Phantasie und ist vielleicht kalt und teilnahmslos. Ist er überentwickelt, ist dieser Mensch oft launenhaft, überempfindlich und verträumt, manchmal auch labil, flatterhaft und unverläßlich, genau wie das sich ständig verändernde Gesicht des Mondes. Interessanterweise lassen Auffälligkeiten in diesem Bereich der Hand auch Rückschlüsse auf die Fortpflanzungsorgane zu – was wiederum die Verbindung zwischen Geburt und Mond widerspiegelt.

ZAUBER UND BESCHWÖRUNGEN

Auch in allerlei magischen Praktiken spielt die Mondkunde eine Rolle, vor allem in Form von Beschwörungen der unterschiedlichen Mondphasen. Bei diesen Bräuchen werden häufig Kerzen entzündet, Lieder oder Gedichte rezitiert und die Mondgöttinnen angerufen, um Wünsche zu gewähren.

Das Ernten von Kräutern oder Einnehmen von Arzneien zu bestimmten Zeiten während des Mondzyklus hat angeblich einen starken Einfluß auf deren Wirksamkeit. Bei Neumond gefertigte Talismane bringen bei zunehmendem Mond Glück, und zu Neumond gemachte Visualisierungsübungen können tiefgreifende Änderungen unseres Bewußtseins bewirken.

WÜNSCHE AN DEN MOND

Versuchen Sie folgendes in der Neumondnacht: Setzen Sie sich in ein ruhiges Zimmer, zünden Sie eine Kerze an, und denken Sie an etwas, nach dem Sie sich schon lange sehnen. Dies könnte eine Verbesserung Ihres Gesundheitszustandes sein, ein Vorhaben, das Sie in die Tat umsetzen möchten, die Rückkehr eines ehemaligen Geliebten, ein unverhoffter Gewinn oder einfach Glück. Behalten Sie den Gedanken im Kopf, während Sie ihn auf ein weißes Blatt Papier niederschreiben.

Nun falten Sie das Papier und stecken es unter eine Vase mit weißen Blumen, die auf einem Fensterbrett steht, wo der Mond auf sie scheinen kann. Oder aber, wenn Sie sich erhoffen, Ihren Reichtum zu vergrößern, legen Sie in der Vollmondnacht eine Münze oder Banknote unter die Vase. Wird Ihnen der Wunsch gewährt, dann sollte sich dies bereits vor Ende des Monats abzeichnen. Doch vergessen Sie nicht, die Magie nur in positivem Sinn anzuwenden. Negative Wünsche, die anderen schaden, können ernsthafte und unerwartete Auswirkungen auf die Person haben, die sie geäußert hat. Die Gesetze der Magie des Mondes sind streng.

Zum Ausklang

Die dunkle Seite des Mondes

Wenn Sie sinnierend den Mond betrachten, stellen Sie sich folgendes vor: Wären Sie auf der anderen Seite des Mondes geboren und hätten Ihr ganzes Leben dort verbracht, würde die Tatsache, daß Ihre Welt einen so starken Einfluß auf das Leben der Erdbewohner hat, Sie nicht im geringsten betreffen. Noch würden Sie sich, wenn Sie in Gedanken versunken dastehend der Sonne ins Gesicht blickten, über die Natur des Planeten Gedanken machen, um den sich Ihr eigenes Leben dreht. Von Ihrem heißen, trockenen Ödland aus hätten Sie keine Vorstellung von dem blauen Himmel, der unsere Welt umhüllt, der üppigen Vegetation, die unsere Erde bedeckt, den sprudelnden Wassern, die unsere großen Ozeane füllen. Sie würden nichts über diese Dinge wissen, aus dem einfachen Grund, daß Sie, von Ihrem Standpunkt aus, die Erde nicht sehen könnten und somit nicht einmal von unserer Existenz wüßten.

Wenn Sie gedankenverloren den Mond betrachten, stellen Sie sich einmal die Frage: Wieviel ist da draußen, das wir nicht ergründen können, weil wir die Existenz jener Dinge, die wir nicht sehen können, noch immer nicht anerkennen?

MONDTABELLEN

MONDPHASENTABELLE FÜR DIE JAHRE 1920–2020

Angaben in folgender Reihenfolge: Jahr Monat Tag Stunde Minute   Schlüssel: VM=Vollmond LV=Letztes Viertel NM=Neumond EV=Erstes Viertel

Spalte 1	Spalte 2	Spalte 3	Spalte 4	Spalte 5	Spalte 6
1920 Jan 05 21 05 VM	1921 Juli 12 04 15 EV	1923 Jan 10 00 54 LV	1924 Juli 16 11 49 VM	1926 Jan 20 22 31 EV	1927 Juli 28 17 36 NM
1920 Jan 13 00 08 LV	1921 Juli 20 00 07 VM	1923 Jan 17 02 41 NM	1924 Juli 23 16 36 LV	1926 Jan 28 21 35 VM	1927 Aug 05 18 05 EV
1920 Jan 21 05 27 NM	1921 Juli 28 02 20 LV	1923 Jan 25 03 59 EV	1924 Juli 31 19 42 NM	1926 Feb 05 23 25 LV	1927 Aug 13 04 37 VM
1920 Jan 28 15 38 EV	1921 Aug 03 20 17 NM	1923 Feb 01 15 53 VM	1924 Aug 08 03 41 EV	1926 Feb 12 17 20 NM	1927 Aug 19 19 54 LV
1920 Feb 04 08 42 VM	1921 Aug 10 14 13 EV	1923 Feb 08 09 16 LV	1924 Aug 14 20 19 VM	1926 Feb 19 12 36 EV	1927 Aug 27 06 45 NM
1920 Feb 11 20 49 LV	1921 Aug 18 15 28 VM	1923 Feb 15 19 07 NM	1924 Aug 22 09 10 LV	1926 Feb 27 16 51 VM	1927 Sep 04 10 44 EV
1920 Feb 19 21 34 NM	1921 Aug 26 12 51 LV	1923 Feb 24 00 06 EV	1924 Aug 30 08 37 NM	1926 März 07 11 49 LV	1927 Sep 11 12 54 VM
1920 Feb 26 23 49 EV	1921 Sep 02 03 33 NM	1923 März 03 03 23 VM	1924 Sep 06 08 45 EV	1926 März 14 03 20 NM	1927 Sep 18 03 29 LV
1920 März 04 21 12 VM	1921 Sep 09 03 29 EV	1923 März 09 18 31 LV	1924 Sep 13 03 20 VM	1926 März 21 05 12 EV	1927 Sep 25 22 11 NM
1920 März 12 17 57 LV	1921 Sep 17 07 20 VM	1923 März 17 12 51 NM	1924 Sep 21 03 35 LV	1926 März 29 10 00 VM	1927 Okt 04 02 01 EV
1920 März 20 10 55 NM	1921 Sep 24 21 17 LV	1923 März 25 16 41 EV	1924 Okt 05 14 30 EV	1926 April 05 20 50 LV	1927 Okt 10 21 14 VM
1920 März 27 06 45 EV	1921 Okt 01 12 26 NM	1923 April 01 13 10 VM	1924 Okt 12 20 21 VM	1926 April 12 14 21 NM	1927 Okt 17 14 32 LV
1920 Aprili 03 10 54 VM	1921 Okt 08 20 11 EV	1923 April 08 05 22 LV	1924 Okt 20 22 54 LV	1926 April 19 23 23 EV	1927 Okt 25 15 37 NM
1920 April 11 13 24 LV	1921 Okt 16 22 59 VM	1923 April 16 06 28 NM	1924 Okt 28 06 57 NM	1926 April 28 00 16 VM	1927 Nov 02 15 16 EV
1920 April 18 21 43 NM	1921 Okt 24 04 31 LV	1923 April 24 05 20 EV	1924 Nov 03 22 18 EV	1926 Mai 05 03 13 LV	1927 Nov 09 06 36 VM
1920 April 25 13 27 EV	1921 Okt 30 23 38 NM	1923 April 30 21 30 VM	1924 Nov 11 12 31 VM	1926 Mai 11 22 55 NM	1927 Nov 16 05 28 LV
1920 Mai 03 01 47 VM	1921 Nov 07 15 53 EV	1923 Mai 07 18 18 LV	1924 Nov 19 17 38 LV	1926 Mai 19 17 48 EV	1927 Nov 24 10 09 NM
1920 Mai 11 05 51 LV	1921 Nov 15 13 39 VM	1923 Mai 15 22 38 NM	1924 Nov 26 17 15 NM	1926 Mai 27 11 49 VM	1927 Dez 02 02 15 EV
1920 Mai 18 06 25 NM	1921 Nov 22 11 41 LV	1923 Mai 23 14 25 EV	1924 Dez 03 09 10 EV	1926 Juni 03 08 09 LV	1927 Dez 08 17 32 VM
1920 Mai 24 21 07 EV	1921 Nov 29 13 25 NM	1923 Mai 30 05 07 VM	1924 Dez 11 07 03 VM	1926 Juni 10 10 08 NM	1927 Dez 16 00 08 LV
1920 Juni 01 17 18 VM	1921 Dez 07 13 19 EV	1923 Juni 06 09 19 LV	1924 Dez 19 10 11 LV	1926 Juni 18 11 13 EV	1927 Dez 24 04 13 NM
1920 Juni 09 18 58 LV	1921 Dez 15 02 50 VM	1923 Juni 14 12 42 NM	1924 Dez 26 03 45 NM	1926 Juni 25 21 13 VM	1927 Dez 31 11 22 EV
1920 Juni 16 13 41 NM	1921 Dez 21 19 54 LV	1923 Juni 21 20 46 EV	1925 Jan 01 23 25 EV	1926 Juli 02 13 02 LV	1928 Jan 07 06 08 VM
1920 Juni 23 06 49 EV	1921 Dez 29 05 39 NM	1923 Juni 28 13 04 VM	1925 Jan 10 02 47 VM	1926 Juli 09 23 06 NM	1928 Jan 14 21 14 LV
1920 Juli 01 08 40 VM	1922 Jan 06 10 23 EV	1923 Juli 06 01 56 LV	1925 Jan 17 23 33 LV	1926 Juli 18 02 55 EV	1928 Jan 22 20 19 NM
1920 Juli 09 05 05 LV	1922 Jan 13 14 36 VM	1923 Juli 14 00 45 NM	1925 Jan 24 14 03 NM	1926 Juli 25 05 13 VM	1928 Jan 29 19 25 EV
1920 Juli 15 20 24 NM	1922 Jan 20 06 00 LV	1923 Juli 21 01 32 EV	1925 Jan 31 16 43 EV	1926 Aug 08 13 49 NM	1928 Feb 05 20 11 VM
1920 Juli 22 19 20 EV	1922 Jan 27 23 48 NM	1923 Juli 27 22 32 VM	1925 Feb 08 21 49 VM	1926 Aug 16 16 39 EV	1928 Feb 13 19 05 LV
1920 Juli 30 23 19 VM	1922 Feb 05 04 52 EV	1923 Aug 04 19 22 LV	1925 Feb 16 09 41 LV	1926 Aug 23 12 38 VM	1928 Feb 21 09 41 NM
1920 Aug 07 12 50 LV	1922 Feb 12 01 17 VM	1923 Aug 12 11 16 NM	1925 Feb 23 02 12 NM	1926 Aug 30 04 40 LV	1928 Feb 28 03 21 EV
1920 Aug 14 03 43 NM	1922 Feb 18 18 18 LV	1923 Aug 19 06 07 EV	1925 März 02 12 06 EV	1926 Sep 07 05 45 NM	1928 März 06 11 27 VM
1920 Aug 21 10 51 EV	1922 Feb 26 18 47 NM	1923 Aug 26 10 29 VM	1925 März 10 14 21 VM	1926 Sep 15 04 26 EV	1928 März 14 15 20 LV
1920 Aug 29 13 02 VM	1922 März 06 19 21 EV	1923 Sep 03 12 47 LV	1925 März 17 17 21 LV	1926 Sep 21 20 19 VM	1928 März 21 20 29 NM
1920 Sep 05 19 05 LV	1922 März 13 11 14 VM	1923 Sep 10 20 52 NM	1925 März 24 14 03 NM	1926 Sep 28 17 48 LV	1928 März 28 11 54 EV
1920 Sep 12 12 51 NM	1922 März 20 08 43 LV	1923 Sep 17 12 04 EV	1925 April 01 08 12 EV	1926 Okt 06 22 13 NM	1928 April 05 03 38 VM
1920 Sep 20 04 55 EV	1922 März 28 13 03 NM	1923 Sep 25 01 16 VM	1925 April 09 03 33 VM	1926 Okt 14 14 28 EV	1928 April 13 08 09 LV
1920 Sep 28 01 56 VM	1922 April 05 05 45 EV	1923 Okt 03 05 29 LV	1925 April 15 23 40 LV	1926 Okt 21 05 15 VM	1928 April 20 05 25 NM
1920 Okt 05 00 53 LV	1922 April 11 20 43 VM	1923 Okt 10 06 05 NM	1925 April 23 02 28 NM	1926 Okt 28 10 57 LV	1928 April 26 21 42 EV
1920 Okt 12 00 50 NM	1922 April 19 00 53 LV	1923 Okt 16 20 53 EV	1925 Mai 01 03 20 EV	1926 Nov 05 14 34 NM	1928 Mai 04 20 12 VM
1920 Okt 20 00 28 EV	1922 April 27 05 03 NM	1923 Okt 24 18 26 VM	1925 Mai 08 13 42 VM	1926 Nov 12 23 01 EV	1928 Mai 12 20 50 LV
1920 Okt 27 14 09 VM	1922 Mai 04 12 55 EV	1923 Nov 01 20 49 LV	1925 Mai 15 05 46 LV	1926 Nov 19 16 21 VM	1928 Mai 19 13 14 NM
1920 Nov 03 07 35 LV	1922 Mai 11 06 06 VM	1923 Nov 08 15 27 NM	1925 Mai 22 15 48 NM	1926 Nov 27 07 48 LV	1928 Mai 26 09 11 EV
1920 Nov 10 16 05 NM	1922 Mai 18 18 17 LV	1923 Nov 15 09 41 EV	1925 Mai 30 20 04 EV	1926 Dez 05 06 11 NM	1928 Juni 03 12 13 VM
1920 Nov 18 20 12 EV	1922 Mai 26 18 04 NM	1923 Nov 23 12 58 VM	1925 Juni 06 21 48 VM	1926 Dez 12 06 47 EV	1928 Juni 11 05 51 LV
1920 Nov 26 01 42 VM	1922 Juni 02 18 10 EV	1923 Dez 01 10 09 LV	1925 Juni 13 12 44 LV	1926 Dez 19 06 09 VM	1928 Juni 17 20 42 NM
1920 Dez 02 16 29 LV	1922 Juni 09 15 58 VM	1923 Dez 08 01 30 NM	1925 Juni 21 06 17 NM	1926 Dez 27 04 59 LV	1928 Juni 24 22 47 EV
1920 Dez 10 10 04 NM	1922 Juni 17 12 03 LV	1923 Dez 15 02 38 EV	1925 Juni 29 09 43 EV	1927 Jan 03 20 28 NM	1928 Juli 03 02 48 VM
1920 Dez 18 14 40 EV	1922 Juni 25 04 19 NM	1923 Dez 23 07 33 VM	1925 Juli 06 04 54 VM	1927 Jan 10 14 43 EV	1928 Juli 10 12 16 LV
1920 Dez 25 12 38 VM	1922 Juli 01 22 51 EV	1923 Dez 30 21 07 LV	1925 Juli 12 21 34 LV	1927 Jan 17 22 27 VM	1928 Juli 17 04 35 NM
1921 Jan 01 04 34 LV	1922 Juli 09 03 07 VM	1924 Jan 06 12 48 NM	1925 Juli 20 21 40 NM	1927 Jan 26 02 05 LV	1928 Juli 24 14 38 EV
1921 Jan 09 05 26 NM	1922 Juli 17 05 11 LV	1924 Jan 13 22 44 EV	1925 Juli 28 20 23 EV	1927 Feb 02 08 54 NM	1928 Aug 01 15 30 VM
1921 Jan 17 06 30 EV	1922 Juli 24 12 47 NM	1924 Jan 22 00 57 VM	1925 Aug 04 11 59 VM	1927 Feb 08 23 54 EV	1928 Aug 08 17 24 LV
1921 Jan 23 21 07 VM	1922 Juli 31 04 21 EV	1924 Jan 29 05 53 LV	1925 Aug 11 09 11 LV	1927 Feb 16 18 18 VM	1928 Aug 15 13 48 NM
1921 Jan 30 20 02 LV	1922 Aug 07 16 18 VM	1924 Feb 05 01 38 NM	1925 Aug 19 13 15 NM	1927 Feb 24 20 42 LV	1928 Aug 23 08 21 EV
1921 Feb 08 00 36 NM	1922 Aug 15 20 45 LV	1924 Feb 12 20 09 EV	1925 Aug 27 04 46 EV	1927 März 03 19 24 NM	1928 Aug 31 02 34 VM
1921 Feb 15 18 53 EV	1922 Aug 22 20 34 NM	1924 Feb 20 16 07 VM	1925 Sep 02 19 53 VM	1927 März 10 11 03 EV	1928 Sep 06 22 35 LV
1921 Feb 22 09 32 VM	1922 Aug 29 11 55 EV	1924 Feb 27 13 15 LV	1925 Sep 10 00 11 LV	1927 März 18 10 24 VM	1928 Sep 14 01 20 NM
1921 März 01 14 03 LV	1922 Sep 06 07 47 VM	1924 März 05 15 58 NM	1925 Sep 18 05 18 NM	1927 März 26 11 35 LV	1928 Sep 22 02 58 EV
1921 März 09 18 09 NM	1922 Sep 14 10 20 LV	1924 März 13 16 50 EV	1925 Sep 25 11 51 EV	1927 April 02 04 24 NM	1928 Sep 29 12 42 VM
1921 März 17 03 49 EV	1922 Sep 21 04 38 NM	1924 März 21 04 30 VM	1925 Okt 02 05 23 VM	1927 April 08 18 06 EV	1928 Okt 06 05 06 LV
1921 März 23 20 18 VM	1922 Sep 27 22 40 EV	1924 März 27 20 24 LV	1925 Okt 09 18 34 LV	1927 April 17 03 35 VM	1928 Okt 13 15 56 NM
1921 März 31 09 13 LV	1922 Okt 06 00 58 VM	1924 April 04 07 17 NM	1925 Okt 17 18 06 NM	1927 April 24 22 21 LV	1928 Okt 21 21 06 EV
1921 April 08 09 05 NM	1922 Okt 13 21 55 LV	1924 April 12 11 12 EV	1925 Okt 24 18 38 EV	1927 Mai 01 12 40 NM	1928 Okt 28 22 43 VM
1921 April 15 10 11 EV	1922 Okt 20 13 40 NM	1924 April 19 14 10 VM	1925 Okt 31 17 16 VM	1927 Mai 08 01 27 EV	1928 Nov 04 14 06 LV
1921 April 22 07 49 VM	1922 Okt 27 13 26 EV	1924 April 26 04 28 LV	1925 Nov 08 15 13 LV	1927 Mai 16 19 03 VM	1928 Nov 12 09 35 NM
1921 April 30 04 08 LV	1922 Nov 04 18 36 VM	1924 Mai 03 23 00 NM	1925 Nov 16 06 58 NM	1927 Mai 24 05 34 LV	1928 Nov 20 13 36 EV
1921 Mai 07 21 01 NM	1922 Nov 12 07 52 LV	1924 Mai 12 02 14 EV	1925 Nov 23 02 05 EV	1927 Mai 30 21 06 NM	1928 Nov 27 09 05 VM
1921 Mai 14 15 24 EV	1922 Nov 19 00 06 NM	1924 Mai 18 21 52 VM	1925 Nov 30 08 11 VM	1927 Juni 07 07 49 EV	1928 Dez 04 02 31 LV
1921 Mai 21 20 15 VM	1922 Nov 26 08 15 EV	1924 Mai 25 14 16 LV	1925 Dez 08 12 11 LV	1927 Juni 15 08 19 VM	1928 Dez 12 05 06 NM
1921 Mai 29 21 44 LV	1922 Dez 04 11 23 VM	1924 Juni 02 14 34 NM	1925 Dez 15 18 06 NM	1927 Juni 22 10 29 LV	1928 Dez 20 03 43 EV
1921 Juni 06 06 14 NM	1922 Dez 11 16 40 LV	1924 Juni 10 13 37 EV	1925 Dez 22 11 08 EV	1927 Juni 29 06 32 NM	1928 Dez 26 19 55 VM
1921 Juni 12 20 59 EV	1922 Dez 18 12 20 NM	1924 Juni 17 04 41 VM	1925 Dez 30 02 01 VM	1927 Juli 07 00 52 EV	1929 Jan 02 18 44 LV
1921 Juni 20 09 41 VM	1922 Dez 26 05 53 EV	1924 Juni 24 02 16 LV	1926 Jan 07 07 22 LV	1927 Juli 14 19 22 VM	1929 Jan 11 00 28 NM
1921 Juni 28 13 17 LV	1923 Jan 03 02 33 VM	1924 Juli 02 05 35 NM	1926 Jan 14 06 34 NM	1927 Juli 21 14 43 LV	1929 Jan 18 15 15 EV
1921 Juli 05 13 36 NM		1924 Juli 09 21 46 EV			

1929 Jan 25	07 09	VM
1929 Feb 01	14 10	LV
1929 Feb 09	17 55	NM
1929 Feb 17	00 22	EV
1929 Feb 23	18 59	VM
1929 März 03	11 09	LV
1929 März 11	08 37	NM
1929 März 18	07 41	EV
1929 März 25	07 46	VM
1929 April 02	07 29	LV
1929 April 09	20 32	NM
1929 April 16	14 09	EV
1929 April 23	21 47	VM
1929 Mai 02	01 25	LV
1929 Mai 09	06 07	NM
1929 Mai 15	20 56	EV
1929 Mai 23	12 50	VM
1929 Mai 31	16 13	LV
1929 Juni 07	13 56	NM
1929 Juni 14	05 14	EV
1929 Juni 22	04 15	VM
1929 Juni 30	03 54	LV
1929 Juli 06	20 47	NM
1929 Juli 13	16 05	EV
1929 Juli 21	19 21	VM
1929 Juli 29	12 56	LV
1929 Aug 05	03 40	NM
1929 Aug 12	06 01	EV
1929 Aug 20	09 42	VM
1929 Aug 27	20 02	LV
1929 Sep 03	11 47	NM
1929 Sep 10	22 57	EV
1929 Sep 18	23 16	VM
1929 Sep 26	02 07	LV
1929 Okt 02	22 19	NM
1929 Okt 10	18 05	EV
1929 Okt 18	12 06	VM
1929 Okt 25	08 21	LV
1929 Nov 01	12 01	NM
1929 Nov 09	14 10	EV
1929 Nov 17	00 14	VM
1929 Nov 23	16 04	LV
1929 Dez 01	04 48	NM
1929 Dez 09	09 42	EV
1929 Dez 16	11 38	VM
1929 Dez 23	02 27	LV
1929 Dez 30	23 42	NM
1930 Jan 08	03 11	EV
1930 Jan 14	22 21	VM
1930 Jan 21	16 07	LV
1930 Jan 29	19 07	NM
1930 Feb 06	17 26	EV
1930 Feb 13	08 38	VM
1930 Feb 20	08 44	LV
1930 Feb 28	13 33	NM
1930 März 08	04 00	EV
1930 März 14	18 58	VM
1930 März 22	03 13	LV
1930 März 30	05 46	NM
1930 April 06	11 25	EV
1930 April 13	05 48	VM
1930 April 20	22 08	LV
1930 April 28	19 08	NM
1930 Mai 05	16 53	EV
1930 Mai 12	17 29	VM
1930 Mai 20	16 21	LV
1930 Mai 28	05 37	NM
1930 Juni 03	21 56	EV
1930 Juni 11	06 12	VM
1930 Juni 19	09 00	LV
1930 Juni 26	13 47	NM
1930 Juli 03	04 03	EV
1930 Juli 10	20 01	VM
1930 Juli 18	23 29	LV
1930 Juli 25	20 42	NM
1930 Aug 01	12 26	EV
1930 Aug 09	10 58	VM
1930 Aug 17	11 31	LV
1930 Aug 24	03 37	NM
1930 Aug 30	23 57	EV
1930 Sep 08	02 48	VM
1930 Sep 15	21 13	LV
1930 Sep 22	11 41	NM
1930 Sep 29	14 58	EV
1930 Okt 07	18 56	VM
1930 Okt 15	05 12	LV
1930 Okt 21	21 48	NM
1930 Okt 29	09 22	EV
1930 Nov 06	10 28	VM
1930 Nov 13	12 27	LV
1930 Nov 20	10 21	NM
1930 Nov 28	06 18	EV
1930 Dez 06	00 40	VM
1930 Dez 12	20 07	LV
1930 Dez 20	01 24	NM
1930 Dez 28	03 59	EV
1931 Jan 04	13 15	VM
1931 Jan 11	05 09	LV
1931 Jan 18	18 35	NM
1931 Jan 27	00 05	EV
1931 Feb 03	00 26	VM
1931 Feb 09	16 09	LV
1931 Feb 17	13 11	NM
1931 Feb 25	16 42	EV
1931 März 04	10 36	VM
1931 März 11	05 15	LV
1931 März 19	07 51	NM
1931 März 27	05 04	EV
1931 April 02	20 05	VM
1931 April 09	20 15	LV
1931 April 18	01 00	NM
1931 April 25	13 40	EV
1931 Mai 02	05 14	VM
1931 Mai 09	12 48	LV
1931 Mai 17	15 28	NM
1931 Mai 24	19 39	EV
1931 Mai 31	14 33	VM
1931 Juni 08	06 18	LV
1931 Juni 16	03 02	NM
1931 Juni 23	00 23	EV
1931 Juni 30	00 47	VM
1931 Juli 07	23 52	LV
1931 Juli 15	12 20	NM
1931 Juli 22	05 16	EV
1931 Juli 29	12 47	VM
1931 Aug 06	16 28	LV
1931 Aug 13	20 27	NM
1931 Aug 20	11 36	EV
1931 Aug 28	03 09	VM
1931 Sep 05	07 21	LV
1931 Sep 12	04 26	NM
1931 Sep 18	20 37	EV
1931 Sep 26	19 45	VM
1931 Okt 04	20 15	LV
1931 Okt 11	13 06	NM
1931 Okt 18	09 20	EV
1931 Okt 26	13 34	VM
1931 Nov 03	07 17	LV
1931 Nov 09	22 55	NM
1931 Nov 17	02 13	EV
1931 Nov 25	07 10	VM
1931 Dez 02	16 50	LV
1931 Dez 09	10 16	NM
1931 Dez 16	22 43	EV
1931 Dez 24	23 23	VM
1932 Jan 01	01 23	LV
1932 Jan 07	23 29	NM
1932 Jan 15	20 55	EV
1932 Jan 23	13 44	VM
1932 Jan 30	09 32	LV
1932 Feb 06	14 45	NM
1932 Feb 14	18 16	EV
1932 Feb 22	02 07	VM
1932 Feb 28	18 03	LV
1932 März 07	07 44	NM
1932 März 15	12 41	EV
1932 März 22	12 37	VM
1932 März 29	03 43	LV
1932 April 06	01 21	NM
1932 April 14	03 15	EV
1932 April 20	21 27	VM
1932 April 27	15 14	LV
1932 Mai 05	18 11	NM
1932 Mai 13	14 02	EV
1932 Mai 20	05 08	VM
1932 Mai 27	04 54	LV
1932 Juni 04	09 16	NM
1932 Juni 11	21 39	EV
1932 Juni 18	12 38	VM
1932 Juni 25	20 36	LV
1932 Juli 03	22 20	NM
1932 Juli 11	03 07	EV
1932 Juli 17	21 06	VM
1932 Juli 25	13 41	LV
1932 Aug 02	09 42	NM
1932 Aug 09	07 40	EV
1932 Aug 16	07 41	VM
1932 Aug 24	07 21	LV
1932 Aug 31	19 55	NM
1932 Sep 07	12 49	EV
1932 Sep 14	21 06	VM
1932 Sep 23	00 47	LV
1932 Sep 30	05 30	NM
1932 Okt 06	20 05	EV
1932 Okt 14	13 18	VM
1932 Okt 22	17 14	LV
1932 Okt 29	14 56	NM
1932 Nov 05	06 50	EV
1932 Nov 13	07 28	VM
1932 Nov 21	07 58	LV
1932 Nov 28	00 43	NM
1932 Dez 04	21 45	EV
1932 Dez 13	02 21	VM
1932 Dez 20	20 22	LV
1932 Dez 27	11 22	NM
1933 Jan 03	16 24	EV
1933 Jan 11	20 36	VM
1933 Jan 19	06 15	LV
1933 Jan 25	23 20	NM
1933 Feb 02	13 16	EV
1933 Feb 10	13 00	VM
1933 Feb 17	14 08	LV
1933 Feb 24	12 44	NM
1933 März 04	10 23	EV
1933 März 12	02 46	VM
1933 März 18	21 04	LV
1933 März 26	03 20	NM
1933 April 03	05 56	EV
1933 April 10	13 38	VM
1933 April 17	04 17	LV
1933 April 24	18 38	NM
1933 Mai 02	22 39	EV
1933 Mai 09	22 04	VM
1933 Mai 16	12 50	LV
1933 Mai 24	10 07	NM
1933 Juni 01	11 53	EV
1933 Juni 08	05 04	VM
1933 Juni 14	23 25	LV
1933 Juni 23	01 22	NM
1933 Juni 30	21 40	EV
1933 Juli 07	11 50	VM
1933 Juli 14	12 24	LV
1933 Juli 22	16 03	NM
1933 Juli 30	04 44	EV
1933 Aug 05	19 31	VM
1933 Aug 13	03 49	LV
1933 Aug 21	05 48	NM
1933 Aug 28	10 13	EV
1933 Sep 04	05 04	VM
1933 Sep 11	21 30	LV
1933 Sep 19	18 21	NM
1933 Sep 26	15 36	EV
1933 Okt 03	17 08	VM
1933 Okt 11	16 45	LV
1933 Okt 19	05 45	NM
1933 Okt 25	22 21	EV
1933 Nov 02	07 59	VM
1933 Nov 10	12 18	LV
1933 Nov 17	16 24	NM
1933 Nov 24	07 38	EV
1933 Dez 02	01 31	VM
1933 Dez 10	06 24	LV
1933 Dez 17	02 53	NM
1933 Dez 23	20 09	EV
1933 Dez 31	20 54	VM
1934 Jan 08	21 36	LV
1934 Jan 15	13 37	NM
1934 Jan 22	11 50	EV
1934 Jan 30	16 31	VM
1934 Feb 07	09 22	LV
1934 Feb 14	00 43	NM
1934 Feb 21	06 05	EV
1934 März 01	10 26	VM
1934 März 08	18 06	LV
1934 März 15	12 08	NM
1934 März 23	01 44	EV
1934 März 31	01 14	VM
1934 April 07	00 48	LV
1934 April 13	23 57	NM
1934 April 21	21 20	EV
1934 April 29	12 45	VM
1934 Mai 06	06 41	LV
1934 Mai 13	12 30	NM
1934 Mai 21	15 20	EV
1934 Mai 28	21 41	VM
1934 Juni 04	12 53	LV
1934 Juni 12	02 11	NM
1934 Juni 20	06 37	EV
1934 Juni 27	05 08	VM
1934 Juli 03	20 28	LV
1934 Juli 11	17 06	NM
1934 Juli 19	18 53	EV
1934 Juli 26	12 08	VM
1934 Aug 02	06 27	LV
1934 Aug 10	08 46	NM
1934 Aug 18	04 33	EV
1934 Aug 24	19 37	VM
1934 Aug 31	19 40	LV
1934 Sep 09	00 20	NM
1934 Sep 16	12 26	EV
1934 Sep 23	04 19	VM
1934 Sep 30	12 29	LV
1934 Okt 08	15 05	NM
1934 Okt 15	19 29	EV
1934 Okt 22	15 01	VM
1934 Okt 30	08 22	LV
1934 Nov 07	04 44	NM
1934 Nov 14	02 39	EV
1934 Nov 21	04 26	VM
1934 Nov 29	05 39	LV
1934 Dez 06	17 25	NM
1934 Dez 13	10 51	EV
1934 Dez 20	20 53	VM
1934 Dez 29	02 08	LV
1935 Jan 05	05 20	NM
1935 Jan 11	20 55	EV
1935 Jan 19	15 44	VM
1935 Jan 27	19 59	LV
1935 Feb 03	16 27	NM
1935 Feb 10	09 25	EV
1935 Feb 18	11 17	VM
1935 Feb 26	10 14	LV
1935 März 05	02 40	NM
1935 März 12	00 30	EV
1935 März 20	05 31	VM
1935 März 27	20 51	LV
1935 April 03	12 10	NM
1935 April 10	17 42	EV
1935 April 18	21 10	VM
1935 April 26	04 20	LV
1935 Mai 02	21 36	NM
1935 Mai 10	11 54	EV
1935 Mai 18	09 57	VM
1935 Mai 25	09 44	LV
1935 Juni 01	07 52	NM
1935 Juni 09	05 49	EV
1935 Juni 16	20 20	VM
1935 Juni 23	14 21	LV
1935 Juni 30	19 44	NM
1935 Juli 08	22 28	EV
1935 Juli 16	05 00	VM
1935 Juli 22	19 42	LV
1935 Juli 30	09 32	NM
1935 Aug 07	13 23	EV
1935 Aug 14	12 43	VM
1935 Aug 21	03 17	LV
1935 Aug 29	01 00	NM
1935 Sep 06	02 26	EV
1935 Sep 12	20 18	VM
1935 Sep 19	14 23	LV
1935 Sep 27	17 29	NM
1935 Okt 05	13 39	EV
1935 Okt 12	04 39	VM
1935 Okt 19	05 36	LV
1935 Okt 27	10 15	NM
1935 Nov 03	23 12	EV
1935 Nov 10	14 42	VM
1935 Nov 18	00 36	LV
1935 Nov 26	02 36	NM
1935 Dez 03	07 28	EV
1935 Dez 10	03 10	VM
1935 Dez 17	21 57	LV
1935 Dez 25	17 49	NM
1936 Jan 01	15 15	EV
1936 Jan 08	18 15	VM
1936 Jan 16	19 41	LV
1936 Jan 24	07 18	NM
1936 Jan 30	23 35	EV
1936 Feb 07	11 19	VM
1936 Feb 15	15 45	LV
1936 Feb 22	18 42	NM
1936 Feb 29	09 28	EV
1936 März 08	05 14	VM
1936 März 16	08 35	LV
1936 März 23	04 13	NM
1936 März 29	21 22	EV
1936 April 06	22 46	VM
1936 April 14	21 21	LV
1936 April 21	12 32	NM
1936 April 28	11 16	EV
1936 Mai 06	15 01	VM
1936 Mai 14	06 12	LV
1936 Mai 20	20 34	NM
1936 Mai 28	02 46	EV
1936 Juni 05	05 22	VM
1936 Juni 12	12 05	LV
1936 Juni 19	05 14	NM
1936 Juni 26	19 23	EV
1936 Juli 04	17 34	VM
1936 Juli 11	16 28	LV
1936 Juli 18	15 19	NM
1936 Juli 26	12 36	EV
1936 Aug 03	03 47	VM
1936 Aug 09	20 59	LV
1936 Aug 17	03 21	NM
1936 Aug 25	05 49	EV
1936 Sep 01	12 37	VM
1936 Sep 08	03 14	LV
1936 Sep 15	17 41	NM
1936 Sep 23	22 12	EV
1936 Sep 30	21 01	VM
1936 Okt 07	12 28	LV
1936 Okt 15	10 20	NM
1936 Okt 23	12 54	EV
1936 Okt 30	05 57	VM
1936 Nov 06	01 29	LV
1936 Nov 14	04 42	NM
1936 Nov 22	01 19	EV
1936 Nov 28	16 12	VM
1936 Dez 05	18 20	LV
1936 Dez 13	23 25	NM
1936 Dez 21	11 30	EV
1936 Dez 28	04 00	VM
1937 Jan 04	14 22	LV
1937 Jan 12	16 47	NM
1937 Jan 19	20 02	EV
1937 Jan 26	17 15	VM
1937 Feb 03	12 04	LV
1937 Feb 11	07 34	NM
1937 Feb 18	03 49	EV
1937 Feb 25	07 43	VM
1937 März 05	09 17	LV
1937 März 12	19 32	NM
1937 März 19	11 46	EV
1937 März 26	23 12	VM
1937 April 04	03 53	LV
1937 April 11	05 10	NM
1937 April 17	20 34	EV
1937 April 25	15 23	VM
1937 Mai 03	18 36	LV
1937 Mai 10	13 17	NM
1937 Mai 17	06 49	EV
1937 Mai 25	07 38	VM
1937 Juni 02	05 24	LV
1937 Juni 08	20 43	NM
1937 Juni 15	19 03	EV
1937 Juni 23	22 59	VM
1937 Juli 01	13 03	LV
1937 Juli 08	04 12	NM
1937 Juli 15	09 36	EV
1937 Juli 23	12 45	VM
1937 Juli 30	18 47	LV
1937 Aug 06	12 37	NM
1937 Aug 14	02 28	EV
1937 Aug 22	00 47	VM
1937 Aug 28	23 54	LV
1937 Sep 04	22 53	NM
1937 Sep 12	20 57	EV
1937 Sep 20	11 32	VM
1937 Sep 27	05 43	LV
1937 Okt 04	11 58	NM
1937 Okt 12	15 47	EV
1937 Okt 19	21 47	VM
1937 Okt 26	13 26	LV
1937 Nov 03	04 16	NM
1937 Nov 11	09 33	EV
1937 Nov 18	08 09	VM
1937 Nov 25	00 04	LV
1937 Dez 02	23 11	NM
1937 Dez 11	01 12	EV
1937 Dez 17	18 52	VM
1937 Dez 24	14 20	LV
1938 Jan 01	18 58	NM
1938 Jan 09	14 13	EV
1938 Jan 16	05 53	VM
1938 Jan 23	08 09	LV
1938 Jan 31	13 35	NM
1938 Feb 08	00 32	EV
1938 Feb 14	17 14	VM
1938 Feb 22	04 24	LV
1938 März 02	05 40	NM
1938 März 09	08 35	EV
1938 März 16	05 15	VM
1938 März 24	01 06	LV
1938 März 31	18 52	NM
1938 April 07	15 10	EV
1938 April 14	18 21	VM
1938 April 22	20 14	LV
1938 April 30	05 28	NM
1938 Mai 06	21 24	EV
1938 Mai 14	08 39	VM
1938 Mai 22	12 36	LV
1938 Mai 29	13 59	NM
1938 Juni 05	04 32	EV
1938 Juni 12	23 47	VM
1938 Juni 21	01 52	LV
1938 Juni 27	21 10	NM
1938 Juli 04	13 47	EV
1938 Juli 12	15 04	VM
1938 Juli 20	12 19	LV
1938 Juli 27	03 53	NM
1938 Aug 03	02 00	EV
1938 Aug 11	05 57	VM
1938 Aug 18	20 30	LV
1938 Aug 25	11 17	NM
1938 Sep 01	17 28	EV
1938 Sep 09	20 08	VM
1938 Sep 17	03 12	LV
1938 Sep 23	20 34	NM
1938 Okt 01	11 45	EV
1938 Okt 09	09 37	VM
1938 Okt 16	09 24	LV
1938 Okt 23	08 42	NM
1938 Okt 31	07 45	EV
1938 Nov 07	22 23	VM
1938 Nov 14	16 20	LV
1938 Nov 22	00 05	NM
1938 Nov 30	03 59	EV
1938 Dez 07	10 22	VM
1938 Dez 14	01 17	LV
1938 Dez 21	18 07	NM
1938 Dez 29	22 53	EV
1939 Jan 05	21 30	VM
1939 Jan 12	13 10	LV
1939 Jan 20	13 26	NM
1939 Jan 28	15 00	EV
1939 Feb 04	07 54	VM
1939 Feb 11	04 12	LV
1939 Feb 19	08 28	NM
1939 Feb 27	03 26	EV
1939 März 05	18 00	VM
1939 März 12	21 37	LV
1939 März 21	01 49	NM
1939 März 28	12 16	EV
1939 April 04	04 18	VM
1939 April 11	16 11	LV
1939 April 19	16 35	NM
1939 April 26	18 25	EV
1939 Mai 03	15 15	VM
1939 Mai 11	10 40	LV

1939 Mai 19	04 25	NM
1939 Mai 25	23 20	EV
1939 Juni 02	03 11	VM
1939 Juni 10	04 07	LV
1939 Juni 17	13 37	NM
1939 Juni 24	04 35	EV
1939 Juli 01	16 16	VM
1939 Juli 09	19 49	LV
1939 Juli 16	21 03	NM
1939 Juli 23	11 34	EV
1939 Juli 31	06 37	VM
1939 Aug 08	09 18	LV
1939 Aug 15	03 53	NM
1939 Aug 21	21 20	EV
1939 Aug 29	22 09	VM
1939 Sep 06	20 24	LV
1939 Sep 13	11 22	NM
1939 Sep 20	10 34	EV
1939 Sep 28	14 27	VM
1939 Okt 06	05 27	LV
1939 Okt 12	20 30	NM
1939 Okt 20	03 24	EV
1939 Okt 28	06 42	VM
1939 Nov 04	13 12	LV
1939 Nov 11	07 54	NM
1939 Nov 18	23 21	EV
1939 Nov 26	21 54	VM
1939 Dez 03	20 40	LV
1939 Dez 10	21 45	NM
1939 Dez 18	21 04	EV
1939 Dez 26	11 28	VM
1940 Jan 02	04 56	LV
1940 Jan 09	13 53	NM
1940 Jan 17	18 21	EV
1940 Jan 24	23 22	VM
1940 Jan 31	14 47	LV
1940 Feb 08	07 45	NM
1940 Feb 16	12 55	EV
1940 Feb 23	09 55	VM
1940 März 01	02 35	LV
1940 März 09	02 23	NM
1940 März 17	03 25	EV
1940 März 23	19 33	VM
1940 März 30	16 20	LV
1940 April 07	20 18	NM
1940 April 15	13 45	EV
1940 April 22	04 37	VM
1940 April 29	07 49	LV
1940 Mai 07	12 07	NM
1940 Mai 14	20 51	EV
1940 Mai 21	13 33	VM
1940 Mai 29	00 40	LV
1940 Juni 06	01 05	NM
1940 Juni 13	01 59	EV
1940 Juni 19	23 02	VM
1940 Juni 27	18 13	LV
1940 Juli 05	11 28	NM
1940 Juli 12	06 35	EV
1940 Juli 19	09 55	VM
1940 Juli 27	11 29	LV
1940 Aug 03	20 09	NM
1940 Aug 10	12 00	EV
1940 Aug 17	23 02	VM
1940 Aug 26	03 33	LV
1940 Sep 02	04 15	NM
1940 Sep 08	19 32	EV
1940 Sep 16	14 41	VM
1940 Sep 24	17 47	LV
1940 Okt 01	12 41	NM
1940 Okt 08	06 18	EV
1940 Okt 16	08 15	VM
1940 Okt 24	06 04	LV
1940 Okt 30	22 03	NM
1940 Nov 06	21 08	EV
1940 Nov 15	02 23	VM
1940 Nov 22	16 36	LV
1940 Nov 29	08 42	NM
1940 Dez 06	16 01	EV
1940 Dez 14	19 38	VM
1940 Dez 22	01 45	LV
1940 Dez 28	20 56	NM
1941 Jan 05	13 40	EV
1941 Jan 13	11 04	VM
1941 Jan 20	10 01	LV
1941 Jan 27	11 03	NM
1941 Feb 04	11 42	EV
1941 Feb 12	00 26	VM
1941 Feb 18	18 07	LV
1941 Feb 26	03 02	NM
1941 März 06	07 42	EV
1941 März 13	11 47	VM
1941 März 20	02 51	LV
1941 März 27	20 14	NM
1941 April 05	00 12	EV
1941 April 11	21 15	VM
1941 April 18	13 03	LV
1941 April 26	13 23	NM
1941 Mai 04	12 48	EV
1941 Mai 11	05 15	VM
1941 Mai 18	01 17	LV
1941 Mai 26	05 18	NM
1941 Juni 02	21 56	EV
1941 Juni 09	12 34	VM
1941 Juni 16	15 45	LV
1941 Juni 24	19 22	NM
1941 Juli 02	04 24	EV
1941 Juli 08	20 17	VM
1941 Juli 16	08 07	LV
1941 Juli 24	07 39	NM
1941 Juli 31	09 19	EV
1941 Aug 07	05 38	VM
1941 Aug 15	01 40	LV
1941 Aug 22	18 34	NM
1941 Aug 29	14 04	EV
1941 Sep 05	17 36	VM
1941 Sep 13	19 31	LV
1941 Sep 21	04 38	NM
1941 Sep 27	20 09	EV
1941 Okt 05	08 32	VM
1941 Okt 13	12 52	LV
1941 Okt 20	14 20	NM
1941 Okt 27	05 04	EV
1941 Nov 04	02 00	VM
1941 Nov 12	04 53	LV
1941 Nov 19	00 03	NM
1941 Nov 25	17 52	EV
1941 Dez 03	20 51	VM
1941 Dez 11	18 48	LV
1941 Dez 18	10 18	NM
1941 Dez 25	10 43	EV
1942 Jan 02	15 42	VM
1942 Jan 10	06 05	LV
1942 Jan 16	21 32	NM
1942 Jan 24	06 36	EV
1942 Feb 01	09 12	VM
1942 Feb 08	14 52	LV
1942 Feb 15	10 02	NM
1942 Feb 23	03 40	EV
1942 März 03	00 20	VM
1942 März 09	22 00	LV
1942 März 16	23 50	NM
1942 März 25	00 01	EV
1942 April 01	12 32	VM
1942 April 08	04 43	LV
1942 April 15	14 33	NM
1942 April 23	18 10	EV
1942 April 30	21 59	VM
1942 Mai 07	12 13	LV
1942 Mai 15	05 45	NM
1942 Mai 23	09 11	EV
1942 Mai 30	05 29	VM
1942 Juni 05	21 26	LV
1942 Juni 13	21 02	NM
1942 Juni 21	20 44	EV
1942 Juni 28	12 09	VM
1942 Juli 05	08 58	LV
1942 Juli 13	12 03	NM
1942 Juli 21	05 13	EV
1942 Juli 27	19 14	VM
1942 Aug 03	23 04	LV
1942 Aug 12	02 28	NM
1942 Aug 19	11 30	EV
1942 Aug 26	03 46	VM
1942 Sep 02	15 42	LV
1942 Sep 10	15 53	NM
1942 Sep 17	16 57	EV
1942 Sep 24	14 34	VM
1942 Okt 02	10 27	LV
1942 Okt 10	04 06	NM
1942 Okt 16	22 58	EV
1942 Okt 24	04 05	VM
1942 Nov 01	06 18	LV
1942 Nov 08	15 19	NM
1942 Nov 15	06 57	EV
1942 Nov 22	20 24	VM
1942 Dez 01	01 37	LV
1942 Dez 08	01 59	NM
1942 Dez 14	17 47	EV
1942 Dez 22	15 03	VM
1942 Dez 30	18 37	LV
1943 Jan 06	12 37	NM
1943 Jan 13	07 49	EV
1943 Jan 21	10 48	VM
1943 Jan 29	08 13	LV
1943 Feb 04	23 29	NM
1943 Feb 12	00 40	EV
1943 Feb 20	05 45	VM
1943 Feb 27	18 22	LV
1943 März 06	10 34	NM
1943 März 13	19 30	EV
1943 März 21	22 08	VM
1943 März 29	01 52	LV
1943 April 04	21 53	NM
1943 April 12	15 04	EV
1943 April 20	11 11	VM
1943 April 27	07 51	LV
1943 Mai 04	09 43	NM
1943 Mai 12	09 52	EV
1943 Mai 19	21 13	VM
1943 Mai 26	13 34	LV
1943 Juni 02	22 33	NM
1943 Juni 11	02 35	EV
1943 Juni 18	05 14	VM
1943 Juni 24	20 08	LV
1943 Juli 02	12 44	NM
1943 Juli 10	16 29	EV
1943 Juli 17	12 21	VM
1943 Juli 24	04 38	LV
1943 Aug 01	04 06	NM
1943 Aug 09	03 36	EV
1943 Aug 15	19 34	VM
1943 Aug 22	16 04	LV
1943 Aug 30	19 59	NM
1943 Sep 07	12 33	EV
1943 Sep 14	03 40	VM
1943 Sep 21	07 06	LV
1943 Sep 29	11 29	NM
1943 Okt 06	20 10	EV
1943 Okt 13	13 23	VM
1943 Okt 21	01 42	LV
1943 Okt 29	01 59	NM
1943 Nov 05	03 22	EV
1943 Nov 12	01 27	VM
1943 Nov 19	22 43	LV
1943 Nov 27	15 23	NM
1943 Dez 04	11 03	EV
1943 Dez 11	16 24	VM
1943 Dez 19	20 03	LV
1943 Dez 27	03 50	NM
1944 Jan 02	20 04	EV
1944 Jan 10	10 09	VM
1944 Jan 18	15 32	LV
1944 Jan 25	15 24	NM
1944 Feb 01	07 08	EV
1944 Feb 09	05 29	VM
1944 Feb 17	07 42	LV
1944 Feb 24	01 59	NM
1944 März 01	20 40	EV
1944 März 10	00 28	VM
1944 März 17	20 05	LV
1944 März 24	11 36	NM
1944 März 31	12 34	EV
1944 April 08	17 22	VM
1944 April 16	04 59	LV
1944 April 22	20 43	NM
1944 April 30	06 06	EV
1944 Mai 08	07 28	VM
1944 Mai 15	11 12	LV
1944 Mai 22	06 12	NM
1944 Mai 30	00 06	EV
1944 Juni 06	18 58	VM
1944 Juni 13	15 56	LV
1944 Juni 20	17 00	NM
1944 Juni 28	17 27	EV
1944 Juli 06	04 27	VM
1944 Juli 12	20 39	LV
1944 Juli 20	05 42	NM
1944 Juli 28	09 23	EV
1944 Aug 04	12 39	VM
1944 Aug 11	02 52	LV
1944 Aug 18	20 25	NM
1944 Aug 26	23 39	EV
1944 Sep 02	20 21	VM
1944 Sep 09	12 03	LV
1944 Sep 17	12 37	NM
1944 Sep 25	12 07	EV
1944 Okt 02	04 21	VM
1944 Okt 09	01 12	LV
1944 Okt 17	05 35	NM
1944 Okt 24	22 48	EV
1944 Okt 31	13 35	VM
1944 Nov 07	18 29	LV
1944 Nov 15	22 29	NM
1944 Nov 23	07 53	EV
1944 Nov 30	00 52	VM
1944 Dez 07	14 57	LV
1944 Dez 15	14 35	NM
1944 Dez 22	15 54	EV
1944 Dez 29	14 38	VM
1945 Jan 06	12 47	LV
1945 Jan 14	05 07	NM
1945 Jan 20	23 48	EV
1945 Jan 28	06 41	VM
1945 Feb 05	09 55	LV
1945 Feb 12	17 33	NM
1945 Feb 19	08 38	EV
1945 Feb 27	00 07	VM
1945 März 07	04 30	LV
1945 März 14	03 51	NM
1945 März 20	19 11	EV
1945 März 28	17 44	VM
1945 April 05	19 18	LV
1945 April 12	12 29	NM
1945 April 19	07 46	EV
1945 April 27	10 33	VM
1945 Mai 05	06 02	LV
1945 Mai 11	20 21	NM
1945 Mai 18	22 12	EV
1945 Mai 27	01 49	VM
1945 Juni 03	13 15	LV
1945 Juni 10	04 26	NM
1945 Juni 17	14 05	EV
1945 Juni 25	15 08	VM
1945 Juli 02	18 13	LV
1945 Juli 09	13 35	NM
1945 Juli 17	07 01	EV
1945 Juli 25	02 25	VM
1945 Juli 31	22 30	LV
1945 Aug 08	00 32	NM
1945 Aug 16	00 27	EV
1945 Aug 23	12 03	VM
1945 Aug 30	03 44	LV
1945 Sep 06	13 44	NM
1945 Sep 14	17 38	EV
1945 Sep 21	20 46	VM
1945 Sep 28	11 24	LV
1945 Okt 06	05 22	NM
1945 Okt 14	09 38	EV
1945 Okt 21	05 32	VM
1945 Okt 27	22 30	LV
1945 Nov 04	23 11	NM
1945 Nov 12	23 34	EV
1945 Nov 19	15 13	VM
1945 Nov 26	13 28	LV
1945 Dez 04	18 07	NM
1945 Dez 12	11 05	EV
1945 Dez 19	02 17	VM
1945 Dez 26	08 00	LV
1946 Jan 03	12 30	NM
1946 Jan 10	20 27	EV
1946 Jan 17	14 47	VM
1946 Jan 25	05 00	LV
1946 Feb 02	04 43	NM
1946 Feb 09	04 28	EV
1946 Feb 16	04 28	VM
1946 Feb 24	02 36	LV
1946 März 03	18 01	NM
1946 März 10	12 03	EV
1946 März 17	19 11	VM
1946 März 25	22 37	LV
1946 April 02	04 37	NM
1946 April 08	20 04	EV
1946 April 16	10 47	VM
1946 April 24	15 18	LV
1946 Mai 01	13 16	NM
1946 Mai 08	05 13	EV
1946 Mai 16	02 52	VM
1946 Mai 24	04 02	LV
1946 Mai 30	20 49	NM
1946 Juni 06	16 06	EV
1946 Juni 14	18 42	VM
1946 Juni 22	13 12	LV
1946 Juni 29	04 06	NM
1946 Juli 06	05 15	EV
1946 Juli 14	09 23	VM
1946 Juli 21	19 52	LV
1946 Juli 28	11 54	NM
1946 Aug 04	20 55	EV
1946 Aug 12	22 26	VM
1946 Aug 20	01 17	LV
1946 Aug 26	21 07	NM
1946 Sep 03	14 49	EV
1946 Sep 11	09 59	VM
1946 Sep 18	06 44	LV
1946 Sep 25	08 45	NM
1946 Okt 03	09 53	EV
1946 Okt 10	20 40	VM
1946 Okt 17	13 28	LV
1946 Okt 24	23 32	NM
1946 Nov 02	04 40	EV
1946 Nov 09	07 10	VM
1946 Nov 15	22 35	LV
1946 Nov 23	17 24	NM
1946 Dez 01	21 48	EV
1946 Dez 08	17 52	VM
1946 Dez 15	10 57	LV
1946 Dez 23	13 06	NM
1946 Dez 31	12 23	EV
1947 Jan 07	04 47	VM
1947 Jan 14	02 56	LV
1947 Jan 22	08 34	NM
1947 Jan 30	00 07	EV
1947 Feb 05	15 50	VM
1947 Feb 12	21 58	LV
1947 Feb 21	02 00	NM
1947 Feb 28	09 12	EV
1947 März 07	03 15	VM
1947 März 14	18 28	LV
1947 März 22	16 34	NM
1947 März 29	16 15	EV
1947 April 05	15 28	VM
1947 April 13	14 23	LV
1947 April 21	04 19	NM
1947 April 27	22 18	EV
1947 Mai 05	04 53	VM
1947 Mai 13	08 08	LV
1947 Mai 20	13 44	NM
1947 Mai 27	04 36	EV
1947 Juni 03	19 27	VM
1947 Juni 11	22 58	LV
1947 Juni 18	21 26	NM
1947 Juni 25	12 25	EV
1947 Juli 03	10 39	VM
1947 Juli 11	10 54	LV
1947 Juli 18	04 15	NM
1947 Juli 24	22 54	EV
1947 Aug 02	01 50	VM
1947 Aug 09	20 22	LV
1947 Aug 16	11 12	NM
1947 Aug 23	12 40	EV
1947 Aug 31	16 34	VM
1947 Sep 08	03 57	LV
1947 Sep 14	19 28	NM
1947 Sep 22	05 42	EV
1947 Sep 30	06 41	VM
1947 Okt 07	10 29	LV
1947 Okt 14	06 10	NM
1947 Okt 22	01 11	EV
1947 Okt 29	20 07	VM
1947 Nov 05	17 03	LV
1947 Nov 12	20 01	NM
1947 Nov 20	21 44	EV
1947 Nov 28	08 45	VM
1947 Dez 05	00 55	LV
1947 Dez 12	12 53	NM
1947 Dez 20	17 44	EV
1947 Dez 27	20 27	VM
1948 Jan 03	11 13	LV
1948 Jan 11	07 45	NM
1948 Jan 19	11 32	EV
1948 Jan 26	07 11	VM
1948 Feb 02	00 31	LV
1948 Feb 10	03 02	NM
1948 Feb 18	01 55	EV
1948 Feb 24	17 16	VM
1948 März 02	16 35	LV
1948 März 10	21 15	NM
1948 März 18	12 27	EV
1948 März 25	03 10	VM
1948 April 01	10 25	LV
1948 April 09	13 17	NM
1948 April 16	19 42	EV
1948 April 23	13 28	VM
1948 Mai 01	04 48	LV
1948 Mai 09	02 30	NM
1948 Mai 16	00 55	EV
1948 Mai 23	00 37	VM
1948 Mai 30	22 43	LV
1948 Juni 07	12 55	NM
1948 Juni 14	05 40	EV
1948 Juni 21	12 54	VM
1948 Juni 29	15 23	LV
1948 Juli 06	21 09	NM
1948 Juli 13	11 30	EV
1948 Juli 21	02 31	VM
1948 Juli 29	06 11	LV
1948 Aug 05	04 13	NM
1948 Aug 11	19 40	EV
1948 Aug 19	17 32	VM
1948 Aug 27	18 46	LV
1948 Sep 03	11 21	NM
1948 Sep 10	07 05	EV
1948 Sep 18	09 43	VM
1948 Sep 26	05 07	LV
1948 Okt 02	19 42	NM
1948 Okt 09	22 10	EV
1948 Okt 18	02 23	VM
1948 Okt 25	13 41	LV
1948 Nov 01	06 03	NM
1948 Nov 08	16 46	EV
1948 Nov 16	18 31	VM
1948 Nov 23	21 22	LV
1948 Nov 30	18 44	NM
1948 Dez 08	13 57	EV
1948 Dez 16	09 11	VM
1948 Dez 23	05 12	LV
1948 Dez 30	09 45	NM
1949 Jan 07	11 51	EV
1949 Jan 14	21 59	VM
1949 Jan 21	14 07	LV
1949 Jan 29	02 42	NM
1949 Feb 06	08 05	EV
1949 Feb 13	09 08	VM
1949 Feb 20	00 43	LV
1949 Feb 27	20 55	NM
1949 März 08	00 42	EV
1949 März 14	19 03	VM
1949 März 21	13 10	LV
1949 März 29	15 11	NM
1949 April 06	13 01	EV
1949 April 13	04 08	VM
1949 April 20	03 27	LV
1949 April 28	08 02	NM
1949 Mai 05	21 33	EV
1949 Mai 12	12 51	VM
1949 Mai 19	19 22	LV
1949 Mai 27	22 24	NM
1949 Juni 04	03 27	EV
1949 Juni 10	21 45	VM
1949 Juni 18	12 29	LV
1949 Juni 26	10 02	NM
1949 Juli 03	08 08	EV
1949 Juli 10	07 41	VM
1949 Juli 18	06 02	LV
1949 Juli 25	19 33	NM
1949 Aug 01	12 57	EV
1949 Aug 08	19 33	VM
1949 Aug 16	22 59	LV
1949 Aug 24	03 59	NM
1949 Aug 30	19 16	EV
1949 Sep 07	09 59	VM
1949 Sep 15	14 29	LV
1949 Sep 22	12 21	NM

Mondtabellen

1949 Sep 29	04 18	EV
1949 Okt 07	02 53	VM
1949 Okt 15	04 06	LV
1949 Okt 21	21 23	NM
1949 Okt 28	17 04	EV
1949 Nov 05	21 09	VM
1949 Nov 13	15 48	LV
1949 Nov 20	07 29	NM
1949 Nov 27	10 01	EV
1949 Dez 05	15 13	VM
1949 Dez 13	01 48	LV
1949 Dez 19	18 56	NM
1949 Dez 27	06 31	EV
1950 Jan 04	07 48	VM
1950 Jan 11	10 31	LV
1950 Jan 18	08 00	NM
1950 Jan 26	04 39	EV
1950 Feb 02	22 16	VM
1950 Feb 09	18 32	LV
1950 Feb 16	22 53	NM
1950 Feb 25	01 52	EV
1950 März 04	10 34	VM
1950 März 11	02 38	LV
1950 März 18	15 20	NM
1950 März 26	20 10	EV
1950 April 02	20 49	VM
1950 April 09	11 42	LV
1950 April 17	08 25	NM
1950 April 25	10 40	EV
1950 Mai 02	05 19	VM
1950 Mai 08	22 32	LV
1950 Mai 17	00 54	NM
1950 Mai 24	21 28	EV
1950 Mai 31	12 43	VM
1950 Juni 07	11 35	LV
1950 Juni 15	15 53	NM
1950 Juni 23	05 13	EV
1950 Juni 29	19 58	VM
1950 Juli 07	02 53	LV
1950 Juli 15	05 05	NM
1950 Juli 22	10 50	EV
1950 Juli 29	04 18	VM
1950 Aug 05	19 56	LV
1950 Aug 13	16 48	NM
1950 Aug 20	15 35	EV
1950 Aug 27	14 51	VM
1950 Sep 04	13 53	LV
1950 Sep 12	03 29	NM
1950 Sep 18	20 54	EV
1950 Sep 26	04 21	VM
1950 Okt 04	07 53	LV
1950 Okt 11	13 34	NM
1950 Okt 18	04 18	EV
1950 Okt 25	20 46	VM
1950 Nov 03	01 00	LV
1950 Nov 09	23 25	NM
1950 Nov 16	15 06	EV
1950 Nov 24	15 14	VM
1950 Dez 02	16 22	LV
1950 Dez 09	09 28	NM
1950 Dez 16	05 56	EV
1950 Dez 24	10 23	VM
1951 Jan 01	05 11	LV
1951 Jan 07	20 10	NM
1951 Jan 15	00 23	EV
1951 Jan 23	04 47	VM
1951 Jan 30	15 14	LV
1951 Feb 06	07 54	NM
1951 Feb 13	20 55	EV
1951 Feb 21	21 12	VM
1951 Feb 28	22 59	LV
1951 März 07	20 51	NM
1951 März 15	17 40	EV
1951 März 23	10 50	VM
1951 März 30	05 35	LV
1951 April 06	10 52	NM
1951 April 14	12 56	EV
1951 April 21	21 30	VM
1951 April 28	12 18	LV
1951 Mai 06	01 36	NM
1951 Mai 14	05 32	EV
1951 Mai 21	05 45	VM
1951 Mai 27	20 17	LV
1951 Juni 04	16 40	NM
1951 Juni 12	18 52	EV
1951 Juni 19	12 36	VM
1951 Juni 26	06 21	LV
1951 Juli 04	07 48	NM
1951 Juli 12	04 56	EV
1951 Juli 18	19 17	VM
1951 Juli 25	18 59	LV
1951 Aug 02	22 39	NM
1951 Aug 10	12 22	EV
1951 Aug 17	02 59	VM
1951 Aug 24	10 20	LV
1951 Sep 01	12 50	NM
1951 Sep 08	18 16	EV
1951 Sep 15	12 38	VM
1951 Sep 23	04 13	LV
1951 Okt 01	01 57	NM
1951 Okt 08	00 00	EV
1951 Okt 15	00 51	VM
1951 Okt 22	23 55	LV
1951 Okt 30	13 55	NM
1951 Nov 06	06 59	EV
1951 Nov 13	15 52	VM
1951 Nov 21	20 01	LV
1951 Nov 29	01 00	NM
1951 Dez 05	16 20	EV
1951 Dez 13	09 30	VM
1951 Dez 21	14 37	LV
1951 Dez 28	11 43	NM
1952 Jan 04	04 42	EV
1952 Jan 12	04 55	VM
1952 Jan 20	06 09	LV
1952 Jan 26	22 26	NM
1952 Feb 02	20 01	EV
1952 Feb 11	00 28	VM
1952 Feb 18	18 01	LV
1952 Feb 25	09 16	NM
1952 März 03	13 43	EV
1952 März 11	18 14	VM
1952 März 19	02 40	LV
1952 März 25	20 13	NM
1952 April 02	08 48	EV
1952 April 10	08 53	VM
1952 April 17	09 07	LV
1952 April 24	07 27	NM
1952 Mai 02	03 58	EV
1952 Mai 09	20 16	VM
1952 Mai 16	14 39	LV
1952 Mai 23	19 28	NM
1952 Mai 31	21 46	EV
1952 Juni 08	05 07	VM
1952 Juni 14	20 28	LV
1952 Juni 22	08 45	NM
1952 Juni 30	13 11	EV
1952 Juli 07	12 33	VM
1952 Juli 14	03 42	LV
1952 Juli 21	23 31	NM
1952 Juli 30	01 51	EV
1952 Aug 05	19 40	VM
1952 Aug 12	13 27	LV
1952 Aug 20	15 20	NM
1952 Aug 28	12 03	EV
1952 Sep 04	03 19	VM
1952 Sep 11	02 36	LV
1952 Sep 19	07 22	NM
1952 Sep 26	20 31	EV
1952 Okt 03	12 15	VM
1952 Okt 10	19 33	LV
1952 Okt 18	22 42	NM
1952 Okt 26	04 04	EV
1952 Nov 01	23 10	VM
1952 Nov 09	15 43	LV
1952 Nov 17	12 56	NM
1952 Nov 24	11 34	EV
1952 Dez 01	12 41	VM
1952 Dez 09	13 22	LV
1952 Dez 17	02 02	NM
1952 Dez 23	19 52	EV
1952 Dez 31	05 06	VM
1953 Jan 08	10 09	LV
1953 Jan 15	14 08	NM
1953 Jan 22	05 43	EV
1953 Jan 29	23 44	VM
1953 Feb 07	04 09	LV
1953 Feb 14	01 10	NM
1953 Feb 20	17 44	EV
1953 Feb 28	18 59	VM
1953 März 08	18 26	LV
1953 März 15	11 05	NM
1953 März 22	08 11	EV
1953 März 30	12 55	VM
1953 April 07	04 58	LV
1953 April 13	20 09	NM
1953 April 21	00 40	EV
1953 April 29	04 20	VM
1953 Mai 06	12 21	LV
1953 Mai 13	05 06	NM
1953 Mai 20	18 20	EV
1953 Mai 28	17 03	VM
1953 Juni 04	17 35	LV
1953 Juni 11	14 55	NM
1953 Juni 19	12 01	EV
1953 Juni 27	03 29	VM
1953 Juli 03	22 03	LV
1953 Juli 11	02 28	NM
1953 Juli 19	04 47	EV
1953 Juli 26	12 21	VM
1953 Aug 02	03 16	LV
1953 Aug 09	16 10	NM
1953 Aug 17	20 08	EV
1953 Aug 24	20 21	VM
1953 Aug 31	10 46	LV
1953 Sep 08	07 48	NM
1953 Sep 16	09 49	EV
1953 Sep 23	04 15	VM
1953 Sep 29	21 51	LV
1953 Okt 08	00 40	NM
1953 Okt 15	21 44	EV
1953 Okt 22	12 56	VM
1953 Okt 29	13 09	LV
1953 Nov 06	17 58	NM
1953 Nov 14	07 52	EV
1953 Nov 20	23 12	VM
1953 Nov 28	08 16	LV
1953 Dez 06	10 48	NM
1953 Dez 13	16 30	EV
1953 Dez 20	11 43	VM
1953 Dez 28	05 43	LV
1954 Jan 05	02 21	NM
1954 Jan 12	00 22	EV
1954 Jan 19	02 37	VM
1954 Jan 27	03 28	LV
1954 Feb 03	15 55	NM
1954 Feb 10	08 29	EV
1954 Feb 17	19 17	VM
1954 Feb 25	23 29	LV
1954 März 05	03 11	NM
1954 März 11	17 52	EV
1954 März 19	12 42	VM
1954 März 27	16 14	LV
1954 April 03	12 25	NM
1954 April 10	05 05	EV
1954 April 18	05 48	VM
1954 April 26	04 57	LV
1954 Mai 02	20 22	NM
1954 Mai 09	18 17	EV
1954 Mai 17	21 47	VM
1954 Mai 25	13 49	LV
1954 Juni 01	04 03	NM
1954 Juni 08	09 14	EV
1954 Juni 16	12 06	VM
1954 Juni 23	19 46	LV
1954 Juni 30	12 26	NM
1954 Juli 08	01 33	EV
1954 Juli 16	00 29	VM
1954 Juli 23	00 14	LV
1954 Juli 29	22 20	NM
1954 Aug 06	18 51	EV
1954 Aug 14	11 03	VM
1954 Aug 21	04 51	LV
1954 Aug 28	10 21	NM
1954 Sep 05	12 28	EV
1954 Sep 12	20 19	VM
1954 Sep 19	11 11	LV
1954 Sep 27	00 50	NM
1954 Okt 05	05 31	EV
1954 Okt 12	05 10	VM
1954 Okt 18	20 30	LV
1954 Okt 26	17 47	NM
1954 Nov 03	20 55	EV
1954 Nov 10	14 29	VM
1954 Nov 17	09 33	LV
1954 Nov 25	12 30	NM
1954 Dez 03	09 56	EV
1954 Dez 10	00 56	VM
1954 Dez 17	02 21	LV
1954 Dez 25	07 33	NM
1955 Jan 01	20 29	EV
1955 Jan 08	12 44	VM
1955 Jan 15	22 14	LV
1955 Jan 24	01 07	NM
1955 Jan 31	05 05	EV
1955 Feb 07	01 43	VM
1955 Feb 14	19 40	LV
1955 Feb 22	15 54	NM
1955 März 01	12 40	EV
1955 März 08	15 41	VM
1955 März 16	16 36	LV
1955 März 24	03 42	NM
1955 März 30	20 10	EV
1955 April 07	06 35	VM
1955 April 15	11 01	LV
1955 April 22	13 06	NM
1955 April 29	04 23	EV
1955 Mai 06	22 14	VM
1955 Mai 15	01 42	LV
1955 Mai 21	20 58	NM
1955 Mai 28	14 01	EV
1955 Juni 05	14 08	VM
1955 Juni 13	12 37	LV
1955 Juni 20	04 12	NM
1955 Juni 27	01 44	EV
1955 Juli 05	05 29	VM
1955 Juli 12	20 31	LV
1955 Juli 19	11 34	NM
1955 Juli 26	16 00	EV
1955 Aug 03	19 30	VM
1955 Aug 11	02 33	LV
1955 Aug 17	19 58	NM
1955 Aug 25	08 52	EV
1955 Sep 02	07 59	VM
1955 Sep 09	07 59	LV
1955 Sep 16	06 19	NM
1955 Sep 24	03 41	EV
1955 Okt 01	19 17	VM
1955 Okt 08	14 04	LV
1955 Okt 15	19 32	NM
1955 Okt 23	23 05	EV
1955 Okt 31	06 04	VM
1955 Nov 06	21 56	LV
1955 Nov 14	12 01	NM
1955 Nov 22	17 29	EV
1955 Nov 29	16 50	VM
1955 Dez 06	08 35	LV
1955 Dez 14	07 07	NM
1955 Dez 22	09 39	EV
1955 Dez 29	03 44	VM
1956 Jan 04	22 41	LV
1956 Jan 13	03 01	NM
1956 Jan 20	22 58	EV
1956 Jan 27	14 40	VM
1956 Feb 03	16 08	LV
1956 Feb 11	21 38	NM
1956 Feb 19	09 21	EV
1956 Feb 26	01 42	VM
1956 März 04	11 53	LV
1956 März 12	13 37	NM
1956 März 19	17 14	EV
1956 März 26	13 11	VM
1956 April 03	08 06	LV
1956 April 11	02 39	NM
1956 April 17	23 28	EV
1956 April 25	01 41	VM
1956 Mai 03	02 55	LV
1956 Mai 10	13 04	NM
1956 Mai 17	05 15	EV
1956 Mai 24	15 26	VM
1956 Juni 01	19 13	LV
1956 Juni 08	21 29	NM
1956 Juni 15	11 56	EV
1956 Juni 23	06 13	VM
1956 Juli 01	08 41	LV
1956 Juli 08	04 37	NM
1956 Juli 14	20 47	EV
1956 Juli 22	21 29	VM
1956 Juli 30	19 31	LV
1956 Aug 06	11 25	NM
1956 Aug 13	08 45	EV
1956 Aug 21	12 38	VM
1956 Aug 29	04 13	LV
1956 Sep 04	18 57	NM
1956 Sep 12	00 13	EV
1956 Sep 20	03 19	VM
1956 Sep 27	11 25	LV
1956 Okt 04	04 25	NM
1956 Okt 11	18 44	EV
1956 Okt 19	17 25	VM
1956 Okt 26	18 02	LV
1956 Nov 02	16 44	NM
1956 Nov 10	15 09	EV
1956 Nov 18	06 45	VM
1956 Nov 25	01 13	LV
1956 Dez 02	08 12	NM
1956 Dez 10	11 51	EV
1956 Dez 17	19 06	VM
1956 Dez 24	10 10	LV
1957 Jan 01	02 14	NM
1957 Jan 09	07 06	EV
1957 Jan 16	06 21	VM
1957 Jan 22	21 48	LV
1957 Jan 30	21 25	NM
1957 Feb 07	23 23	EV
1957 Feb 14	16 38	VM
1957 Feb 21	12 19	LV
1957 März 01	16 12	NM
1957 März 09	11 50	EV
1957 März 16	02 22	VM
1957 März 23	05 04	LV
1957 März 31	09 19	NM
1957 April 07	20 33	EV
1957 April 14	12 09	VM
1957 April 21	23 00	LV
1957 April 29	23 54	NM
1957 Mai 07	02 29	EV
1957 Mai 13	22 34	VM
1957 Mai 21	17 03	LV
1957 Mai 29	11 39	NM
1957 Juni 05	07 10	EV
1957 Juni 12	10 02	VM
1957 Juni 20	10 22	LV
1957 Juni 27	20 53	NM
1957 Juli 04	12 09	EV
1957 Juli 11	22 50	VM
1957 Juli 20	02 17	LV
1957 Juli 27	04 28	NM
1957 Aug 02	18 55	EV
1957 Aug 10	13 08	VM
1957 Aug 18	16 16	LV
1957 Aug 25	11 32	NM
1957 Sep 01	04 35	EV
1957 Sep 09	04 55	VM
1957 Sep 17	04 02	LV
1957 Sep 23	19 18	NM
1957 Sep 30	17 49	EV
1957 Okt 08	21 42	VM
1957 Okt 16	13 44	LV
1957 Okt 23	04 43	NM
1957 Okt 30	10 48	EV
1957 Nov 07	14 32	VM
1957 Nov 14	21 59	LV
1957 Nov 21	16 19	NM
1957 Nov 29	06 58	EV
1957 Dez 07	06 16	VM
1957 Dez 14	05 45	LV
1957 Dez 21	06 12	NM
1957 Dez 29	04 52	EV
1958 Jan 05	20 09	VM
1958 Jan 12	14 01	LV
1958 Jan 19	22 08	NM
1958 Jan 28	02 16	EV
1958 Feb 04	08 05	VM
1958 Feb 10	23 34	LV
1958 Feb 18	15 38	NM
1958 Feb 26	20 52	EV
1958 März 05	18 28	VM
1958 März 12	10 48	LV
1958 März 20	09 50	NM
1958 März 28	11 19	EV
1958 April 04	03 45	VM
1958 April 10	23 50	LV
1958 April 19	03 23	NM
1958 April 26	21 36	EV
1958 Mai 03	12 23	VM
1958 Mai 10	14 38	LV
1958 Mai 18	19 00	NM
1958 Mai 26	04 38	EV
1958 Juni 01	20 55	VM
1958 Juni 09	06 59	LV
1958 Juni 17	07 59	NM
1958 Juni 24	09 45	EV
1958 Juli 01	06 04	VM
1958 Juli 09	00 21	LV
1958 Juli 16	18 33	NM
1958 Juli 23	14 19	EV
1958 Juli 30	16 47	VM
1958 Aug 07	17 49	LV
1958 Aug 15	03 33	NM
1958 Aug 21	19 45	EV
1958 Aug 29	05 53	VM
1958 Sep 06	10 24	LV
1958 Sep 13	12 02	NM
1958 Sep 20	03 17	EV
1958 Sep 27	21 44	VM
1958 Okt 06	01 20	LV
1958 Okt 12	20 52	NM
1958 Okt 19	14 07	EV
1958 Okt 27	15 41	VM
1958 Nov 04	14 19	LV
1958 Nov 11	06 34	NM
1958 Nov 18	04 59	EV
1958 Nov 26	10 17	VM
1958 Dez 04	01 24	LV
1958 Dez 10	17 23	NM
1958 Dez 17	23 52	EV
1958 Dez 26	03 54	VM
1959 Jan 02	10 50	LV
1959 Jan 09	05 34	NM
1959 Jan 16	21 27	EV
1959 Jan 24	19 32	VM
1959 Jan 31	19 06	LV
1959 Feb 07	19 22	NM
1959 Feb 15	19 20	EV
1959 Feb 23	08 54	VM
1959 März 02	02 54	LV
1959 März 09	10 51	NM
1959 März 17	15 10	EV
1959 März 24	20 02	VM
1959 März 31	11 06	LV
1959 April 08	03 29	NM
1959 April 16	07 33	EV
1959 April 23	05 13	VM
1959 April 29	20 38	LV
1959 Mai 07	20 11	NM
1959 Mai 15	20 09	EV
1959 Mai 22	12 56	VM
1959 Mai 29	08 14	LV
1959 Juni 06	11 53	NM
1959 Juni 14	05 23	EV
1959 Juni 20	20 00	VM
1959 Juni 27	22 12	LV
1959 Juli 06	02 00	NM
1959 Juli 13	12 01	EV
1959 Juli 20	03 33	VM
1959 Juli 27	14 22	LV
1959 Aug 04	14 34	NM
1959 Aug 11	17 10	EV
1959 Aug 18	12 51	VM
1959 Aug 26	08 03	LV
1959 Sep 03	01 56	NM
1959 Sep 09	22 07	EV
1959 Sep 17	00 52	VM
1959 Sep 25	02 22	LV
1959 Okt 02	12 31	NM
1959 Okt 09	04 22	EV
1959 Okt 16	15 59	VM
1959 Okt 24	20 22	LV
1959 Okt 31	22 41	NM
1959 Nov 07	13 24	EV
1959 Nov 15	09 42	VM
1959 Nov 23	13 03	LV
1959 Nov 30	08 46	NM
1959 Dez 07	02 12	EV
1959 Dez 15	04 49	VM
1959 Dez 23	03 28	LV
1959 Dez 29	19 09	NM
1960 Jan 05	18 53	EV
1960 Jan 13	23 51	VM
1960 Jan 21	15 01	LV

1960 Jan 28	06 15	NM
1960 Feb 04	14 26	EV
1960 Feb 12	17 24	VM
1960 Feb 19	23 47	LV
1960 Feb 26	18 23	NM
1960 März 05	11 06	EV
1960 März 13	08 26	VM
1960 März 20	06 40	LV
1960 März 27	07 37	NM
1960 April 04	07 04	EV
1960 April 11	20 27	VM
1960 April 18	12 57	LV
1960 April 25	21 44	NM
1960 Mai 04	01 00	EV
1960 Mai 11	05 42	VM
1960 Mai 17	19 54	LV
1960 Mai 25	12 26	NM
1960 Juni 02	16 01	EV
1960 Juni 09	13 02	VM
1960 Juni 16	04 35	LV
1960 Juni 24	03 27	NM
1960 Juli 02	03 48	EV
1960 Juli 08	19 36	VM
1960 Juli 15	15 43	LV
1960 Juli 23	18 31	NM
1960 Juli 31	12 38	EV
1960 Aug 07	02 41	VM
1960 Aug 14	05 37	LV
1960 Aug 22	09 15	NM
1960 Aug 29	19 22	EV
1960 Sep 05	11 19	VM
1960 Sep 12	22 19	LV
1960 Sep 20	23 12	NM
1960 Sep 28	01 13	EV
1960 Okt 04	22 16	VM
1960 Okt 12	17 25	LV
1960 Okt 20	12 02	NM
1960 Okt 27	07 34	EV
1960 Nov 03	11 58	VM
1960 Nov 11	13 47	LV
1960 Nov 18	23 46	NM
1960 Nov 25	15 42	EV
1960 Dez 03	04 24	VM
1960 Dez 11	09 38	LV
1960 Dez 18	10 47	NM
1960 Dez 25	02 30	EV
1961 Jan 01	23 06	VM
1961 Jan 10	03 02	LV
1961 Jan 16	21 30	NM
1961 Jan 23	16 13	EV
1961 Jan 31	18 47	VM
1961 Feb 08	16 49	LV
1961 Feb 15	08 10	NM
1961 Feb 22	08 34	EV
1961 März 02	13 35	VM
1961 März 10	02 57	LV
1961 März 16	18 51	NM
1961 März 24	02 48	EV
1961 April 01	05 47	VM
1961 April 08	10 16	LV
1961 April 15	05 37	NM
1961 April 22	21 49	EV
1961 April 30	18 40	VM
1961 Mai 07	15 57	LV
1961 Mai 14	16 54	NM
1961 Mai 22	16 18	EV
1961 Mai 30	04 37	VM
1961 Juni 05	21 18	LV
1961 Juni 13	05 16	NM
1961 Juni 21	09 01	EV
1961 Juni 28	12 37	VM
1961 Juli 05	03 32	LV
1961 Juli 12	19 11	NM
1961 Juli 20	23 13	EV
1961 Juli 27	19 50	VM
1961 Aug 03	11 47	LV
1961 Aug 11	10 36	NM
1961 Aug 19	10 51	EV
1961 Aug 26	03 13	VM
1961 Sep 01	23 05	LV
1961 Sep 10	02 49	NM
1961 Sep 17	20 23	EV
1961 Sep 24	11 33	VM
1961 Okt 01	14 10	LV
1961 Okt 09	18 52	NM
1961 Okt 17	04 34	EV
1961 Okt 23	21 30	VM
1961 Okt 31	08 58	LV
1961 Nov 08	09 58	NM
1961 Nov 15	12 12	EV
1961 Nov 22	09 44	VM
1961 Nov 30	06 18	LV
1961 Dez 07	23 52	NM
1961 Dez 14	20 05	EV
1961 Dez 22	00 42	VM
1961 Dez 30	03 57	LV
1962 Jan 06	12 35	NM
1962 Jan 13	05 01	EV
1962 Jan 20	18 16	VM
1962 Jan 28	23 36	LV
1962 Feb 05	00 10	NM
1962 Feb 11	15 43	EV
1962 Feb 19	13 18	VM
1962 Feb 27	15 50	LV
1962 März 06	10 31	NM
1962 März 13	04 38	EV
1962 März 21	07 55	VM
1962 März 29	04 11	LV
1962 April 04	19 45	NM
1962 April 11	19 50	EV
1962 April 20	00 33	VM
1962 April 27	12 59	LV
1962 Mai 04	04 25	NM
1962 Mai 11	12 44	EV
1962 Mai 19	14 32	VM
1962 Mai 26	19 05	LV
1962 Juni 02	13 27	NM
1962 Juni 10	06 21	EV
1962 Juni 18	02 02	VM
1962 Juni 24	23 42	LV
1962 Juli 01	23 52	NM
1962 Juli 09	23 39	EV
1962 Juli 17	11 41	VM
1962 Juli 24	04 18	LV
1962 Juli 31	12 24	NM
1962 Aug 08	15 55	EV
1962 Aug 15	20 09	VM
1962 Aug 22	10 26	LV
1962 Aug 30	03 09	NM
1962 Sep 07	06 44	EV
1962 Sep 14	04 11	VM
1962 Sep 20	19 36	LV
1962 Sep 28	19 39	NM
1962 Okt 06	19 54	EV
1962 Okt 13	12 33	VM
1962 Okt 20	08 47	LV
1962 Okt 28	13 05	NM
1962 Nov 05	07 15	EV
1962 Nov 11	22 03	VM
1962 Nov 19	02 09	LV
1962 Nov 27	06 29	NM
1962 Dez 04	16 48	EV
1962 Dez 11	09 27	VM
1962 Dez 18	22 42	LV
1962 Dez 26	22 59	NM
1963 Jan 03	01 02	EV
1963 Jan 09	23 08	VM
1963 Jan 17	20 34	LV
1963 Jan 25	13 42	NM
1963 Feb 01	08 50	EV
1963 Feb 08	14 52	VM
1963 Feb 16	17 38	LV
1963 Feb 24	02 06	NM
1963 März 02	17 17	EV
1963 März 10	07 49	VM
1963 März 18	12 08	LV
1963 März 25	12 10	NM
1963 April 01	03 15	EV
1963 April 09	00 57	VM
1963 April 17	02 52	LV
1963 April 23	20 28	NM
1963 April 30	15 08	EV
1963 Mai 08	17 23	VM
1963 Mai 16	13 36	LV
1963 Mai 23	04 00	NM
1963 Mai 30	04 55	EV
1963 Juni 07	08 31	VM
1963 Juni 14	20 53	LV
1963 Juni 21	11 46	NM
1963 Juni 28	20 23	EV
1963 Juli 06	21 55	VM
1963 Juli 14	01 57	LV
1963 Juli 20	20 43	NM
1963 Juli 28	13 13	EV
1963 Aug 05	09 31	VM
1963 Aug 12	06 21	LV
1963 Aug 19	07 34	NM
1963 Aug 27	06 54	EV
1963 Sep 03	19 33	VM
1963 Sep 10	11 42	LV
1963 Sep 17	20 51	NM
1963 Sep 26	00 38	EV
1963 Okt 03	04 44	VM
1963 Okt 09	19 27	LV
1963 Okt 17	12 43	NM
1963 Okt 25	17 20	EV
1963 Nov 01	13 55	VM
1963 Nov 08	06 37	LV
1963 Nov 16	06 50	NM
1963 Nov 24	07 56	EV
1963 Nov 30	23 54	VM
1963 Dez 07	21 34	LV
1963 Dez 16	02 06	NM
1963 Dez 23	19 54	EV
1963 Dez 30	11 04	VM
1964 Jan 06	15 58	LV
1964 Jan 14	20 43	NM
1964 Jan 22	05 29	EV
1964 Jan 28	23 23	VM
1964 Feb 05	12 42	LV
1964 Feb 13	13 01	NM
1964 Feb 20	13 24	EV
1964 Feb 27	12 39	VM
1964 März 06	10 00	LV
1964 März 14	02 14	NM
1964 März 20	20 39	EV
1964 März 28	02 48	VM
1964 April 05	05 45	LV
1964 April 12	12 37	NM
1964 April 19	04 09	EV
1964 April 26	17 50	VM
1964 Mai 04	22 20	LV
1964 Mai 11	21 02	NM
1964 Mai 18	12 42	EV
1964 Mai 26	09 29	VM
1964 Juni 03	11 07	LV
1964 Juni 10	04 22	NM
1964 Juni 16	23 02	EV
1964 Juni 25	01 08	VM
1964 Juli 02	20 31	LV
1964 Juli 09	11 31	NM
1964 Juli 16	11 47	EV
1964 Juli 24	15 58	VM
1964 Aug 01	03 29	LV
1964 Aug 07	19 17	NM
1964 Aug 15	03 19	EV
1964 Aug 23	05 25	VM
1964 Aug 30	09 15	LV
1964 Sep 06	04 34	NM
1964 Sep 13	21 24	EV
1964 Sep 21	17 31	VM
1964 Sep 28	15 01	LV
1964 Okt 05	16 20	NM
1964 Okt 13	16 56	EV
1964 Okt 21	04 45	VM
1964 Okt 27	21 58	LV
1964 Nov 04	07 16	NM
1964 Nov 12	12 20	EV
1964 Nov 19	15 43	VM
1964 Nov 26	07 10	LV
1964 Dez 04	01 18	NM
1964 Dez 12	06 01	EV
1964 Dez 19	02 41	VM
1964 Dez 25	19 27	LV
1965 Jan 02	21 07	NM
1965 Jan 10	20 59	EV
1965 Jan 17	13 37	VM
1965 Jan 24	11 07	LV
1965 Feb 01	16 35	NM
1965 Feb 09	08 53	EV
1965 Feb 16	00 27	VM
1965 Feb 23	05 39	LV
1965 März 03	09 56	NM
1965 März 10	17 52	EV
1965 März 17	11 24	VM
1965 März 25	01 36	LV
1965 April 02	00 20	NM
1965 April 09	00 40	EV
1965 April 15	23 02	VM
1965 April 23	21 07	LV
1965 Mai 01	11 56	NM
1965 Mai 08	06 19	EV
1965 Mai 15	11 52	VM
1965 Mai 23	14 40	LV
1965 Mai 30	21 12	NM
1965 Juni 06	12 11	EV
1965 Juni 14	01 59	VM
1965 Juni 22	05 36	LV
1965 Juni 29	04 52	NM
1965 Juli 05	19 36	EV
1965 Juli 13	17 01	VM
1965 Juli 21	17 53	LV
1965 Juli 28	11 45	NM
1965 Aug 04	05 47	EV
1965 Aug 12	08 22	VM
1965 Aug 20	03 50	LV
1965 Aug 26	18 50	NM
1965 Sep 02	19 27	EV
1965 Sep 10	23 32	VM
1965 Sep 18	11 58	LV
1965 Sep 25	03 18	NM
1965 Okt 02	12 37	EV
1965 Okt 10	14 14	VM
1965 Okt 17	19 00	LV
1965 Okt 24	14 11	NM
1965 Nov 01	08 26	EV
1965 Nov 09	04 15	VM
1965 Nov 16	01 54	LV
1965 Nov 23	04 10	NM
1965 Dez 01	05 24	EV
1965 Dez 08	17 21	VM
1965 Dez 15	09 52	LV
1965 Dez 22	21 03	NM
1965 Dez 31	01 46	EV
1966 Jan 07	05 16	VM
1966 Jan 13	20 00	LV
1966 Jan 21	15 46	NM
1966 Jan 29	19 48	EV
1966 Feb 05	15 58	VM
1966 Feb 12	08 53	LV
1966 Feb 20	10 49	NM
1966 Feb 28	10 15	EV
1966 März 07	01 45	VM
1966 März 14	00 19	LV
1966 März 22	04 46	NM
1966 März 29	20 43	EV
1966 April 05	11 13	VM
1966 April 12	17 28	LV
1966 April 20	20 35	NM
1966 April 28	03 49	EV
1966 Mai 04	21 00	VM
1966 Mai 12	11 19	LV
1966 Mai 20	09 42	NM
1966 Mai 27	08 50	EV
1966 Juni 03	07 40	VM
1966 Juni 11	04 58	LV
1966 Juni 18	20 09	NM
1966 Juni 25	13 22	EV
1966 Juli 02	19 36	VM
1966 Juli 10	21 43	LV
1966 Juli 18	04 30	NM
1966 Juli 24	19 00	EV
1966 Aug 01	09 05	VM
1966 Aug 09	12 55	LV
1966 Aug 16	11 48	NM
1966 Aug 23	03 02	EV
1966 Aug 31	00 14	VM
1966 Sep 08	02 07	LV
1966 Sep 14	19 13	NM
1966 Sep 21	14 25	EV
1966 Sep 29	16 47	VM
1966 Okt 07	13 08	LV
1966 Okt 14	03 51	NM
1966 Okt 21	05 34	EV
1966 Okt 29	10 00	VM
1966 Nov 05	22 18	LV
1966 Nov 12	14 26	NM
1966 Nov 20	00 20	EV
1966 Nov 28	02 40	VM
1966 Dez 05	06 22	LV
1966 Dez 12	03 13	NM
1966 Dez 19	21 41	EV
1966 Dez 27	17 43	VM
1967 Jan 03	14 19	LV
1967 Jan 10	18 06	NM
1967 Jan 18	19 41	EV
1967 Jan 26	06 40	VM
1967 Feb 01	23 03	LV
1967 Feb 09	10 44	NM
1967 Feb 17	15 56	EV
1967 Feb 24	17 43	VM
1967 März 03	09 10	LV
1967 März 11	04 30	NM
1967 März 19	08 31	EV
1967 März 26	03 21	VM
1967 April 01	20 58	LV
1967 April 09	22 20	NM
1967 April 17	20 48	EV
1967 April 24	12 03	VM
1967 Mai 01	10 32	LV
1967 Mai 09	14 55	NM
1967 Mai 17	05 18	EV
1967 Mai 23	20 22	VM
1967 Mai 31	01 52	LV
1967 Juni 08	05 13	NM
1967 Juni 15	11 12	EV
1967 Juni 22	04 57	VM
1967 Juni 29	18 39	LV
1967 Juli 07	17 00	NM
1967 Juli 14	15 53	EV
1967 Juli 21	14 39	VM
1967 Juli 29	12 14	LV
1967 Aug 06	02 48	NM
1967 Aug 12	20 44	EV
1967 Aug 20	02 27	VM
1967 Aug 28	05 35	LV
1967 Sep 04	11 37	NM
1967 Sep 11	03 06	EV
1967 Sep 18	16 59	VM
1967 Sep 26	21 44	LV
1967 Okt 03	20 24	NM
1967 Okt 10	12 11	EV
1967 Okt 18	10 11	VM
1967 Okt 26	12 04	LV
1967 Nov 02	05 48	NM
1967 Nov 09	01 00	EV
1967 Nov 17	04 52	VM
1967 Nov 25	00 23	LV
1967 Dez 01	16 10	NM
1967 Dez 08	17 57	EV
1967 Dez 16	23 21	VM
1967 Dez 24	10 48	LV
1967 Dez 31	03 38	NM
1968 Jan 07	14 23	EV
1968 Jan 15	16 11	VM
1968 Jan 22	19 38	LV
1968 Jan 29	16 29	NM
1968 Feb 06	12 20	EV
1968 Feb 14	06 43	VM
1968 Feb 21	03 28	LV
1968 Feb 28	06 55	NM
1968 März 07	09 20	EV
1968 März 14	18 52	VM
1968 März 21	11 07	LV
1968 März 28	22 48	NM
1968 April 06	03 27	EV
1968 April 13	04 52	VM
1968 April 19	19 35	LV
1968 April 27	15 21	NM
1968 Mai 05	17 54	EV
1968 Mai 12	13 05	VM
1968 Mai 19	05 44	LV
1968 Mai 27	07 30	NM
1968 Juni 04	04 47	EV
1968 Juni 10	20 13	VM
1968 Juni 17	18 14	LV
1968 Juni 25	22 24	NM
1968 Juli 03	12 42	EV
1968 Juli 10	03 18	VM
1968 Juli 17	09 11	LV
1968 Juli 25	11 49	NM
1968 Aug 01	18 34	EV
1968 Aug 08	11 32	VM
1968 Aug 16	02 13	LV
1968 Aug 23	23 57	NM
1968 Aug 30	23 34	EV
1968 Sep 06	22 07	VM
1968 Sep 14	20 31	LV
1968 Sep 22	11 08	NM
1968 Sep 29	05 06	EV
1968 Okt 06	11 46	VM
1968 Okt 14	15 05	LV
1968 Okt 21	21 44	NM
1968 Okt 28	12 40	EV
1968 Nov 05	04 25	VM
1968 Nov 13	08 53	LV
1968 Nov 20	08 01	NM
1968 Nov 26	23 30	EV
1968 Dez 04	23 07	VM
1968 Dez 13	00 49	LV
1968 Dez 19	18 18	NM
1968 Dez 26	14 14	EV
1969 Jan 03	18 28	VM
1969 Jan 11	14 00	LV
1969 Jan 18	04 59	NM
1969 Jan 25	08 23	EV
1969 Feb 02	12 56	VM
1969 Feb 10	00 08	LV
1969 Feb 16	16 25	NM
1969 Feb 24	04 30	EV
1969 März 04	05 17	VM
1969 März 11	07 44	LV
1969 März 18	04 51	NM
1969 März 26	00 48	EV
1969 April 02	18 45	VM
1969 April 09	13 58	LV
1969 April 16	18 16	NM
1969 April 24	19 44	EV
1969 Mai 02	05 13	VM
1969 Mai 08	20 12	LV
1969 Mai 16	08 26	NM
1969 Mai 24	12 15	EV
1969 Mai 31	13 18	VM
1969 Juni 07	03 39	LV
1969 Juni 14	23 09	NM
1969 Juni 23	01 44	EV
1969 Juni 29	20 04	VM
1969 Juli 06	13 17	LV
1969 Juli 14	14 11	NM
1969 Juli 22	12 09	EV
1969 Juli 29	02 45	VM
1969 Aug 05	01 38	LV
1969 Aug 13	05 16	NM
1969 Aug 20	20 03	EV
1969 Aug 27	10 32	VM
1969 Sep 03	16 58	LV
1969 Sep 11	19 56	NM
1969 Sep 19	02 24	EV
1969 Sep 25	20 21	VM
1969 Okt 03	11 05	LV
1969 Okt 11	09 39	NM
1969 Okt 18	08 32	EV
1969 Okt 25	08 44	VM
1969 Nov 02	07 14	LV
1969 Nov 09	22 11	NM
1969 Nov 16	15 45	EV
1969 Nov 23	23 54	VM
1969 Dez 02	03 50	LV
1969 Dez 09	09 42	NM
1969 Dez 16	01 09	EV
1969 Dez 23	17 35	VM
1969 Dez 31	22 52	LV
1970 Jan 07	20 35	NM
1970 Jan 14	13 18	EV
1970 Jan 22	12 55	VM
1970 Jan 30	14 38	LV
1970 Feb 06	07 13	NM
1970 Feb 13	04 10	EV
1970 Feb 21	08 19	VM
1970 März 01	02 33	LV
1970 März 07	17 42	NM
1970 März 14	21 16	EV
1970 März 23	01 52	VM
1970 März 30	11 05	LV
1970 April 06	04 09	NM
1970 April 13	15 44	EV
1970 April 21	16 21	VM
1970 April 28	17 18	LV
1970 Mai 05	14 51	NM
1970 Mai 13	10 26	EV

1970 Mai 21	03 38	VM
1970 Mai 27	22 32	LV
1970 Juni 04	02 21	NM
1970 Juni 12	04 06	EV
1970 Juni 19	12 27	VM
1970 Juni 26	04 01	LV
1970 Juli 03	15 18	NM
1970 Juli 11	19 43	EV
1970 Juli 18	19 58	VM
1970 Juli 25	11 00	LV
1970 Aug 02	05 58	NM
1970 Aug 10	08 50	EV
1970 Aug 17	03 15	VM
1970 Aug 23	20 34	LV
1970 Aug 31	22 01	NM
1970 Sep 08	19 38	EV
1970 Sep 15	11 09	VM
1970 Sep 22	09 42	LV
1970 Sep 30	14 31	NM
1970 Okt 08	04 43	EV
1970 Okt 14	20 21	VM
1970 Okt 22	02 47	LV
1970 Okt 30	06 28	NM
1970 Nov 06	12 47	EV
1970 Nov 13	07 28	VM
1970 Nov 20	23 13	LV
1970 Nov 28	21 14	NM
1970 Dez 05	20 36	EV
1970 Dez 12	21 03	VM
1970 Dez 20	21 09	LV
1970 Dez 28	10 43	NM
1971 Jan 04	04 55	EV
1971 Jan 11	13 20	VM
1971 Jan 19	18 08	LV
1971 Jan 26	22 55	NM
1971 Feb 02	14 31	EV
1971 Feb 10	07 41	VM
1971 Feb 18	12 14	LV
1971 Feb 25	09 48	NM
1971 März 04	02 01	EV
1971 März 12	02 34	VM
1971 März 20	02 30	LV
1971 März 26	19 23	NM
1971 April 02	15 46	EV
1971 April 10	20 10	VM
1971 April 18	12 58	LV
1971 April 25	04 02	NM
1971 Mai 02	07 34	EV
1971 Mai 10	11 24	VM
1971 Mai 17	20 15	LV
1971 Mai 24	12 32	NM
1971 Juni 01	00 42	EV
1971 Juni 09	00 04	VM
1971 Juni 16	01 24	LV
1971 Juni 22	21 57	NM
1971 Juni 30	18 11	EV
1971 Juli 08	10 37	VM
1971 Juli 15	05 47	LV
1971 Juli 22	09 15	NM
1971 Juli 30	11 07	EV
1971 Aug 06	19 42	VM
1971 Aug 13	10 55	LV
1971 Aug 20	22 53	NM
1971 Aug 29	02 56	EV
1971 Sep 05	04 02	VM
1971 Sep 11	18 23	LV
1971 Sep 19	14 42	NM
1971 Sep 27	17 17	EV
1971 Okt 04	12 19	VM
1971 Okt 11	05 29	LV
1971 Okt 19	07 59	NM
1971 Okt 27	05 54	EV
1971 Nov 02	21 19	VM
1971 Nov 09	20 51	LV
1971 Nov 18	01 46	NM
1971 Nov 25	16 37	EV
1971 Dez 02	07 48	VM
1971 Dez 09	16 02	LV
1971 Dez 17	19 03	NM
1971 Dez 25	01 35	EV
1971 Dez 31	20 20	VM
1972 Jan 08	13 31	LV
1972 Jan 16	10 52	NM
1972 Jan 23	09 29	EV
1972 Jan 30	10 58	VM
1972 Feb 07	11 11	LV
1972 Feb 15	00 29	NM
1972 Feb 21	17 20	EV
1972 Feb 29	03 12	VM
1972 März 08	07 05	LV
1972 März 15	11 35	NM
1972 März 22	02 12	EV
1972 März 29	20 05	VM
1972 April 06	23 44	LV
1972 April 13	20 31	NM
1972 April 20	12 45	EV
1972 April 28	12 44	VM
1972 Mai 06	12 26	LV
1972 Mai 13	04 08	NM
1972 Mai 20	01 16	EV
1972 Mai 28	04 28	VM
1972 Juni 04	21 22	LV
1972 Juni 11	11 30	NM
1972 Juni 18	15 41	EV
1972 Juni 26	18 46	VM
1972 Juli 04	03 25	LV
1972 Juli 10	19 39	NM
1972 Juli 18	07 46	EV
1972 Juli 26	07 24	VM
1972 Aug 02	08 02	LV
1972 Aug 09	05 26	NM
1972 Aug 17	01 09	EV
1972 Aug 24	18 22	VM
1972 Aug 31	12 48	LV
1972 Sep 07	17 28	NM
1972 Sep 15	19 13	EV
1972 Sep 23	04 07	VM
1972 Sep 29	19 16	LV
1972 Okt 07	08 08	NM
1972 Okt 15	12 55	EV
1972 Okt 22	13 25	VM
1972 Okt 29	04 41	LV
1972 Nov 06	01 21	NM
1972 Nov 14	05 01	EV
1972 Nov 20	23 06	VM
1972 Nov 27	17 45	LV
1972 Dez 05	20 24	NM
1972 Dez 13	18 36	EV
1972 Dez 20	09 45	VM
1972 Dez 27	10 27	LV
1973 Jan 04	15 42	NM
1973 Jan 12	05 27	EV
1973 Jan 18	21 28	VM
1973 Jan 26	06 05	LV
1973 Feb 03	09 23	NM
1973 Feb 10	14 05	EV
1973 Feb 17	10 07	VM
1973 Feb 25	03 10	LV
1973 März 05	00 07	NM
1973 März 11	21 26	EV
1973 März 18	23 33	VM
1973 März 26	23 46	LV
1973 April 03	11 45	NM
1973 April 10	04 28	EV
1973 April 17	13 51	VM
1973 April 25	17 59	LV
1973 Mai 02	20 55	NM
1973 Mai 09	12 07	EV
1973 Mai 17	04 58	VM
1973 Mai 25	08 40	LV
1973 Juni 01	04 34	NM
1973 Juni 07	21 11	EV
1973 Juni 15	20 35	VM
1973 Juni 23	19 45	LV
1973 Juni 30	11 39	NM
1973 Juli 07	08 26	EV
1973 Juli 15	11 56	VM
1973 Juli 23	03 58	LV
1973 Juli 29	18 59	NM
1973 Aug 05	22 27	EV
1973 Aug 14	02 17	VM
1973 Aug 21	10 22	LV
1973 Aug 28	03 25	NM
1973 Sep 04	15 22	EV
1973 Sep 12	15 16	VM
1973 Sep 19	16 11	LV
1973 Sep 26	13 54	NM
1973 Okt 04	10 32	EV
1973 Okt 12	03 09	VM
1973 Okt 18	22 33	LV
1973 Okt 26	03 17	NM
1973 Nov 03	06 29	EV
1973 Nov 10	14 27	VM
1973 Nov 17	06 34	LV
1973 Nov 24	19 55	NM
1973 Dez 03	01 29	EV
1973 Dez 10	01 35	VM
1973 Dez 16	17 13	LV
1973 Dez 24	15 07	NM
1974 Jan 01	18 06	EV
1974 Jan 08	12 36	VM
1974 Jan 15	07 04	LV
1974 Jan 23	11 02	NM
1974 Jan 31	07 39	EV
1974 Feb 06	23 24	VM
1974 Feb 14	00 04	LV
1974 Feb 22	05 34	NM
1974 März 01	18 03	EV
1974 März 08	10 03	VM
1974 März 15	19 15	LV
1974 März 23	21 24	NM
1974 März 31	01 44	EV
1974 April 06	21 00	VM
1974 April 14	14 57	LV
1974 April 22	10 16	NM
1974 April 29	07 39	EV
1974 Mai 06	08 55	VM
1974 Mai 14	09 29	LV
1974 Mai 21	20 34	NM
1974 Mai 28	13 03	EV
1974 Juni 04	22 10	VM
1974 Juni 13	01 45	LV
1974 Juni 20	04 56	NM
1974 Juni 26	19 20	EV
1974 Juli 04	12 40	VM
1974 Juli 12	15 28	LV
1974 Juli 19	12 06	NM
1974 Juli 26	03 51	EV
1974 Aug 03	03 57	VM
1974 Aug 11	02 46	LV
1974 Aug 17	19 01	NM
1974 Aug 24	15 38	EV
1974 Sep 01	19 25	VM
1974 Sep 09	12 01	LV
1974 Sep 16	02 45	NM
1974 Sep 23	07 08	EV
1974 Okt 01	10 38	VM
1974 Okt 08	19 46	LV
1974 Okt 15	12 25	NM
1974 Okt 23	01 53	EV
1974 Okt 31	01 19	VM
1974 Nov 07	02 47	LV
1974 Nov 14	00 53	NM
1974 Nov 21	22 39	EV
1974 Nov 29	15 10	VM
1974 Dez 06	10 10	LV
1974 Dez 13	16 25	NM
1974 Dez 21	19 43	EV
1974 Dez 29	03 51	VM
1975 Jan 04	19 04	LV
1975 Jan 12	10 20	NM
1975 Jan 20	15 14	EV
1975 Jan 27	15 09	VM
1975 Feb 03	06 23	LV
1975 Feb 11	05 17	NM
1975 Feb 19	07 38	EV
1975 Feb 26	01 14	VM
1975 März 04	20 20	LV
1975 März 12	23 47	NM
1975 März 20	20 05	EV
1975 März 27	10 36	VM
1975 April 03	12 25	LV
1975 April 11	16 39	NM
1975 April 19	04 41	EV
1975 April 25	19 55	VM
1975 Mai 03	05 44	LV
1975 Mai 11	07 05	NM
1975 Mai 18	10 29	EV
1975 Mai 25	05 51	VM
1975 Juni 01	23 22	LV
1975 Juni 09	18 49	NM
1975 Juni 16	14 58	EV
1975 Juni 23	16 54	VM
1975 Juli 01	16 37	LV
1975 Juli 09	04 10	NM
1975 Juli 15	19 47	EV
1975 Juli 23	05 28	VM
1975 Juli 31	08 48	LV
1975 Aug 07	11 57	NM
1975 Aug 14	02 24	EV
1975 Aug 21	19 48	VM
1975 Aug 29	23 20	LV
1975 Sep 05	19 19	NM
1975 Sep 12	11 59	EV
1975 Sep 20	11 50	VM
1975 Sep 28	11 46	LV
1975 Okt 05	03 23	NM
1975 Okt 12	01 15	EV
1975 Okt 20	05 06	VM
1975 Okt 27	22 07	LV
1975 Nov 03	13 05	NM
1975 Nov 10	18 21	EV
1975 Nov 18	22 28	VM
1975 Nov 26	06 52	LV
1975 Dez 03	00 50	NM
1975 Dez 10	14 39	EV
1975 Dez 18	14 39	VM
1975 Dez 25	14 52	LV
1976 Jan 01	14 40	NM
1976 Jan 09	12 40	EV
1976 Jan 17	04 47	VM
1976 Jan 23	23 04	LV
1976 Jan 31	06 20	NM
1976 Feb 08	10 05	EV
1976 Feb 15	16 43	VM
1976 Feb 22	08 16	LV
1976 Feb 29	23 25	NM
1976 März 09	04 38	EV
1976 März 16	02 53	VM
1976 März 22	18 54	LV
1976 März 30	17 08	NM
1976 April 07	19 02	EV
1976 April 14	11 49	VM
1976 April 21	07 14	LV
1976 April 29	10 19	NM
1976 Mai 07	05 17	EV
1976 Mai 13	20 04	VM
1976 Mai 20	21 22	LV
1976 Mai 29	01 47	NM
1976 Juni 05	12 20	EV
1976 Juni 12	04 15	VM
1976 Juni 19	13 15	LV
1976 Juni 27	14 50	NM
1976 Juli 04	17 28	EV
1976 Juli 11	13 09	VM
1976 Juli 19	06 29	LV
1976 Juli 27	01 39	NM
1976 Aug 02	22 07	EV
1976 Aug 09	23 44	VM
1976 Aug 18	00 13	LV
1976 Aug 25	11 01	NM
1976 Sep 01	03 35	EV
1976 Sep 08	12 52	VM
1976 Sep 16	17 20	LV
1976 Sep 23	19 55	NM
1976 Sep 30	11 12	EV
1976 Okt 08	04 55	VM
1976 Okt 16	08 59	LV
1976 Okt 23	05 10	NM
1976 Okt 29	22 05	EV
1976 Nov 06	23 15	VM
1976 Nov 14	22 39	LV
1976 Nov 21	15 11	NM
1976 Nov 28	12 59	EV
1976 Dez 06	18 15	VM
1976 Dez 14	10 14	LV
1976 Dez 21	02 08	NM
1976 Dez 28	07 48	EV
1977 Jan 05	12 10	VM
1977 Jan 12	19 55	LV
1977 Jan 19	14 11	NM
1977 Jan 27	05 11	EV
1977 Feb 04	03 56	VM
1977 Feb 11	04 07	LV
1977 Feb 18	03 37	NM
1977 Feb 26	02 50	EV
1977 März 05	17 13	VM
1977 März 12	11 35	LV
1977 März 19	18 33	NM
1977 März 27	22 27	EV
1977 April 04	04 09	VM
1977 April 10	19 15	LV
1977 April 18	10 35	NM
1977 April 26	14 42	EV
1977 Mai 03	13 03	VM
1977 Mai 10	04 08	LV
1977 Mai 18	02 51	NM
1977 Mai 26	03 20	EV
1977 Juni 01	20 31	VM
1977 Juni 08	15 07	LV
1977 Juni 16	18 23	NM
1977 Juni 24	12 44	EV
1977 Juli 01	03 24	VM
1977 Juli 08	04 39	LV
1977 Juli 16	08 37	NM
1977 Juli 23	19 38	EV
1977 Juli 30	10 52	VM
1977 Aug 06	20 40	LV
1977 Aug 14	21 31	NM
1977 Aug 22	01 04	EV
1977 Aug 28	20 10	VM
1977 Sep 05	14 33	LV
1977 Sep 13	09 23	NM
1977 Sep 20	06 18	EV
1977 Sep 27	08 17	VM
1977 Okt 05	09 21	LV
1977 Okt 12	20 31	NM
1977 Okt 19	12 46	EV
1977 Okt 26	23 35	VM
1977 Nov 04	03 58	LV
1977 Nov 11	07 09	NM
1977 Nov 17	21 52	EV
1977 Nov 25	17 31	VM
1977 Dez 03	21 16	LV
1977 Dez 10	17 33	NM
1977 Dez 17	10 37	EV
1977 Dez 25	12 49	VM
1978 Jan 02	12 07	LV
1978 Jan 09	04 00	NM
1978 Jan 16	03 03	EV
1978 Jan 24	07 56	VM
1978 Jan 31	23 51	LV
1978 Feb 07	14 54	NM
1978 Feb 14	22 11	EV
1978 Feb 23	01 26	VM
1978 März 02	08 34	LV
1978 März 09	02 36	NM
1978 März 16	18 21	EV
1978 März 24	16 20	VM
1978 März 31	15 11	LV
1978 April 07	15 15	NM
1978 April 15	13 56	EV
1978 April 23	04 11	VM
1978 April 29	21 02	LV
1978 Mai 07	04 47	NM
1978 Mai 15	07 39	EV
1978 Mai 22	13 17	VM
1978 Mai 29	03 30	LV
1978 Juni 05	19 01	NM
1978 Juni 13	22 44	EV
1978 Juni 20	20 30	VM
1978 Juni 27	11 44	LV
1978 Juli 05	09 50	NM
1978 Juli 13	10 49	EV
1978 Juli 20	03 05	VM
1978 Juli 26	22 31	LV
1978 Aug 04	01 01	NM
1978 Aug 11	20 06	EV
1978 Aug 18	10 14	VM
1978 Aug 25	12 18	LV
1978 Sep 02	16 09	NM
1978 Sep 10	03 20	EV
1978 Sep 16	19 01	VM
1978 Sep 24	05 08	LV
1978 Okt 02	06 41	NM
1978 Okt 09	09 38	EV
1978 Okt 16	06 10	VM
1978 Okt 24	00 34	LV
1978 Okt 31	20 07	NM
1978 Nov 07	16 18	EV
1978 Nov 14	20 00	VM
1978 Nov 22	21 24	LV
1978 Nov 30	08 19	NM
1978 Dez 07	00 34	EV
1978 Dez 14	12 31	VM
1978 Dez 22	17 42	LV
1978 Dez 29	19 36	NM
1979 Jan 05	11 15	EV
1979 Jan 13	07 09	VM
1979 Jan 21	11 23	LV
1979 Jan 28	06 19	NM
1979 Feb 04	00 36	EV
1979 Feb 12	02 39	VM
1979 Feb 20	01 17	LV
1979 Feb 26	16 45	NM
1979 März 05	16 23	EV
1979 März 13	21 14	VM
1979 März 21	11 22	LV
1979 März 28	02 59	NM
1979 April 04	09 57	EV
1979 April 12	13 15	VM
1979 April 19	18 30	LV
1979 April 26	13 15	NM
1979 Mai 04	04 25	EV
1979 Mai 12	02 01	VM
1979 Mai 18	23 57	LV
1979 Mai 26	00 00	NM
1979 Juni 02	22 37	EV
1979 Juni 10	11 55	VM
1979 Juni 17	05 01	LV
1979 Juni 24	11 58	NM
1979 Juli 02	15 24	EV
1979 Juli 09	19 59	VM
1979 Juli 16	10 59	LV
1979 Juli 24	01 41	NM
1979 Aug 01	05 57	EV
1979 Aug 08	03 21	VM
1979 Aug 14	19 02	LV
1979 Aug 22	17 10	NM
1979 Aug 30	18 09	EV
1979 Sep 06	10 58	VM
1979 Sep 13	06 15	LV
1979 Sep 21	09 47	NM
1979 Sep 29	04 20	EV
1979 Okt 05	19 35	VM
1979 Okt 12	21 24	LV
1979 Okt 21	02 23	NM
1979 Okt 28	13 06	EV
1979 Nov 04	05 47	VM
1979 Nov 11	16 24	LV
1979 Nov 19	18 04	NM
1979 Nov 26	21 09	EV
1979 Dez 03	18 08	VM
1979 Dez 11	13 59	LV
1979 Dez 19	08 23	NM
1979 Dez 26	05 11	EV
1980 Jan 02	09 02	VM
1980 Jan 10	11 50	LV
1980 Jan 17	21 19	NM
1980 Jan 24	13 58	EV
1980 Feb 01	02 21	VM
1980 Feb 09	07 35	LV
1980 Feb 16	08 51	NM
1980 Feb 23	00 14	EV
1980 März 01	21 00	VM
1980 März 09	23 49	LV
1980 März 16	18 56	NM
1980 März 23	12 31	EV
1980 März 31	15 14	VM
1980 April 08	12 06	LV
1980 April 15	03 46	NM
1980 April 22	02 59	EV
1980 April 30	07 35	VM
1980 Mai 07	20 51	LV
1980 Mai 14	12 00	NM
1980 Mai 21	19 16	EV
1980 Mai 29	21 28	VM
1980 Juni 06	02 53	LV
1980 Juni 12	20 38	NM
1980 Juni 20	12 32	EV
1980 Juni 28	09 02	VM
1980 Juli 05	07 27	LV
1980 Juli 12	06 46	NM
1980 Juli 20	05 51	EV
1980 Juli 27	18 54	VM
1980 Aug 03	12 00	LV
1980 Aug 10	19 09	NM
1980 Aug 18	22 28	EV
1980 Aug 26	03 42	VM
1980 Sep 01	18 08	LV
1980 Sep 09	10 00	NM
1980 Sep 17	13 54	EV
1980 Sep 24	12 08	VM

1980 Okt 01	03 18	LV
1980 Okt 09	02 50	NM
1980 Okt 17	03 47	EV
1980 Okt 23	20 52	VM
1980 Okt 30	16 33	LV
1980 Nov 07	20 43	NM
1980 Nov 15	15 47	EV
1980 Nov 22	06 39	VM
1980 Nov 29	09 59	LV
1980 Dez 07	14 35	NM
1980 Dez 15	01 47	EV
1980 Dez 21	18 08	VM
1980 Dez 29	06 32	LV
1981 Jan 06	07 24	NM
1981 Jan 13	10 10	EV
1981 Jan 20	07 39	VM
1981 Jan 28	04 19	LV
1981 Feb 04	22 14	NM
1981 Feb 11	17 49	EV
1981 Feb 18	22 58	VM
1981 Feb 27	01 14	LV
1981 März 06	10 31	NM
1981 März 13	01:51	EV
1981 März 20	15 22	VM
1981 März 28	19 34	LV
1981 April 04	20 19	NM
1981 April 11	11 11	EV
1981 April 19	07 59	VM
1981 April 27	10 14	LV
1981 Mai 04	04 19	NM
1981 Mai 10	22 22	EV
1981 Mai 19	00 04	VM
1981 Mai 26	21 00	LV
1981 Juni 02	11 32	NM
1981 Juni 09	11 33	EV
1981 Juni 17	15 04	VM
1981 Juni 25	04 25	LV
1981 Juli 01	19 03	NM
1981 Juli 09	02 39	EV
1981 Juli 17	04 39	VM
1981 Juli 24	09 40	LV
1981 Juli 31	03 52	NM
1981 Aug 07	19 26	EV
1981 Aug 15	16 37	VM
1981 Aug 22	14 16	LV
1981 Aug 29	14 43	NM
1981 Sep 06	13 26	EV
1981 Sep 14	03 09	VM
1981 Sep 20	19 47	LV
1981 Sep 28	04 07	NM
1981 Okt 06	07 45	EV
1981 Okt 13	12 49	VM
1981 Okt 20	03 41	LV
1981 Okt 27	20 13	NM
1981 Nov 05	01 09	EV
1981 Nov 11	22 26	VM
1981 Nov 18	14 54	LV
1981 Nov 26	14 38	NM
1981 Dez 04	16 22	EV
1981 Dez 11	08 41	VM
1981 Dez 18	05 47	LV
1981 Dez 26	10 10	NM
1982 Jan 03	04 46	EV
1982 Jan 09	19 53	VM
1982 Jan 16	23 58	LV
1982 Jan 25	04 56	NM
1982 Feb 01	14 28	EV
1982 Feb 08	07 57	VM
1982 Feb 15	20 21	LV
1982 Feb 23	21 13	NM
1982 März 02	22 15	EV
1982 März 09	20 45	VM
1982 März 17	17 15	LV
1982 März 25	10 18	NM
1982 April 01	05 08	EV
1982 April 08	10 18	VM
1982 April 16	12 42	LV
1982 April 23	20 29	NM
1982 April 30	12 07	EV
1982 Mai 08	00 45	VM
1982 Mai 16	05 11	LV
1982 Mai 23	04 40	NM
1982 Mai 29	20 07	EV
1982 Juni 06	15 59	VM
1982 Juni 14	18 06	LV
1982 Juni 21	11 52	NM
1982 Juni 28	05 56	EV
1982 Juli 06	07 32	VM
1982 Juli 14	03 47	LV
1982 Juli 20	18 57	NM
1982 Juli 27	18 22	EV
1982 Aug 04	22 34	VM
1982 Aug 12	11 09	LV
1982 Aug 19	02 45	NM
1982 Aug 26	09 49	EV
1982 Sep 03	12 28	VM
1982 Sep 10	17 19	LV
1982 Sep 17	12 09	NM
1982 Sep 25	04 07	EV
1982 Okt 03	01 09	VM
1982 Okt 09	23 26	LV
1982 Okt 17	00 04	NM
1982 Okt 25	00 08	EV
1982 Nov 01	12 57	VM
1982 Nov 08	06 38	LV
1982 Nov 15	15 10	NM
1982 Nov 23	20 06	EV
1982 Dez 01	00 21	VM
1982 Dez 07	15 53	LV
1982 Dez 15	09 18	NM
1982 Dez 23	14 17	EV
1982 Dez 30	11 33	VM
1983 Jan 06	04 00	LV
1983 Jan 14	05 08	NM
1983 Jan 22	05 33	EV
1983 Jan 28	22 26	VM
1983 Feb 04	19 17	LV
1983 Feb 13	00 32	NM
1983 Feb 20	17 32	EV
1983 Feb 27	08 58	VM
1983 März 06	13 16	LV
1983 März 14	17 43	NM
1983 März 22	02 25	EV
1983 März 28	19 27	VM
1983 April 05	08 38	LV
1983 April 13	07 58	NM
1983 April 20	08 58	EV
1983 April 27	06 31	VM
1983 Mai 05	03 43	LV
1983 Mai 12	19 25	NM
1983 Mai 19	14 17	EV
1983 Mai 26	18 48	VM
1983 Juni 03	21 07	LV
1983 Juni 11	04 38	NM
1983 Juni 17	19 46	EV
1983 Juni 25	08 32	VM
1983 Juli 03	12 12	LV
1983 Juli 10	12 18	NM
1983 Juli 17	02 50	EV
1983 Juli 24	23 27	VM
1983 Aug 02	00 52	LV
1983 Aug 08	19 18	NM
1983 Aug 15	12 47	EV
1983 Aug 23	14 59	VM
1983 Aug 31	11 22	LV
1983 Sep 07	02 35	NM
1983 Sep 14	02 24	EV
1983 Sep 22	06 36	VM
1983 Sep 29	20 05	LV
1983 Okt 06	11 16	NM
1983 Okt 13	19 42	EV
1983 Okt 21	21 53	VM
1983 Okt 29	03 37	LV
1983 Nov 04	22 21	NM
1983 Nov 12	15 49	EV
1983 Nov 20	12 29	VM
1983 Nov 27	10 50	LV
1983 Dez 04	12 26	NM
1983 Dez 12	13 09	EV
1983 Dez 20	02 00	VM
1983 Dez 26	18 52	LV
1984 Jan 03	05 16	NM
1984 Jan 11	09 48	EV
1984 Jan 18	14 05	VM
1984 Jan 25	04 48	LV
1984 Feb 01	23 46	NM
1984 Feb 10	04 00	EV
1984 Feb 17	00 41	VM
1984 Feb 23	17 12	LV
1984 März 02	18 31	NM
1984 März 10	18 28	EV
1984 März 17	10 10	VM
1984 März 24	07 58	LV
1984 April 01	12 10	NM
1984 April 09	04 51	EV
1984 April 15	19 11	VM
1984 April 23	00 26	LV
1984 Mai 01	03 45	NM
1984 Mai 08	11 50	EV
1984 Mai 15	04 29	VM
1984 Mai 22	17 45	LV
1984 Mai 30	16 48	NM
1984 Juni 06	16 42	EV
1984 Juni 13	14 42	VM
1984 Juni 21	11 10	LV
1984 Juni 29	03 18	NM
1984 Juli 05	21 04	EV
1984 Juli 13	02 20	VM
1984 Juli 21	04 01	LV
1984 Juli 28	11 51	NM
1984 Aug 04	02 33	EV
1984 Aug 11	15 43	VM
1984 Aug 19	19 41	LV
1984 Aug 26	19 25	NM
1984 Sep 02	10 30	EV
1984 Sep 10	07 01	VM
1984 Sep 18	09 31	LV
1984 Sep 25	03 11	NM
1984 Okt 01	21 53	EV
1984 Okt 09	23 58	VM
1984 Okt 17	21 14	LV
1984 Okt 24	12 08	NM
1984 Okt 31	13 07	EV
1984 Nov 08	17 43	VM
1984 Nov 16	06 59	LV
1984 Nov 22	22 57	NM
1984 Nov 30	08 01	EV
1984 Dez 08	10 53	VM
1984 Dez 15	15 25	LV
1984 Dez 22	11 47	NM
1984 Dez 30	05 27	EV
1985 Jan 07	02 16	VM
1985 Jan 13	23 27	LV
1985 Jan 21	02 28	NM
1985 Jan 29	03 29	EV
1985 Feb 05	15 19	VM
1985 Feb 12	07 57	LV
1985 Feb 19	18 43	NM
1985 Feb 27	23 41	EV
1985 März 07	02 13	VM
1985 März 13	17 34	LV
1985 März 21	11 59	NM
1985 März 29	16 11	EV
1985 April 05	11 32	VM
1985 April 12	04 42	LV
1985 April 20	05 22	NM
1985 April 28	04 25	EV
1985 Mai 04	19 53	VM
1985 Mai 11	17 34	LV
1985 Mai 19	21 41	NM
1985 Mai 27	12 56	EV
1985 Juni 03	03 50	VM
1985 Juni 10	08 19	LV
1985 Juni 18	11 58	NM
1985 Juni 25	18 53	EV
1985 Juli 02	12 08	VM
1985 Juli 10	00 49	LV
1985 Juli 17	23 56	NM
1985 Juli 24	23 39	EV
1985 Juli 31	21 41	VM
1985 Aug 08	18 29	LV
1985 Aug 16	10 06	NM
1985 Aug 23	04 36	EV
1985 Aug 30	09 27	VM
1985 Sep 07	12 16	LV
1985 Sep 14	19 20	NM
1985 Sep 21	11 03	EV
1985 Sep 29	00 08	VM
1985 Okt 07	05 04	LV
1985 Okt 14	04 33	NM
1985 Okt 20	20 13	EV
1985 Okt 28	17 38	VM
1985 Nov 05	20 07	LV
1985 Nov 12	14 20	NM
1985 Nov 19	09 04	EV
1985 Nov 27	12 42	VM
1985 Dez 05	09 01	LV
1985 Dez 12	00 54	NM
1985 Dez 19	01 58	EV
1985 Dez 27	07 30	VM
1986 Jan 03	19 47	LV
1986 Jan 10	12 22	NM
1986 Jan 17	22 13	EV
1986 Jan 26	00 31	VM
1986 Feb 02	04 41	LV
1986 Feb 09	00 55	NM
1986 Feb 16	19 55	EV
1986 Feb 24	15 02	VM
1986 März 03	12 17	LV
1986 März 10	14 52	NM
1986 März 18	16 39	EV
1986 März 26	03 02	VM
1986 April 01	19 30	LV
1986 April 09	06 08	NM
1986 April 17	10 35	EV
1986 April 24	12 46	VM
1986 Mai 01	03 22	LV
1986 Mai 08	22 10	NM
1986 Mai 17	01 00	EV
1986 Mai 23	20 45	VM
1986 Mai 30	12 55	LV
1986 Juni 07	14 00	NM
1986 Juni 15	12 00	EV
1986 Juni 22	03 42	VM
1986 Juni 29	00 53	LV
1986 Juli 07	04 55	NM
1986 Juli 14	20 10	EV
1986 Juli 21	10 40	VM
1986 Juli 28	15 34	LV
1986 Aug 05	18 36	NM
1986 Aug 13	02 21	EV
1986 Aug 19	18 54	VM
1986 Aug 27	08 39	LV
1986 Sep 04	07 10	NM
1986 Sep 11	07 41	EV
1986 Sep 18	05 34	VM
1986 Sep 26	03 17	LV
1986 Okt 03	18 55	NM
1986 Okt 10	13 28	EV
1986 Okt 17	19 22	VM
1986 Okt 25	22 26	LV
1986 Nov 02	06 02	NM
1986 Nov 08	21 11	EV
1986 Nov 16	12 12	VM
1986 Nov 24	16 50	LV
1986 Dez 01	16 43	NM
1986 Dez 08	08 01	EV
1986 Dez 16	07 04	VM
1986 Dez 24	09 17	LV
1986 Dez 31	03 10	NM
1987 Jan 06	22 34	EV
1987 Jan 15	02 30	VM
1987 Jan 22	22 45	LV
1987 Jan 29	13 44	NM
1987 Feb 05	16 21	EV
1987 Feb 13	20 58	VM
1987 Feb 21	08 56	LV
1987 Feb 28	00 51	NM
1987 März 07	11 58	EV
1987 März 15	13 13	VM
1987 März 22	16 22	LV
1987 März 29	12 46	NM
1987 April 06	07 48	EV
1987 April 14	02 31	VM
1987 April 20	22 15	LV
1987 April 28	01 34	NM
1987 Mai 06	02 26	EV
1987 Mai 13	12 50	VM
1987 Mai 20	04 02	LV
1987 Mai 27	15 13	NM
1987 Juni 04	18 53	EV
1987 Juni 11	20 49	VM
1987 Juni 18	11 03	LV
1987 Juni 26	05 37	NM
1987 Juli 04	08 34	EV
1987 Juli 11	03 32	VM
1987 Juli 17	20 17	LV
1987 Juli 25	20 38	NM
1987 Aug 02	19 24	EV
1987 Aug 09	10 17	VM
1987 Aug 16	08 25	LV
1987 Aug 24	11 59	NM
1987 Sep 01	03 48	EV
1987 Sep 07	18 13	VM
1987 Sep 14	23 44	LV
1987 Sep 23	03 08	NM
1987 Sep 30	10 39	EV
1987 Okt 07	04 12	VM
1987 Okt 14	18 06	LV
1987 Okt 22	17 28	NM
1987 Okt 29	17 10	EV
1987 Nov 05	16 46	VM
1987 Nov 13	14 38	LV
1987 Nov 21	06 33	NM
1987 Nov 28	00 37	EV
1987 Dez 05	08 01	VM
1987 Dez 13	11 41	LV
1987 Dez 20	18 25	NM
1987 Dez 27	10 01	EV
1988 Jan 04	01 40	VM
1988 Jan 12	07 04	LV
1988 Jan 19	05 26	NM
1988 Jan 25	21 54	EV
1988 Feb 02	20 51	VM
1988 Feb 10	23 01	LV
1988 Feb 17	15 54	NM
1988 Feb 24	12 15	EV
1988 März 03	16 01	VM
1988 März 11	10 56	LV
1988 März 18	02 02	NM
1988 März 25	04 42	EV
1988 April 02	09 21	VM
1988 April 09	19 21	LV
1988 April 16	12 00	NM
1988 April 23	22 32	EV
1988 Mai 01	23 41	VM
1988 Mai 09	01 23	LV
1988 Mai 15	22 11	NM
1988 Mai 23	16 49	EV
1988 Mai 31	10 54	VM
1988 Juni 07	06 22	LV
1988 Juni 14	09 14	NM
1988 Juni 22	10 23	EV
1988 Juni 29	19 46	VM
1988 Juli 06	11 36	LV
1988 Juli 13	21 53	NM
1988 Juli 22	02 14	EV
1988 Juli 29	03 25	VM
1988 Aug 04	18 22	LV
1988 Aug 12	12 31	NM
1988 Aug 20	15 51	EV
1988 Aug 27	10 56	VM
1988 Sep 03	03 50	LV
1988 Sep 11	04 49	NM
1988 Sep 19	03 18	EV
1988 Sep 25	19 07	VM
1988 Okt 02	16 58	LV
1988 Okt 10	21 49	NM
1988 Okt 18	13 01	EV
1988 Okt 25	04 36	VM
1988 Nov 01	10 11	LV
1988 Nov 09	14 20	NM
1988 Nov 16	21 35	EV
1988 Nov 23	15 53	VM
1988 Dez 01	06 49	LV
1988 Dez 09	05 36	NM
1988 Dez 16	05 40	EV
1988 Dez 23	05 29	VM
1988 Dez 31	04 57	LV
1989 Jan 07	19 22	NM
1989 Jan 14	13 58	EV
1989 Jan 21	21 34	VM
1989 Jan 30	02 02	LV
1989 Feb 06	07 37	NM
1989 Feb 12	23 15	EV
1989 Feb 20	15 32	VM
1989 Feb 28	20 08	LV
1989 März 07	18 19	NM
1989 März 14	10 11	EV
1989 März 22	09 58	VM
1989 März 30	10 21	LV
1989 April 06	03 33	NM
1989 April 12	23 13	EV
1989 April 21	03 13	VM
1989 April 28	20 46	LV
1989 Mai 05	11 46	NM
1989 Mai 12	14 20	EV
1989 Mai 20	18 16	VM
1989 Mai 28	04 01	LV
1989 Juni 03	19 53	NM
1989 Juni 11	06 59	EV
1989 Juni 19	06 57	VM
1989 Juni 26	09 09	LV
1989 Juli 03	04 59	NM
1989 Juli 11	00 19	EV
1989 Juli 18	17 42	VM
1989 Juli 25	13 31	LV
1989 Aug 01	16 06	NM
1989 Aug 09	17 29	EV
1989 Aug 17	03 07	VM
1989 Aug 23	18 40	LV
1989 Aug 31	05 45	NM
1989 Sep 08	09 49	EV
1989 Sep 15	11 51	VM
1989 Sep 22	02 10	LV
1989 Sep 29	21 47	NM
1989 Okt 08	00 52	EV
1989 Okt 14	20 32	VM
1989 Okt 21	13 19	LV
1989 Okt 29	15 27	NM
1989 Nov 06	14 11	EV
1989 Nov 13	05 51	VM
1989 Nov 20	04 44	LV
1989 Nov 28	09 41	NM
1989 Dez 06	01 26	EV
1989 Dez 12	16 30	VM
1989 Dez 19	23 55	LV
1989 Dez 28	03 20	NM
1990 Jan 04	10 40	EV
1990 Jan 11	04 57	VM
1990 Jan 18	21 17	LV
1990 Jan 26	19 20	NM
1990 Feb 02	18 32	EV
1990 Feb 09	19 16	VM
1990 Feb 17	18 48	LV
1990 Feb 25	08 54	NM
1990 März 04	02 05	EV
1990 März 11	10 59	VM
1990 März 19	14 30	LV
1990 März 26	19 48	NM
1990 April 02	10 24	EV
1990 April 10	03 18	VM
1990 April 18	07 03	LV
1990 April 25	04 27	NM
1990 Mai 01	20 18	EV
1990 Mai 09	19 31	VM
1990 Mai 17	19 45	LV
1990 Mai 24	11 47	NM
1990 Mai 31	08 11	EV
1990 Juni 08	11 01	VM
1990 Juni 16	04 48	LV
1990 Juni 22	18 55	NM
1990 Juni 29	22 07	EV
1990 Juli 08	01 23	VM
1990 Juli 15	11 04	LV
1990 Juli 22	02 54	NM
1990 Juli 29	14 01	EV
1990 Aug 06	14 19	VM
1990 Aug 13	15 54	LV
1990 Aug 20	12 39	NM
1990 Aug 28	07 34	EV
1990 Sep 05	01 46	VM
1990 Sep 11	20 53	LV
1990 Sep 19	00 46	NM
1990 Sep 27	02 06	EV
1990 Okt 04	12 02	VM
1990 Okt 11	03 31	LV
1990 Okt 18	15 37	NM
1990 Okt 26	20 26	EV
1990 Nov 02	21 48	VM
1990 Nov 09	13 02	LV
1990 Nov 17	09 05	NM
1990 Nov 25	13 12	EV
1990 Dez 02	07 50	VM
1990 Dez 09	02 04	LV
1990 Dez 17	04 22	NM
1990 Dez 25	03 16	EV
1990 Dez 31	18 35	VM
1991 Jan 07	18 35	LV
1991 Jan 15	23 50	NM
1991 Jan 23	14 22	EV

1991 Jan 30	06 10	VM
1991 Feb 06	13 52	LV
1991 Feb 14	17 32	NM
1991 Feb 21	22 58	EV
1991 Feb 28	18 25	VM
1991 März 08	10 32	LV
1991 März 16	08 10	NM
1991 März 23	06 03	EV
1991 März 30	07 17	VM
1991 April 07	06 45	LV
1991 April 14	19 38	NM
1991 April 21	12 39	EV
1991 April 28	20 58	VM
1991 Mai 07	00 46	LV
1991 Mai 14	04 36	NM
1991 Mai 20	19 46	EV
1991 Mai 28	11 37	VM
1991 Juni 05	15 30	LV
1991 Juni 12	12 06	NM
1991 Juni 19	04 19	EV
1991 Juni 27	02 58	VM
1991 Juli 05	02 50	LV
1991 Juli 11	19 06	NM
1991 Juli 18	15 11	EV
1991 Juli 26	18 24	VM
1991 Aug 03	11 25	LV
1991 Aug 10	02 28	NM
1991 Aug 17	05 01	EV
1991 Aug 25	09 07	VM
1991 Sep 01	18 16	LV
1991 Sep 08	11 01	NM
1991 Sep 15	22 01	EV
1991 Sep 23	22 40	VM
1991 Okt 01	00 30	LV
1991 Okt 07	21 39	NM
1991 Okt 15	17 33	EV
1991 Okt 23	11 08	VM
1991 Okt 30	07 11	LV
1991 Nov 06	11 11	NM
1991 Nov 14	14 02	EV
1991 Nov 21	22 56	VM
1991 Nov 28	15 21	LV
1991 Dez 06	03 56	NM
1991 Dez 14	09 32	EV
1991 Dez 21	10 23	VM
1991 Dez 28	01 55	LV
1992 Jan 04	23 10	NM
1992 Jan 13	02 32	EV
1992 Jan 19	21 28	VM
1992 Jan 26	15 27	LV
1992 Feb 03	19 00	NM
1992 Feb 11	16 15	EV
1992 Feb 18	08 04	VM
1992 Feb 25	07 56	LV
1992 März 04	13 22	NM
1992 März 12	02 36	EV
1992 März 18	18 18	VM
1992 März 26	02 30	LV
1992 April 03	05 01	NM
1992 April 10	10 06	EV
1992 April 17	04 42	VM
1992 April 24	21 40	LV
1992 Mai 02	17 44	NM
1992 Mai 09	15 44	EV
1992 Mai 16	16 03	VM
1992 Mai 24	15 53	LV
1992 Juni 01	03 57	NM
1992 Juni 07	20 47	EV
1992 Juni 15	04 50	VM
1992 Juni 23	08 11	LV
1992 Juni 30	12 18	NM
1992 Juli 07	02 43	EV
1992 Juli 14	19 06	VM
1992 Juli 22	22 12	LV
1992 Juli 29	19 35	NM
1992 Aug 05	10 59	EV
1992 Aug 13	10 27	VM
1992 Aug 21	10 01	LV
1992 Aug 28	02 42	NM
1992 Sep 03	22 39	EV
1992 Sep 12	02 17	VM
1992 Sep 19	19 53	LV
1992 Sep 26	10 40	NM
1992 Okt 03	14 12	EV
1992 Okt 11	18 03	VM
1992 Okt 19	04 12	LV
1992 Okt 25	20 34	NM
1992 Nov 02	09 11	EV
1992 Nov 10	09 20	VM
1992 Nov 17	11 39	LV
1992 Nov 24	09 11	NM
1992 Dez 02	06 17	EV
1992 Dez 09	23 41	VM
1992 Dez 16	19 13	LV
1992 Dez 24	00 43	NM
1993 Jan 01	03 38	EV
1993 Jan 08	12 37	VM
1993 Jan 15	04 01	LV
1993 Jan 22	18 27	NM
1993 Jan 30	23 20	EV
1993 Feb 06	23 55	VM
1993 Feb 13	14 57	LV
1993 Feb 21	13 05	NM
1993 März 01	15 47	EV
1993 März 08	09 46	VM
1993 März 15	04 17	LV
1993 März 23	07 14	NM
1993 März 31	04 10	EV
1993 April 06	18 43	VM
1993 April 13	19 39	LV
1993 April 21	23 49	NM
1993 April 29	12 41	EV
1993 Mai 06	03 34	VM
1993 Mai 13	12 20	LV
1993 Mai 21	14 07	NM
1993 Mai 28	18 21	EV
1993 Juni 04	13 02	VM
1993 Juni 12	05 36	LV
1993 Juni 20	01 52	NM
1993 Juni 26	22 43	EV
1993 Juli 03	23 45	VM
1993 Juli 11	22 49	LV
1993 Juli 19	11 24	NM
1993 Juli 26	03 25	EV
1993 Aug 02	12 10	VM
1993 Aug 10	15 19	LV
1993 Aug 17	19 28	NM
1993 Aug 24	09 57	EV
1993 Sep 01	02 33	VM
1993 Sep 09	06 26	LV
1993 Sep 16	03 10	NM
1993 Sep 22	19 32	EV
1993 Sep 30	18 54	VM
1993 Okt 08	19 35	LV
1993 Okt 15	11 36	NM
1993 Okt 22	08 52	EV
1993 Okt 30	12 38	VM
1993 Nov 07	06 36	LV
1993 Nov 13	21 34	NM
1993 Nov 21	02 03	EV
1993 Nov 29	06 31	VM
1993 Dez 06	15 49	LV
1993 Dez 13	09 27	NM
1993 Dez 20	22 26	EV
1993 Dez 28	23 05	VM
1994 Jan 05	00 01	LV
1994 Jan 11	23 10	NM
1994 Jan 19	20 27	EV
1994 Jan 27	13 23	VM
1994 Feb 03	08 06	LV
1994 Feb 10	14 30	NM
1994 Feb 18	17 47	EV
1994 Feb 26	01 15	VM
1994 März 04	16 53	LV
1994 März 12	07 05	NM
1994 März 20	12 14	EV
1994 März 27	11 09	VM
1994 April 03	02 55	LV
1994 April 11	00 17	NM
1994 April 19	02 34	EV
1994 April 25	19 45	VM
1994 Mai 02	14 32	LV
1994 Mai 10	17 07	NM
1994 Mai 18	12 50	EV
1994 Mai 25	03 39	VM
1994 Juni 01	04 02	LV
1994 Juni 09	08 26	NM
1994 Juni 16	19 56	EV
1994 Juni 23	11 33	VM
1994 Juni 30	19 31	LV
1994 Juli 08	21 37	NM
1994 Juli 16	01 12	EV
1994 Juli 22	20 16	VM
1994 Juli 30	12 40	LV
1994 Aug 07	08 45	NM
1994 Aug 14	05 57	EV
1994 Aug 21	06 47	VM
1994 Aug 29	06 41	LV
1994 Sep 05	18 33	NM
1994 Sep 12	11 34	EV
1994 Sep 19	20 01	VM
1994 Sep 28	00 23	LV
1994 Okt 05	03 55	NM
1994 Okt 11	19 17	EV
1994 Okt 19	12 18	VM
1994 Okt 27	16 44	LV
1994 Nov 03	13 35	NM
1994 Nov 10	06 14	EV
1994 Nov 18	06 57	VM
1994 Nov 26	07 04	LV
1994 Dez 02	23 54	NM
1994 Dez 09	21 06	EV
1994 Dez 18	02 17	VM
1994 Dez 25	19 06	LV
1995 Jan 01	10 56	NM
1995 Jan 08	15 46	EV
1995 Jan 16	20 26	VM
1995 Jan 24	04 58	LV
1995 Jan 30	22 48	NM
1995 Feb 07	12 54	EV
1995 Feb 15	12 15	VM
1995 Feb 22	13 04	LV
1995 März 01	11 48	NM
1995 März 09	10 14	EV
1995 März 17	01 26	VM
1995 März 23	20 10	LV
1995 März 31	02 09	NM
1995 April 08	05 35	EV
1995 April 15	12 08	VM
1995 April 22	03 18	LV
1995 April 29	17 36	NM
1995 Mai 07	21 44	EV
1995 Mai 14	20 48	VM
1995 Mai 21	11 36	LV
1995 Mai 29	09 27	NM
1995 Juni 06	10 26	EV
1995 Juni 13	04 03	VM
1995 Juni 19	22 01	LV
1995 Juli 05	20 02	EV
1995 Juli 12	10 49	VM
1995 Juli 19	11 10	LV
1995 Juli 27	15 13	NM
1995 Aug 04	03 16	EV
1995 Aug 10	18 16	VM
1995 Aug 18	03 04	LV
1995 Aug 26	04 31	NM
1995 Sep 02	09 03	EV
1995 Sep 09	03 37	VM
1995 Sep 16	21 09	LV
1995 Sep 24	16 55	NM
1995 Okt 01	14 36	EV
1995 Okt 08	15 52	VM
1995 Okt 16	16 26	LV
1995 Okt 24	04 36	NM
1995 Okt 30	21 17	EV
1995 Nov 07	07 20	VM
1995 Nov 15	11 40	LV
1995 Nov 22	15 43	NM
1995 Nov 29	06 28	EV
1995 Dez 07	01 27	VM
1995 Dez 15	05 31	LV
1995 Dez 22	02 22	NM
1995 Dez 28	19 06	EV
1996 Jan 05	20 51	VM
1996 Jan 13	20 45	LV
1996 Jan 20	12 50	NM
1996 Jan 27	11 14	EV
1996 Feb 04	15 58	VM
1996 Feb 12	08 37	LV
1996 Feb 18	23 30	NM
1996 Feb 26	05 52	EV
1996 März 05	09 23	VM
1996 März 12	17 15	LV
1996 März 19	10 45	NM
1996 März 27	01 31	EV
1996 April 04	00 07	VM
1996 April 10	23 36	LV
1996 April 17	22 49	NM
1996 April 25	20 40	EV
1996 Mai 03	11 48	VM
1996 Mai 10	05 04	LV
1996 Mai 17	11 46	NM
1996 Mai 25	14 13	EV
1996 Juni 01	20 47	VM
1996 Juni 08	11 05	LV
1996 Juni 16	01 36	NM
1996 Juni 24	05 23	EV
1996 Juli 01	03 58	VM
1996 Juli 07	18 55	LV
1996 Juli 15	16 15	NM
1996 Juli 23	17 49	EV
1996 Juli 30	10 35	VM
1996 Aug 06	05 25	LV
1996 Aug 14	07 34	NM
1996 Aug 22	03 36	EV
1996 Aug 28	17 52	VM
1996 Sep 04	19 06	LV
1996 Sep 12	23 07	NM
1996 Sep 20	11 23	EV
1996 Sep 27	02 51	VM
1996 Okt 04	12 04	LV
1996 Okt 12	14 14	NM
1996 Okt 19	18 09	EV
1996 Okt 26	14 11	VM
1996 Nov 03	07 50	LV
1996 Nov 11	04 16	NM
1996 Nov 18	01 09	EV
1996 Nov 25	04 10	VM
1996 Dez 03	05 06	LV
1996 Dez 10	16 56	NM
1996 Dez 17	09 31	EV
1996 Dez 24	20 41	VM
1997 Jan 02	01 45	LV
1997 Jan 09	04 26	NM
1997 Jan 15	20 02	EV
1997 Jan 23	15 11	VM
1997 Jan 31	19 40	LV
1997 Feb 07	15 06	NM
1997 Feb 14	08 58	EV
1997 Feb 22	10 27	VM
1997 März 02	09 38	LV
1997 März 09	01 14	NM
1997 März 16	00 06	EV
1997 März 24	04 45	VM
1997 März 31	19 38	LV
1997 April 07	11 02	NM
1997 April 14	17 00	EV
1997 April 22	20 33	VM
1997 April 30	02 37	LV
1997 Mai 06	20 46	NM
1997 Mai 14	10 55	EV
1997 Mai 22	09 13	VM
1997 Mai 29	07 51	LV
1997 Juni 05	07 04	NM
1997 Juni 13	04 51	EV
1997 Juni 20	19 09	VM
1997 Juni 27	12 42	LV
1997 Juli 04	18 40	NM
1997 Juli 12	21 44	EV
1997 Juli 20	03 20	VM
1997 Juli 26	18 28	LV
1997 Aug 03	08 14	NM
1997 Aug 11	12 42	EV
1997 Aug 18	10 55	VM
1997 Aug 25	02 23	LV
1997 Sep 01	23 52	NM
1997 Sep 10	01 31	EV
1997 Sep 16	18 50	VM
1997 Sep 23	13 35	LV
1997 Okt 01	16 51	NM
1997 Okt 09	12 22	EV
1997 Okt 16	03 46	VM
1997 Okt 23	04 48	LV
1997 Okt 31	10 01	NM
1997 Nov 07	21 43	EV
1997 Nov 14	14 12	VM
1997 Nov 21	23 58	LV
1997 Nov 30	02 14	NM
1997 Dez 07	06 09	EV
1997 Dez 14	02 37	VM
1997 Dez 21	21 43	LV
1997 Dez 29	16 57	NM
1998 Jan 05	14 18	EV
1998 Jan 12	17 24	VM
1998 Jan 20	19 40	LV
1998 Jan 28	06 01	NM
1998 Feb 03	22 53	EV
1998 Feb 11	10 23	VM
1998 Feb 19	15 27	LV
1998 Feb 26	17 26	NM
1998 März 05	08 41	EV
1998 März 13	04 34	VM
1998 März 21	07 38	LV
1998 März 28	03 13	NM
1998 April 03	20 18	EV
1998 April 11	22 23	VM
1998 April 19	19 53	LV
1998 April 26	11 41	NM
1998 Mai 03	10 04	EV
1998 Mai 11	14 29	VM
1998 Mai 19	04 35	LV
1998 Mai 25	19 32	NM
1998 Juni 02	01 45	EV
1998 Juni 10	04 18	VM
1998 Juni 17	10 38	LV
1998 Juni 24	03 50	NM
1998 Juli 01	18 43	EV
1998 Juli 09	16 01	VM
1998 Juli 16	15 13	LV
1998 Juli 23	13 44	NM
1998 Juli 31	12 05	EV
1998 Aug 08	02 10	VM
1998 Aug 14	19 48	LV
1998 Aug 22	02 03	NM
1998 Aug 30	05 06	EV
1998 Sep 06	11 21	VM
1998 Sep 13	01 58	LV
1998 Sep 20	17 01	NM
1998 Sep 28	21 11	EV
1998 Okt 05	20 12	VM
1998 Okt 12	11 11	LV
1998 Okt 20	10 09	NM
1998 Okt 28	11 46	EV
1998 Nov 04	05 18	VM
1998 Nov 11	00 28	LV
1998 Nov 19	04 27	NM
1998 Nov 27	00 23	EV
1998 Dez 03	15 19	VM
1998 Dez 10	17 54	LV
1998 Dez 18	22 42	NM
1998 Dez 26	10 46	EV
1999 Jan 02	02 50	VM
1999 Jan 09	14 22	LV
1999 Jan 17	15 46	NM
1999 Jan 24	19 15	EV
1999 Jan 31	16 06	VM
1999 Feb 08	11 58	LV
1999 Feb 16	06 39	NM
1999 Feb 23	02 43	EV
1999 März 02	06 58	VM
1999 März 10	08 40	LV
1999 März 17	18 48	NM
1999 März 24	10 18	EV
1999 März 31	22 49	VM
1999 April 09	02 51	LV
1999 April 16	04 22	NM
1999 April 22	19 02	EV
1999 April 30	14 55	VM
1999 Mai 08	17 28	LV
1999 Mai 15	12 05	NM
1999 Mai 22	05 34	EV
1999 Mai 30	06 40	VM
1999 Juni 07	04 20	LV
1999 Juni 13	19 03	NM
1999 Juni 20	18 13	EV
1999 Juni 28	21 37	VM
1999 Juli 06	11 57	LV
1999 Juli 13	02 24	NM
1999 Juli 20	09 00	EV
1999 Juli 28	11 25	VM
1999 Aug 04	17 27	LV
1999 Aug 11	11 08	NM
1999 Aug 19	01 47	EV
1999 Aug 26	23 48	VM
1999 Sep 02	22 17	LV
1999 Sep 09	22 02	NM
1999 Sep 17	20 06	EV
1999 Sep 25	10 51	VM
1999 Okt 02	04 02	LV
1999 Okt 09	11 34	NM
1999 Okt 17	15 00	EV
1999 Okt 24	21 02	VM
1999 Okt 31	12 04	LV
1999 Nov 08	03 53	NM
1999 Nov 16	09 03	EV
1999 Nov 23	07 04	VM
1999 Nov 29	23 19	LV
1999 Dez 07	22 32	NM
1999 Dez 16	00 50	EV
1999 Dez 22	17 31	VM
1999 Dez 29	14 04	LV
2000 Jan 06	18 14	NM
2000 Jan 14	13 34	EV
2000 Jan 21	04 40	VM
2000 Jan 28	07 57	LV
2000 Feb 05	13 03	NM
2000 Feb 12	23 21	EV
2000 Feb 19	16 27	VM
2000 Feb 27	03 53	LV
2000 März 06	05 17	NM
2000 März 13	06 59	EV
2000 März 20	04 44	VM
2000 März 28	00 21	LV
2000 April 04	18 12	NM
2000 April 11	13 30	EV
2000 April 18	17 41	VM
2000 April 26	19 30	LV
2000 Mai 04	04 12	NM
2000 Mai 10	20 00	EV
2000 Mai 18	07 34	VM
2000 Mai 26	11 55	LV
2000 Juni 02	12 14	NM
2000 Juni 09	03 29	EV
2000 Juni 16	22 27	VM
2000 Juni 25	01 00	LV
2000 Juli 01	19 20	NM
2000 Juli 08	12 53	EV
2000 Juli 16	13 55	VM
2000 Juli 24	11 02	LV
2000 Juli 31	02 25	NM
2000 Aug 07	01 02	EV
2000 Aug 15	05 13	VM
2000 Aug 22	18 51	LV
2000 Aug 29	10 19	NM
2000 Sep 05	16 27	EV
2000 Sep 13	19 37	VM
2000 Sep 21	01 28	LV
2000 Sep 27	19 53	NM
2000 Okt 05	10 59	EV
2000 Okt 13	08 53	VM
2000 Okt 20	07 59	LV
2000 Okt 27	07 58	NM
2000 Nov 04	07 27	EV
2000 Nov 11	21 15	VM
2000 Nov 18	15 24	LV
2000 Nov 25	23 11	NM
2000 Dez 04	03 55	EV
2000 Dez 11	09 03	VM
2000 Dez 18	00 41	LV
2000 Dez 25	17 22	NM
2001 Jan 02	22 31	EV
2001 Jan 09	20 24	VM
2001 Jan 16	12 35	LV
2001 Jan 24	13 07	NM
2001 Feb 01	14 02	EV
2001 Feb 08	07 11	VM
2001 Feb 15	03 23	LV
2001 Feb 23	08 21	NM
2001 März 03	02 03	EV
2001 März 09	17 23	VM
2001 März 16	20 45	LV
2001 März 25	01 21	NM
2001 April 01	10 49	EV
2001 April 08	03 22	VM
2001 April 15	15 31	LV
2001 April 23	15 26	NM
2001 April 30	17 08	EV
2001 Mai 07	13 52	VM
2001 Mai 15	10 11	LV
2001 Mai 23	02 46	NM
2001 Mai 29	22 09	EV

2001 Juni 06	01 39	VM
2001 Juni 14	03 28	LV
2001 Juni 21	11 58	NM
2001 Juni 28	03 19	EV
2001 Juli 05	15 04	VM
2001 Juli 13	18 45	LV
2001 Juli 20	19 44	NM
2001 Juli 27	10 08	EV
2001 Aug 04	05 56	VM
2001 Aug 12	07 53	LV
2001 Aug 19	02 55	NM
2001 Aug 25	19 55	EV
2001 Sep 02	21 43	VM
2001 Sep 10	18 59	LV
2001 Sep 17	10 27	NM
2001 Sep 24	09 31	EV
2001 Okt 02	13 49	VM
2001 Okt 10	04 20	LV
2001 Okt 16	19 23	NM
2001 Okt 24	02 58	EV
2001 Nov 01	05 41	VM
2001 Nov 08	12 21	LV
2001 Nov 15	06 40	NM
2001 Nov 22	23 21	EV
2001 Nov 30	20 49	VM
2001 Dez 07	19 52	LV
2001 Dez 14	20 47	NM
2001 Dez 22	20 56	EV
2001 Dez 30	10 40	VM
2002 Jan 06	03 55	LV
2002 Jan 13	13 29	NM
2002 Jan 21	17 46	EV
2002 Jan 28	22 50	VM
2002 Feb 04	13 33	LV
2002 Feb 12	07 41	NM
2002 Feb 20	12 02	EV
2002 Feb 27	09 16	VM
2002 März 06	01 24	LV
2002 März 14	02 02	NM
2002 März 22	02 28	EV
2002 März 28	18 25	VM
2002 April 04	15 29	LV
2002 April 12	19 21	NM
2002 April 20	12 48	EV
2002 April 27	03 00	VM
2002 Mai 04	07 16	LV
2002 Mai 12	10 45	NM
2002 Mai 19	19 42	EV
2002 Mai 26	11 51	VM
2002 Juni 03	00 05	LV
2002 Juni 10	23 46	NM
2002 Juni 18	00 29	EV
2002 Juni 24	21 42	VM
2002 Juli 02	17 19	LV
2002 Juli 10	10 26	NM
2002 Juli 17	04 47	EV
2002 Juli 24	09 07	VM
2002 Aug 01	10 22	LV
2002 Aug 08	19 15	NM
2002 Aug 15	10 12	EV
2002 Aug 22	22 29	VM
2002 Aug 31	02 31	LV
2002 Sep 07	03 10	NM
2002 Sep 13	18 08	EV
2002 Sep 21	13 59	VM
2002 Sep 29	17 03	LV
2002 Okt 06	11 17	NM
2002 Okt 13	05 33	EV
2002 Okt 21	07 20	VM
2002 Okt 29	05 28	LV
2002 Nov 04	20 34	NM
2002 Nov 11	20 52	EV
2002 Nov 20	01 34	VM
2002 Nov 27	15 46	LV
2002 Dez 04	07 34	NM
2002 Dez 11	15 48	EV
2002 Dez 19	19 10	VM
2002 Dez 27	00 31	LV
2003 Jan 02	20 23	NM
2003 Jan 10	13 15	EV
2003 Jan 18	10 48	VM
2003 Jan 25	08 33	LV
2003 Feb 01	10 48	NM
2003 Feb 09	11 11	EV
2003 Feb 16	23 51	VM
2003 Feb 23	16 46	LV
2003 März 03	02 35	NM
2003 März 11	07 15	EV
2003 März 18	10 34	VM
2003 März 25	01 51	LV
2003 April 01	19 19	NM
2003 April 09	23 40	EV
2003 April 16	19 36	VM
2003 April 23	12 18	LV
2003 Mai 01	12 15	NM
2003 Mai 09	11 53	EV
2003 Mai 16	03 36	VM
2003 Mai 23	00 31	LV
2003 Mai 31	04 20	NM
2003 Juni 07	20 28	EV
2003 Juni 14	11 16	VM
2003 Juni 21	14 45	LV
2003 Juni 29	18 39	NM
2003 Juli 07	02 32	EV
2003 Juli 13	19 21	VM
2003 Juli 21	07 01	LV
2003 Juli 29	06 53	NM
2003 Aug 05	07 28	EV
2003 Aug 12	04 48	VM
2003 Aug 20	00 48	LV
2003 Aug 27	17 26	NM
2003 Sep 03	12 34	EV
2003 Sep 10	16 36	VM
2003 Sep 18	19 03	LV
2003 Sep 26	03 09	NM
2003 Okt 02	19 09	EV
2003 Okt 10	07 27	VM
2003 Okt 18	12 31	LV
2003 Okt 25	12 50	NM
2003 Nov 01	04 24	EV
2003 Nov 09	01 13	VM
2003 Nov 17	04 15	LV
2003 Nov 23	22 59	NM
2003 Nov 30	17 16	EV
2003 Dez 08	20 37	VM
2003 Dez 16	17 42	LV
2003 Dez 23	09 43	NM
2003 Dez 30	10 03	EV
2004 Jan 07	15 40	VM
2004 Jan 15	04 46	LV
2004 Jan 21	21 05	NM
2004 Jan 29	06 03	EV
2004 Feb 06	08 47	VM
2004 Feb 13	13 39	LV
2004 Feb 20	09 18	NM
2004 Feb 28	03 24	EV
2004 März 06	23 14	VM
2004 März 13	21 01	LV
2004 März 20	22 41	NM
2004 März 28	23 48	EV
2004 April 05	11 03	VM
2004 April 12	03 46	LV
2004 April 19	13 21	NM
2004 April 27	17 32	EV
2004 Mai 04	20 33	VM
2004 Mai 11	11 04	LV
2004 Mai 19	04 52	NM
2004 Mai 27	07 57	EV
2004 Juni 03	04 19	VM
2004 Juni 09	20 02	LV
2004 Juni 17	20 27	NM
2004 Juni 25	19 08	EV
2004 Juli 02	11 09	VM
2004 Juli 09	07 33	LV
2004 Juli 17	11 24	NM
2004 Juli 25	03 37	EV
2004 Juli 31	18 05	VM
2004 Aug 07	22 01	LV
2004 Aug 16	01 24	NM
2004 Aug 23	10 12	EV
2004 Aug 30	02 22	VM
2004 Sep 06	15 10	LV
2004 Sep 14	14 29	NM
2004 Sep 21	15 53	EV
2004 Sep 28	13 09	VM
2004 Okt 06	10 12	LV
2004 Okt 14	02 48	NM
2004 Okt 20	21 59	EV
2004 Okt 28	03 07	VM
2004 Nov 05	05 53	LV
2004 Nov 12	14 27	NM
2004 Nov 19	05 50	EV
2004 Nov 26	20 07	VM
2004 Dez 05	00 53	LV
2004 Dez 12	01 29	NM
2004 Dez 18	16 40	EV
2004 Dez 26	15 06	VM
2005 Jan 03	17 46	LV
2005 Jan 10	12 03	NM
2005 Jan 17	06 57	EV
2005 Jan 25	10 32	VM
2005 Feb 02	07 27	LV
2005 Feb 08	22 28	NM
2005 Feb 16	00 16	EV
2005 Feb 24	04 54	VM
2005 März 03	17 36	LV
2005 März 10	09 10	NM
2005 März 17	19 19	EV
2005 März 25	20 58	VM
2005 April 02	00 50	LV
2005 April 08	20 32	NM
2005 April 16	14 37	EV
2005 April 24	10 06	VM
2005 Mai 01	06 24	LV
2005 Mai 08	08 45	NM
2005 Mai 16	08 56	EV
2005 Mai 23	20 18	VM
2005 Mai 30	11 47	LV
2005 Juni 06	21 55	NM
2005 Juni 15	01 22	EV
2005 Juni 22	04 14	VM
2005 Juni 28	18 23	LV
2005 Juli 06	12 02	NM
2005 Juli 14	15 20	EV
2005 Juli 21	11 00	VM
2005 Juli 28	03 19	LV
2005 Aug 05	03 05	NM
2005 Aug 13	02 38	EV
2005 Aug 19	17 53	VM
2005 Aug 26	15 18	LV
2005 Sep 03	18 45	NM
2005 Sep 11	11 37	EV
2005 Sep 18	02 01	VM
2005 Sep 25	06 41	LV
2005 Okt 03	10 28	NM
2005 Okt 10	19 01	EV
2005 Okt 17	12 14	VM
2005 Okt 25	01 17	LV
2005 Nov 02	01 24	NM
2005 Nov 09	01 57	EV
2005 Nov 16	00 57	VM
2005 Nov 23	22 11	LV
2005 Dez 01	15 01	NM
2005 Dez 08	09 36	EV
2005 Dez 15	16 15	VM
2005 Dez 23	19 36	LV
2005 Dez 31	03 12	NM
2006 Jan 06	18 56	EV
2006 Jan 14	09 48	VM
2006 Jan 22	15 14	LV
2006 Jan 29	14 14	NM
2006 Feb 05	06 29	EV
2006 Feb 13	04 44	VM
2006 Feb 21	07 17	LV
2006 Feb 28	00 31	NM
2006 März 06	20 16	EV
2006 März 14	23 35	VM
2006 März 22	19 10	LV
2006 März 29	10 15	NM
2006 April 05	12 01	EV
2006 April 13	16 40	VM
2006 April 21	03 28	LV
2006 April 27	19 44	NM
2006 Mai 05	05 13	EV
2006 Mai 13	06 51	VM
2006 Mai 20	09 20	LV
2006 Mai 27	05 25	NM
2006 Juni 03	23 06	EV
2006 Juni 11	18 03	VM
2006 Juni 18	14 08	LV
2006 Juni 25	16 05	NM
2006 Juli 03	16 37	EV
2006 Juli 11	03 02	VM
2006 Juli 17	19 12	LV
2006 Juli 25	04 31	NM
2006 Aug 02	08 46	EV
2006 Aug 09	10 54	VM
2006 Aug 16	01 51	LV
2006 Aug 23	19 10	NM
2006 Aug 31	22 56	EV
2006 Sep 07	18 42	VM
2006 Sep 14	11 15	LV
2006 Sep 22	11 45	NM
2006 Sep 30	11 04	EV
2006 Okt 07	03 13	VM
2006 Okt 14	00 25	LV
2006 Okt 22	05 14	NM
2006 Okt 29	21 25	EV
2006 Nov 05	12 58	VM
2006 Nov 12	17 45	LV
2006 Nov 20	22 18	NM
2006 Nov 28	06 29	EV
2006 Dez 05	00 25	VM
2006 Dez 12	14 32	LV
2006 Dez 20	14 01	NM
2006 Dez 27	14 48	EV
2007 Jan 03	13 57	VM
2007 Jan 11	12 44	LV
2007 Jan 19	04 01	NM
2007 Jan 25	23 01	EV
2007 Feb 02	05 45	VM
2007 Feb 10	09 51	LV
2007 Feb 17	16 14	NM
2007 Feb 24	07 56	EV
2007 März 03	23 17	VM
2007 März 12	03 54	LV
2007 März 19	02 42	NM
2007 März 25	18 16	EV
2007 April 02	17 15	VM
2007 April 10	18 04	LV
2007 April 17	11 36	NM
2007 April 24	06 35	EV
2007 Mai 02	10 09	VM
2007 Mai 10	04 27	LV
2007 Mai 16	19 27	NM
2007 Mai 23	21 02	EV
2007 Juni 01	01 04	VM
2007 Juni 08	11 43	LV
2007 Juni 15	03 13	NM
2007 Juni 22	13 15	EV
2007 Juni 30	13 49	VM
2007 Juli 07	16 53	LV
2007 Juli 14	12 04	NM
2007 Juli 22	06 29	EV
2007 Juli 30	00 48	VM
2007 Aug 05	21 19	LV
2007 Aug 12	23 02	NM
2007 Aug 20	23 54	EV
2007 Aug 28	10 35	VM
2007 Sep 04	02 32	LV
2007 Sep 11	12 44	NM
2007 Sep 19	16 48	EV
2007 Sep 26	19 45	VM
2007 Okt 03	10 06	LV
2007 Okt 11	05 01	NM
2007 Okt 19	08 33	EV
2007 Okt 26	04 51	VM
2007 Nov 01	21 18	LV
2007 Nov 09	23 03	NM
2007 Nov 17	22 32	EV
2007 Nov 24	14 30	VM
2007 Dez 01	12 44	LV
2007 Dez 09	17 40	NM
2007 Dez 17	10 17	EV
2007 Dez 24	01 15	VM
2007 Dez 31	07 51	LV
2008 Jan 08	11 37	NM
2008 Jan 15	19 46	EV
2008 Jan 22	13 35	VM
2008 Jan 30	05 03	LV
2008 Feb 07	03 44	NM
2008 Feb 14	03 33	EV
2008 Feb 21	03 30	VM
2008 Feb 29	02 18	LV
2008 März 07	17 14	NM
2008 März 14	10 45	EV
2008 März 21	18 40	VM
2008 März 29	21 47	LV
2008 April 06	03 55	NM
2008 April 12	18 32	EV
2008 April 20	10 25	VM
2008 April 28	14 12	LV
2008 Mai 05	12 18	NM
2008 Mai 12	03 47	EV
2008 Mai 20	02 11	VM
2008 Mai 28	02 56	LV
2008 Juni 03	19 22	NM
2008 Juni 10	15 03	EV
2008 Juni 18	17 30	VM
2008 Juni 26	12 10	LV
2008 Juli 03	02 18	NM
2008 Juli 10	04 35	EV
2008 Juli 18	07 59	VM
2008 Juli 25	18 41	LV
2008 Aug 01	10 12	NM
2008 Aug 08	20 20	EV
2008 Aug 16	21 16	VM
2008 Aug 23	23 49	LV
2008 Aug 30	19 58	NM
2008 Sep 07	14 04	EV
2008 Sep 15	09 13	VM
2008 Sep 22	05 04	LV
2008 Sep 29	08 12	NM
2008 Okt 07	09 04	EV
2008 Okt 14	20 02	VM
2008 Okt 21	11 54	LV
2008 Okt 28	23 14	NM
2008 Nov 06	04 03	EV
2008 Nov 13	06 17	VM
2008 Nov 19	21 31	LV
2008 Nov 27	16 54	NM
2008 Dez 05	21 25	EV
2008 Dez 12	16 37	VM
2008 Dez 19	10 29	LV
2008 Dez 27	12 22	NM
2009 Jan 04	11 56	EV
2009 Jan 11	03 27	VM
2009 Jan 18	02 46	LV
2009 Jan 26	07 55	NM
2009 Feb 02	23 13	EV
2009 Feb 09	14 49	VM
2009 Feb 16	21 37	LV
2009 Feb 25	01 35	NM
2009 März 04	07 46	EV
2009 März 11	02 38	VM
2009 März 18	17 47	LV
2009 März 26	16 06	NM
2009 April 02	14 34	EV
2009 April 09	14 56	VM
2009 April 17	13 36	LV
2009 April 25	03 22	NM
2009 Mai 01	20 44	EV
2009 Mai 09	04 01	VM
2009 Mai 17	07 26	LV
2009 Mai 24	12 11	NM
2009 Mai 31	03 22	EV
2009 Juni 07	18 12	VM
2009 Juni 15	22 14	LV
2009 Juni 22	19 35	NM
2009 Juni 29	11 28	EV
2009 Juli 07	09 21	VM
2009 Juli 15	09 53	LV
2009 Juli 22	02 34	NM
2009 Juli 28	22 00	EV
2009 Aug 06	00 55	VM
2009 Aug 13	18 55	LV
2009 Aug 20	10 01	NM
2009 Aug 27	11 42	EV
2009 Sep 04	16 02	VM
2009 Sep 12	02 16	LV
2009 Sep 18	18 44	NM
2009 Sep 26	04 50	EV
2009 Okt 04	06 10	VM
2009 Okt 11	08 56	LV
2009 Okt 18	05 33	NM
2009 Okt 26	00 42	EV
2009 Nov 02	19 14	VM
2009 Nov 09	15 56	LV
2009 Nov 16	19 14	NM
2009 Nov 24	21 39	EV
2009 Dez 02	07 30	VM
2009 Dez 09	00 13	LV
2009 Dez 16	12 02	NM
2009 Dez 24	17 36	EV
2009 Dez 31	19 13	VM
2010 Jan 07	10 39	LV
2010 Jan 15	07 11	NM
2010 Jan 23	10 53	EV
2010 Jan 30	06 17	VM
2010 Feb 05	23 48	LV
2010 Feb 14	02 51	NM
2010 Feb 22	00 42	EV
2010 Feb 28	16 38	VM
2010 März 07	15 42	LV
2010 März 15	21 01	NM
2010 März 23	11 00	EV
2010 März 30	02 25	VM
2010 April 06	09 37	LV
2010 April 14	12 29	NM
2010 April 21	18 20	EV
2010 April 28	12 18	VM
2010 Mai 06	04 15	LV
2010 Mai 14	01 04	NM
2010 Mai 20	23 42	EV
2010 Mai 27	23 07	VM
2010 Juni 04	22 13	LV
2010 Juni 12	11 14	NM
2010 Juni 19	04 29	EV
2010 Juni 26	11 30	VM
2010 Juli 04	14 35	LV
2010 Juli 11	19 40	NM
2010 Juli 18	10 10	EV
2010 Juli 26	01 36	VM
2010 Aug 03	04 58	LV
2010 Aug 10	03 08	NM
2010 Aug 16	18 14	EV
2010 Aug 24	17 04	VM
2010 Sep 01	17 22	LV
2010 Sep 08	10 29	NM
2010 Sep 15	05 50	EV
2010 Sep 23	09 17	VM
2010 Okt 01	03 52	LV
2010 Okt 07	18 44	NM
2010 Okt 14	21 27	EV
2010 Okt 23	01 36	VM
2010 Okt 30	12 46	LV
2010 Nov 06	04 52	NM
2010 Nov 13	16 38	EV
2010 Nov 21	17 27	VM
2010 Nov 28	20 36	LV
2010 Dez 05	17 36	NM
2010 Dez 13	13 59	EV
2010 Dez 21	08 13	VM
2010 Dez 28	04 18	LV
2011 Jan 04	09 02	NM
2011 Jan 12	11 31	EV
2011 Jan 19	21 21	VM
2011 Jan 26	12 57	LV
2011 Feb 03	02 30	NM
2011 Feb 11	07 18	EV
2011 Feb 18	08 35	VM
2011 Feb 24	23 26	LV
2011 März 04	20 46	NM
2011 März 12	23 45	EV
2011 März 19	18 10	VM
2011 März 26	12 07	LV
2011 April 03	14 32	NM
2011 April 11	12 05	EV
2011 April 18	02 44	VM
2011 April 25	02 47	LV
2011 Mai 03	06 51	NM
2011 Mai 10	20 33	EV
2011 Mai 17	11 08	VM
2011 Mai 24	18 52	LV
2011 Juni 01	21 02	NM
2011 Juni 09	02 10	EV
2011 Juni 15	20 13	VM
2011 Juni 23	11 48	LV
2011 Juli 01	08 54	NM
2011 Juli 08	06 29	EV
2011 Juli 15	06 39	VM
2011 Juli 23	05 02	LV
2011 Juli 30	18 40	NM
2011 Aug 06	11 08	EV
2011 Aug 13	18 57	VM
2011 Aug 21	21 54	LV
2011 Aug 29	03 04	NM
2011 Sep 04	17 39	EV
2011 Sep 12	09 26	VM
2011 Sep 20	13 38	LV
2011 Sep 27	11 08	NM

2011 Okt 04	03 15	EV
2011 Okt 12	02 06	VM
2011 Okt 20	03 30	LV
2011 Okt 26	19 55	NM
2011 Nov 02	16 38	EV
2011 Nov 10	20 16	VM
2011 Nov 18	15 09	LV
2011 Nov 25	06 09	NM
2011 Dez 02	09 52	EV
2011 Dez 10	14 36	VM
2011 Dez 18	00 47	LV
2011 Dez 24	18 06	NM
2012 Jan 01	06 14	EV
2012 Jan 09	07 30	VM
2012 Jan 16	09 08	LV
2012 Jan 23	07 39	NM
2012 Jan 31	04 09	EV
2012 Feb 07	21 54	VM
2012 Feb 14	17 04	LV
2012 Feb 21	22 34	NM
2012 März 01	01 21	EV
2012 März 08	09 39	VM
2012 März 15	01 25	LV
2012 März 22	14 37	NM
2012 März 30	19 40	EV
2012 April 06	19 18	VM
2012 April 13	10 49	LV
2012 April 21	07 18	NM
2012 April 29	09 57	EV
2012 Mai 06	03 35	VM
2012 Mai 12	21 47	LV
2012 Mai 20	23 47	NM
2012 Mai 28	20 16	EV
2012 Juni 04	11 11	VM
2012 Juni 11	10 41	LV
2012 Juni 19	15 02	NM
2012 Juni 27	03 30	EV
2012 Juli 03	18 52	VM
2012 Juli 11	01 48	LV
2012 Juli 19	04 24	NM
2012 Juli 26	08 56	EV
2012 Aug 02	03 27	VM
2012 Aug 09	18 55	LV
2012 Aug 17	15 54	NM
2012 Aug 24	13 53	EV
2012 Aug 31	13 58	VM
2012 Sep 08	13 15	LV
2012 Sep 16	02 10	NM
2012 Sep 22	19 41	EV
2012 Sep 30	03 18	VM
2012 Okt 08	07 33	LV
2012 Okt 15	12 02	NM
2012 Okt 22	03 32	EV
2012 Okt 29	19 49	VM
2012 Nov 07	00 35	LV
2012 Nov 13	22 08	NM
2012 Nov 20	14 31	EV
2012 Nov 28	14 46	VM
2012 Dez 06	15 31	LV
2012 Dez 13	08 41	NM
2012 Dez 20	05 19	EV
2012 Dez 28	10 21	VM
2013 Jan 05	03 58	LV
2013 Jan 11	19 43	NM
2013 Jan 18	23 45	EV
2013 Jan 27	04 38	VM
2013 Feb 03	13 56	LV
2013 Feb 10	07 20	NM
2013 Feb 17	20 30	EV
2013 Feb 25	20 26	VM
2013 März 04	21 53	LV
2013 März 11	19 51	NM
2013 März 19	17 26	EV
2013 März 27	09 27	VM
2013 April 03	04 36	LV
2013 April 10	09 35	NM
2013 April 18	12 31	EV
2013 April 25	19 57	VM
2013 Mai 02	11 14	LV
2013 Mai 10	00 28	NM
2013 Mai 18	04 34	EV
2013 Mai 25	04 25	VM
2013 Mai 31	18 58	LV
2013 Juni 08	15 56	NM
2013 Juni 16	17 23	EV
2013 Juni 23	11 32	VM
2013 Juni 30	04 53	LV
2013 Juli 08	07 14	NM
2013 Juli 16	03 18	EV
2013 Juli 22	18 15	VM
2013 Juli 29	17 43	LV
2013 Aug 06	21 50	NM
2013 Aug 14	10 56	EV
2013 Aug 21	01 44	VM
2013 Aug 28	09 35	LV
2013 Sep 05	11 36	NM
2013 Sep 12	17 08	EV
2013 Sep 19	11 13	VM
2013 Sep 27	03 55	LV
2013 Okt 05	00 34	NM
2013 Okt 11	23 02	EV
2013 Okt 18	23 37	VM
2013 Okt 26	23 40	LV
2013 Nov 03	12 50	NM
2013 Nov 10	05 57	EV
2013 Nov 17	15 16	VM
2013 Nov 25	19 27	LV
2013 Dez 03	00 22	NM
2013 Dez 09	15 12	EV
2013 Dez 17	09 28	VM
2013 Dez 25	13 47	LV
2014 Jan 01	11 14	NM
2014 Jan 08	03 39	EV
2014 Jan 16	04 52	VM
2014 Jan 24	05 19	LV
2014 Jan 30	21 38	NM
2014 Feb 06	19 22	EV
2014 Feb 14	23 53	VM
2014 Feb 22	17 15	LV
2014 März 01	07 59	NM
2014 März 08	13 27	EV
2014 März 16	17 08	VM
2014 März 24	01 46	LV
2014 März 30	18 44	NM
2014 April 07	08 30	EV
2014 April 15	07 42	VM
2014 April 22	07 51	LV
2014 April 29	06 14	NM
2014 Mai 07	03 15	EV
2014 Mai 14	19 16	VM
2014 Mai 21	12 59	LV
2014 Mai 28	18 40	NM
2014 Juni 05	20 39	EV
2014 Juni 13	04 11	VM
2014 Juni 19	18 39	LV
2014 Juni 27	08 08	NM
2014 Juli 05	11 59	EV
2014 Juli 12	11 25	VM
2014 Juli 19	02 08	LV
2014 Juli 26	22 42	NM
2014 Aug 04	00 49	EV
2014 Aug 10	18 09	VM
2014 Aug 17	12 26	LV
2014 Aug 25	14 13	NM
2014 Sep 02	11 11	EV
2014 Sep 09	01 38	VM
2014 Sep 16	02 05	LV
2014 Sep 24	06 14	NM
2014 Okt 01	19 32	EV
2014 Okt 08	10 50	VM
2014 Okt 15	19 12	LV
2014 Okt 23	21 56	NM
2014 Okt 31	02 48	EV
2014 Nov 06	22 23	VM
2014 Nov 14	15 15	LV
2014 Nov 22	12 32	NM
2014 Nov 29	10 06	EV
2014 Dez 06	12 27	VM
2014 Dez 14	12 51	LV
2014 Dez 22	01 36	NM
2014 Dez 28	18 31	EV
2015 Jan 05	04 53	VM
2015 Jan 13	09 46	LV
2015 Jan 20	13 13	NM
2015 Jan 27	04 48	EV
2015 Feb 03	23 09	VM
2015 Feb 12	03 50	LV
2015 Feb 18	23 47	NM
2015 Feb 25	17 14	EV
2015 März 05	18 05	VM
2015 März 13	17 48	LV
2015 März 20	09 36	NM
2015 März 27	07 42	EV
2015 April 04	12 05	VM
2015 April 12	03 44	LV
2015 April 18	18 57	NM
2015 April 25	23 55	EV
2015 Mai 04	03 42	VM
2015 Mai 11	10 36	LV
2015 Mai 18	04 13	NM
2015 Mai 25	17 19	EV
2015 Juni 02	16 19	VM
2015 Juni 09	15 42	LV
2015 Juni 16	14 05	NM
2015 Juni 24	11 02	EV
2015 Juli 02	02 19	VM
2015 Juli 08	20 24	LV
2015 Juli 16	01 24	NM
2015 Juli 24	04 04	EV
2015 Juli 31	10 43	VM
2015 Aug 07	02 02	LV
2015 Aug 14	14 53	NM
2015 Aug 22	19 31	EV
2015 Aug 29	18 35	VM
2015 Sep 05	09 54	LV
2015 Sep 13	06 41	NM
2015 Sep 21	08 59	EV
2015 Sep 28	02 50	VM
2015 Okt 04	21 06	LV
2015 Okt 13	00 05	NM
2015 Okt 20	20 31	EV
2015 Okt 27	12 05	VM
2015 Nov 03	12 24	LV
2015 Nov 11	17 47	NM
2015 Nov 19	06 27	EV
2015 Nov 25	22 44	VM
2015 Dez 03	07 40	LV
2015 Dez 11	10 29	NM
2015 Dez 18	15 14	EV
2015 Dez 25	11 11	VM
2016 Jan 02	05 30	LV
2016 Jan 10	01 30	NM
2016 Jan 16	23 26	EV
2016 Jan 24	01 46	VM
2016 Feb 01	03 28	LV
2016 Feb 08	14 39	NM
2016 Feb 15	07 46	EV
2016 Feb 22	18 20	VM
2016 März 01	23 10	LV
2016 März 09	01 54	NM
2016 März 15	17 03	EV
2016 März 23	12 01	VM
2016 März 31	15 17	LV
2016 April 07	11 23	NM
2016 April 14	03 59	EV
2016 April 22	05 23	VM
2016 April 30	03 28	LV
2016 Mai 06	19 29	NM
2016 Mai 13	17 02	EV
2016 Mai 21	21 14	VM
2016 Mai 29	12 12	LV
2016 Juni 05	02 59	NM
2016 Juni 12	08 10	EV
2016 Juni 20	11 02	VM
2016 Juni 27	18 18	LV
2016 Juli 04	11 01	NM
2016 Juli 12	00 52	EV
2016 Juli 19	22 56	VM
2016 Juli 26	22 59	LV
2016 Aug 02	20 44	NM
2016 Aug 10	18 21	EV
2016 Aug 18	09 26	VM
2016 Aug 25	03 41	LV
2016 Sep 01	09 03	NM
2016 Sep 09	11 49	EV
2016 Sep 16	19 05	VM
2016 Sep 23	09 56	LV
2016 Okt 01	00 11	NM
2016 Okt 09	04 33	EV
2016 Okt 16	04 23	VM
2016 Okt 22	19 14	LV
2016 Okt 30	17 38	NM
2016 Nov 07	19 51	EV
2016 Nov 14	13 52	VM
2016 Nov 21	08 33	LV
2016 Nov 29	12 18	NM
2016 Dez 07	09 03	EV
2016 Dez 14	00 05	VM
2016 Dez 21	01 55	LV
2016 Dez 29	06 53	NM
2017 Jan 05	19 47	EV
2017 Jan 12	11 34	VM
2017 Jan 19	22 13	LV
2017 Jan 28	00 07	NM
2017 Feb 04	04 19	EV
2017 Feb 11	00 33	VM
2017 Feb 18	19 33	LV
2017 Feb 26	14 58	NM
2017 März 05	11 32	EV
2017 März 12	14 54	VM
2017 März 20	15 58	LV
2017 März 28	02 57	NM
2017 April 03	18 39	EV
2017 April 11	06 08	VM
2017 April 19	09 56	LV
2017 April 26	12 16	NM
2017 Mai 03	02 47	EV
2017 Mai 10	21 42	VM
2017 Mai 19	00 33	LV
2017 Mai 25	19 44	NM
2017 Juni 01	12 42	EV
2017 Juni 09	13 09	VM
2017 Juni 17	11 32	LV
2017 Juni 24	02 30	NM
2017 Juli 01	00 51	EV
2017 Juli 09	04 06	VM
2017 Juli 16	19 25	LV
2017 Juli 23	09 45	NM
2017 Juli 30	15 23	EV
2017 Aug 07	18 10	VM
2017 Aug 15	01 15	LV
2017 Aug 21	18 30	NM
2017 Aug 29	08 13	EV
2017 Sep 06	07 03	VM
2017 Sep 13	06 25	LV
2017 Sep 20	05 30	NM
2017 Sep 28	02 53	EV
2017 Okt 05	18 40	VM
2017 Okt 12	12 25	LV
2017 Okt 19	19 12	NM
2017 Okt 27	22 22	EV
2017 Nov 04	05 23	VM
2017 Nov 10	20 36	LV
2017 Nov 18	11 42	NM
2017 Nov 26	17 03	EV
2017 Dez 03	15 47	VM
2017 Dez 10	07 51	LV
2017 Dez 18	06 30	NM
2017 Dez 26	09 20	EV
2018 Jan 02	02 24	VM
2018 Jan 08	22 25	LV
2018 Jan 17	02 17	NM
2018 Jan 24	22 20	EV
2018 Jan 31	13 26	VM
2018 Feb 07	15 54	LV
2018 Feb 15	21 05	NM
2018 Feb 23	08 09	EV
2018 März 02	00 51	VM
2018 März 09	11 20	LV
2018 März 17	13 11	NM
2018 März 24	15 35	EV
2018 März 31	12 37	VM
2018 April 08	07 17	LV
2018 April 16	01 57	NM
2018 April 22	21 45	EV
2018 April 30	00 58	VM
2018 Mai 08	02 08	LV
2018 Mai 15	11 48	NM
2018 Mai 22	03 49	EV
2018 Mai 29	14 19	VM
2018 Juni 06	18 31	LV
2018 Juni 13	19 43	NM
2018 Juni 20	10 51	EV
2018 Juni 28	04 53	VM
2018 Juli 06	07 50	LV
2018 Juli 13	02 47	NM
2018 Juli 19	19 52	EV
2018 Juli 27	20 20	VM
2018 Aug 04	18 18	LV
2018 Aug 11	09 57	NM
2018 Aug 18	07 48	EV
2018 Aug 26	11 56	VM
2018 Sep 03	02 37	LV
2018 Sep 09	18 01	NM
2018 Sep 16	23 15	EV
2018 Sep 25	02 52	VM
f2018 Okt 02	09 45	LV
2018 Okt 09	03 47	NM
2018 Okt 16	18 01	EV
2018 Okt 24	16 45	VM
2018 Okt 31	16 40	LV
2018 Nov 07	16 02	NM
2018 Nov 15	14 54	EV
2018 Nov 23	05 39	VM
2018 Nov 30	00 19	LV
2018 Dez 07	07 20	NM
2018 Dez 15	11 49	EV
2018 Dez 22	17 48	VM
2018 Dez 29	09 34	LV
2019 Jan 06	01 28	NM
2019 Jan 14	06 45	EV
2019 Jan 21	05 16	VM
2019 Jan 27	21 10	LV
2019 Feb 04	21 03	NM
2019 Feb 12	22 26	EV
2019 Feb 19	15 53	VM
2019 Feb 26	11 27	LV
2019 März 06	16 04	NM
2019 März 14	10 27	EV
2019 März 21	01 43	VM
2019 März 28	04 09	LV
2019 April 05	08 50	NM
2019 April 12	19 06	EV
2019 April 19	11 12	VM
2019 April 26	22 18	LV
2019 Mai 04	22 45	NM
2019 Mai 12	01 12	EV
2019 Mai 18	21 11	VM
2019 Mai 26	16 33	LV
2019 Juni 03	10 02	NM
2019 Juni 10	05 59	EV
2019 Juni 17	08 30	VM
2019 Juni 25	09 46	LV
2019 Juli 02	19 16	NM
2019 Juli 09	10 55	EV
2019 Juli 16	21 38	VM
2019 Juli 25	01 18	LV
2019 Aug 01	03 12	NM
2019 Aug 07	17 31	EV
2019 Aug 15	12 29	VM
2019 Aug 23	14 56	LV
2019 Aug 30	10 37	NM
2019 Sep 06	03 10	EV
2019 Sep 14	04 32	VM
2019 Sep 22	02 41	LV
2019 Sep 28	18 26	NM
2019 Okt 05	16 47	EV
2019 Okt 13	21 08	VM
2019 Okt 21	12 39	LV
2019 Okt 28	03 38	NM
2019 Nov 04	10 23	EV
2019 Nov 12	13 34	VM
2019 Nov 19	21 11	LV
2019 Nov 26	15 05	NM
2019 Dez 04	06 58	EV
2019 Dez 12	05 12	VM
2019 Dez 19	04 57	LV
2019 Dez 26	05 13	NM
2020 Jan 03	04 45	EV
2020 Jan 10	19 21	VM
2020 Jan 17	12 58	LV
2020 Jan 24	21 42	NM
2020 Feb 02	01 41	EV
2020 Feb 09	07 33	VM
2020 Feb 15	22 17	LV
2020 Feb 23	15 32	NM
2020 März 02	19 57	EV
2020 März 09	17 47	VM
2020 März 16	09 34	LV
2020 März 24	09 28	NM
2020 April 01	10 21	EV
2020 April 08	02 35	VM
2020 April 14	22 56	LV
2020 April 23	02 26	NM
2020 April 30	20 38	EV
2020 Mai 07	10 45	VM
2020 Mai 14	14 02	LV
2020 Mai 22	17 39	NM
2020 Mai 30	03 30	EV
2020 Juni 05	19 12	VM
2020 Juni 13	06 23	LV
2020 Juni 21	06 41	NM
2020 Juni 28	08 15	EV
2020 Juli 05	04 44	VM
2020 Juli 12	23 29	LV
2020 Juli 20	17 33	NM
2020 Juli 27	12 32	EV
2020 Aug 03	15 58	VM
2020 Aug 11	16 44	LV
2020 Aug 19	02 41	NM
2020 Aug 25	17 57	EV
2020 Sep 02	05 22	VM
2020 Sep 10	09 25	LV
2020 Sep 17	11 00	NM
2020 Sep 24	01 55	EV
2020 Okt 01	21 05	VM
2020 Okt 10	00 39	LV
2020 Okt 16	19 31	NM
2020 Okt 23	13 23	EV
2020 Okt 31	14 49	VM
2020 Nov 08	13 46	LV
2020 Nov 15	05 07	NM
2020 Nov 22	04 45	EV
2020 Nov 30	09 29	VM
2020 Dez 08	00 36	LV
2020 Dez 14	16 16	NM
2020 Dez 21	23 41	EV
2020 Dez 30	03 28	VM

FINSTERNISTABELLE

SONNENFINSTERNISSE

FÜR DIE JAHRE 1920–2020

Jahr	Tag	Zeit:GMT	Zeichen
1920	Mai 18	06:25	TAU
	Nov 10	18:05	SCO
1921	April 08	09:05	ARI
	Okt 01	12:26	LIB
1922	März 28	13:03	ARI
	Sep 21	04:38	VIR
1923	März 17	12:51	PIS
	Sep 10	20:52	VIR
1924	März 05	15:58	PIS
	Juli 31	19:42	LEO
	Aug 30	08:37	VIR
1925	Jan 24	14:45	AQU
	Juli 20	21:40	CAN
1926	Jan 14	06:34	CAP
	Juli 09	23:06	CAN
1927	Jan 03	20:28	CAP
	Juni 29	06:32	CAN
	Dez 24	04:13	CAP
1928	Mai 19	13:14	TAU
	Juni 17	20:42	GEM
	Nov 12	09:35	SCO
1929	Mai 09	06:07	TAU
	Nov 01	12:01	SCO
1930	April 28	19:08	TAU
	Okt 21	21:47	LIB
1931	April 18	01:00	ARI
	Sep 12	04:26	VIR
	Okt 11	13:06	LIB
1932	März 07	07:44	PIS
	Aug 31	19:54	VIR
1933	Feb 24	12:44	PIS
	Aug 21	05:48	LEO
1934	Feb 14	00:43	AQU
	Aug 10	08:45	LEO
1935	Jan 05	05:20	CAP
	Feb 03	16:27	AQU
	Juni 30	19:44	CAN
	Juli 30	09:32	LEO
	Dez 25	17:49	CAP
1936	Juni 19	05:14	GEM
	Dez 13	23:25	SAG
1937	Juni 08	20:43	GEM
	Dez 02	23:11	SAG
1938	Mai 29	13:59	GEM
	Nov 22	00:05	SCO
1939	April 19	16:35	ARI
	Okt 12	20:30	LIB
1940	April 07	20:18	ARI
	Okt 01	12:41	LIB
1941	März 27	20:14	ARI
	Sep 21	04:38	VIR
1942	März 16	23:50	PIS
	Aug 12	02:28	LEO
	Sep 10	15:33	VIR
1943	Feb 04	23:29	AQU
	Aug 01	04:08	LEO
1944	Jan 25	15:24	AQU
	Juli 20	05:42	CAN
1945	Jan 14	05:06	CAP
	Juli 09	13:35	CAN
1946	Jan 03	12:30	CAP
	Mai 30	20:49	GEM
	Juni 29	04:06	CAN
	Nov 23	17:24	SAG
1947	Mai 20	13:44	TAU
	Nov 12	20:01	SCO
1948	Mai 09	02:30	TAU
	Nov 01	06:03	SCO
1949	April 28	08:02	TAU
	Okt 21	21:23	LIB
1950	März 18	15:20	PIS
	Sep 12	03:29	VIR
1951	März 07	20:51	PIS
	Sep 01	12:50	VIR
1952	Feb 25	09:16	PIS
	Aug 20	15:20	LEO
1953	Feb 14	01:10	AQU
	Juli 11	02:28	CAN
	Aug 09	16:10	LEO
1954	Jan 05	02:21	CAP
	Juni 30	12:26	CAN
	Dez 25	07:33	CAP
1955	Juni 20	04:12	GEM
	Dez 14	07:07	SAG
1956	Juni 08	21:29	GEM
	Dez 02	08:13	SAG
1957	April 29	23:54	TAU
	Okt 23	04:43	LIB
1958	April 19	03:23	ARI
	Okt 12	20:52	LIB
1959	April 08	03:29	ARI
	Okt 02	12:31	LIB
1960	März 27	07:37	ARI
	Sep 20	23:12	VIR
1961	Feb 15	08:10	AQU
	Aug 11	10:36	LEO
1962	Feb 05	00:10	AQU
	Juli 31	12:24	LEO
1963	Jan 25	13:42	AQU
	Juli 20	20:43	CAN
1964	Jan 14	20:43	CAP
	Juni 10	04:22	GEM
	Juli 09	11:31	CAN
	Dez 04	01:18	SAG
1965	Mai 30	21:13	GEM
	Nov 23	04:10	SAG
1966	Mai 20	09:42	TAU
	Nov 12	14:26	SCO
1967	Mai 09	14:55	TAU
	Nov 02	05:48	SCO
1968	März 28	22:48	ARI
	Sep 22	11:08	VIR
1969	März 18	04:51	PIS
	Sep 11	19:56	VIR
1970	März 07	17:42	PIS
	Aug 31	22:01	VIR
1971	Feb 25	09:48	PIS
	Juli 22	09:15	CAN
	Aug 20	22:53	LEO
1972	Jan 18	10:52	CAP
	Juli 10	19:39	CAN
1973	Jan 04	15:42	CAP
	Juni 30	11:39	CAN
	Dez 24	15:07	CAP
1974	Juni 20	04:56	GEM
	Dez 13	16:25	SAG
1975	Mai 11	07:05	TAU
	Nov 03	13:05	SCO
1976	April 29	10:19	TAU
	Okt 23	05:10	LIB
1977	April 18	10:35	ARI
	Okt 12	20:31	LIB
1978	April 07	15:15	ARI
	Okt 02	06:41	LIB
1979	Feb 26	16:45	PIS
	Aug 22	17:10	LEO
1980	Feb 16	08:51	AQU
	Aug 10	19:09	LEO
1981	Feb 04	22:14	AQU
	Juli 31	03:52	LEO
1982	Jan 25	04:56	AQU
	Juni 21	11:52	GEM
	Juli 20	18:57	CAN
	Dez 15	09:18	SAG
1983	Juni 11	04:37	GEM
	Dez 04	12:26	SAG
1984	Mai 30	16:48	GEM
	Nov 22	22:57	SAG
1985	Mai 19	21:41	TAU
	Nov 12	14:20	SCO
1986	April 09	06:08	ARI
	Okt 03	18:55	LIB
1987	März 29	12:46	ARI
	Sep 23	03:08	VIR
1988	März 18	02:02	PIS
	Sep 11	04:49	VIR
1989	März 07	18:19	PIS
	Aug 31	05:45	VIR
1990	Jan 26	19:20	AQU
	Juli 22	02:54	CAN
1991	Jan 15	23:50	CAP
	Juli 11	19:06	CAN
1992	Jan 04	23:10	CAP
	Juni 30	12:18	CAN
	Dez 24	00:43	CAP
1993	Mai 21	14:07	GEM
	Nov 13	21:34	SCO
1994	Mai 10	17:07	TAU
	Nov 03	13:35	SCO
1995	April 29	17:36	TAU
	Okt 24	04:36	SCO
1996	April 17	22:49	ARI
	Okt 12	14:14	LIB
1997	März 09	01:15	PIS
	Sep 01	23:52	VIR
1998	Feb 26	17:26	PIS
	Aug 22	02:03	LEO
1999	Feb 16	06:39	AQU
	Aug 11	11:09	LEO
2000	Feb 05	13:03	AQU
	Juli 01	19:20	CAN
	Juli 31	02:25	LEO
	Dez 25	17:22	CAP
2001	Juni 21	12:04	CAN
	Dez 14	20:53	SAG
2002	Juni 10	23:48	GEM
	Dez 04	07:35	SAG
2003	Mai 31	04:21	GEM
	Nov 23	23:00	SAG
2004	April 19	13:22	ARI
	Okt 14	02:49	LIB
2005	April 08	20:33	ARI
	Okt 03	10:29	LIB
2006	April 29	10:18	ARI
	Sep 22	11:46	VIR
2007	März 19	02:44	PIS
	Sep 11	12:45	VIR
2008	Feb 07	03:46	AQU
	Aug 01	10:14	LEO
2009	Jan 26	07:56	AQU
	Juli 22	02:36	CAN
2010	Jan 15	07:12	CAP
	Juli 11	19:42	CAN
2011	Jan 04	09:04	CAP
	Juni 01	21:04	GEM
	Juli 01	08:55	CAN
	Nov 25	06:11	SAG
2012	Mai 20	23:48	GEM
	Nov 13	22:09	SCO
2013	Mai 10	00:30	TAU
	Nov 03	12:51	SCO
2014	April 29	06:15	TAU
	Okt 23	21:58	SCO
2015	März 20	09:37	PIS
	Sep 13	06:42	VIR
2016	März 09	01:56	PIS
	Sep 01	09:04	VIR
2017	Feb 26	14:59	PIS
	Aug 21	18:31	LEO
2018	Feb 15	21:06	AQU
	Juli 13	02:49	CAN
	Aug 11	09:59	LEO
2019	Jan 06	01:29	CAP
	Juli 02	18:17	CAN
	Dez 26	05:14	CAP
2020	Juni 21	06:43	CAN
	Dez 14	16:18	SAG

FINSTERNISTABELLE

MONDFINSTERNISSE

FÜR DIE JAHRE 1920–2020

Jahr	Tag	Zeit:GMT	Zeichen
1920	Mai 03	01.47	SCO
	Okt 27	14.11	TAU
1921	April 22	07.49	SCO
	Okt 16	22.59	ARI
1922	März 13	11.14	VIR
	April 11	20.43	LIB
	Okt 08	00.58	ARI
1923	März 03	03.23	VIR
	Aug 26	10.29	PIS
1924	Feb 20	18.07	VIR
	Aug 14	20.19	AQU
1925	Feb 08	21.49	LEO
	Aug 04	11.59	AQU
1926	Jan 28	21.35	LEO
	Juni 25	21:13	CAP
	Juli 25	05.13	AQU
	Dez 19	08.09	GEM
1927	Juni 15	08.19	SAG
	Dez 08	17.32	GEM
1928	Juni 03	12.13	SAG
	Nov 27	09.05	GEM
1929	Mai 23	12.50	SAG
	Nov 17	00.14	TAU
1930	April 13	05.48	LIB
	Okt 07	18.55	ARI
1931	April 02	20.05	LIB
	Sep 28	19.45	ARI
1932	März 22	12.37	LIB
	Sep 14	21.08	PIS
1933	Feb 10	13.00	LEO
	März 12	02.48	VIR
	Aug 05	19.32	AQU
	Sep 04	05.04	PIS
1934	Jan 30	18.31	LEO
	Juli 28	12.09	AQU
1935	Jan 19	15.44	CAN
	Juli 16	05.00	CAP
1936	Jan 08	18.15	CAN
	Juli 04	17.34	CAP
	Dez 28	04.00	CAN
1937	Mai 25	07.38	SAG
	Nov 18	08.09	TAU
1938	Mai 14	08.39	SCO
	Nov 07	22.23	TAU
1939	Mai 03	15.15	SCO
	Okt 28	06.42	TAU
1940	März 23	19.33	LIB
	April 22	04.37	SCO
	Okt 16	08.15	ARI
1941	März 13	11.47	VIR
	Sep 05	17.36	PIS
1942	März 03	00.20	VIR
	Aug 26	03.46	PIS
1943	Feb 20	05.45	VIR
	Aug 15	19.34	AQU
1944	Feb 09	05.29	LEO
	Juli 06	04.27	CAP
	Aug 04	12.39	AQU
	Dez 29	14.38	CAN
1945	Juni 25	15.08	CAP
	Dez 19	02.17	GEM
1946	Juni 14	18.42	SAG
	Dez 08	17.52	GEM
1947	Juni 03	19.27	SAG
	Nov 28	08.45	GEM
1948	April 23	13.28	SCO
	Okt 18	02.23	ARI
1949	April 13	04.08	LIB
	Okt 07	02.53	ARI
1950	April 02	20.49	LIB
	Sep 26	04.21	ARI
1951	März 23	10.50	LIB
	Aug 17	02.59	AQU
	Sep 15	12.38	PIS
1952	Feb 11	00.28	LEO
	Aug 05	19.40	AQU
1953	Jan 29	23.44	LEO
	Juli 26	12.21	AQU
1954	Jan 19	02.37	CAN
	Juli 16	00.29	CAP
1955	Feb 08	12.44	CAN
	Juni 05	14.08	SAG
	Nov 29	16.50	GEM
1956	Mai 24	15.26	SAG
	Nov 18	06.45	TAU
1957	Mai 13	22.34	SCO
	Nov 07	14.32	TAU
1958	April 04	03.45	LIB
	Okt 27	15.41	TAU
1959	März 24	20.02	LIB
	Sep 17	00.52	PIS
1960	März 13	08.26	VIR
	Sep 05	11.19	PIS
1961	März 02	13.35	VIR
	Aug 26	03.13	PIS
1962	Feb 19	13.18	VIR
	Juli 17	11.40	CAP
	Aug 15	20.09	AQU
1963	Jan 09	23.08	CAN
	Juli 06	21.55	CAP
	Dez 30	11.04	CAN
1964	Juni 25	01.08	CAP
	Dez 19	02.41	GEM
1965	Juni 14	01.59	SAG
	Dez 08	17.21	GEM
1966	Mai 04	21.00	SCO
	Okt 29	10.00	TAU
1967	April 24	12:03	SCO
	Okt 18	10.11	ARI
1968	April 13	04.52	LIB
	Okt 08	11.46	ARI
1969	April 02	18.45	LIB
	Aug 27	10.32	PIS
	Okt 25	20.21	ARI
1970	Feb 21	08.19	VIR
	Aug 17	03.15	AQU
1971	Feb 10	07.41	LEO
	Aug 08	19.42	AQU
1972	Jan 30	10.58	LEO
	Juli 26	07.23	AQU
1973	Jan 18	21.28	CAN
	Juni 15	20.50	SAG
	Dez 10	01.35	GEM
1974	Juni 04	22.10	SAG
	Nov 29	15.10	GEM
1975	Mai 25	05.51	SAG
	Nov 18	22.28	TAU
1976	Mai 13	20.04	SCO
	Nov 08	23.15	TAU
1977	April 04	04.09	LIB
	Sep 27	08.17	ARI
1978	März 24	16.20	LIB
	Sep 16	19.01	PIS
1979	März 13	21.14	VIR
	Sep 06	10.59	PIS
1980	März 01	21.00	VIR
	Juli 27	18.54	AQU
	Aug 26	03.42	PIS
1981	Jan 20	07.39	LEO
	Juli 17	04.39	CAP
1982	Jan 09	19.53	CAN
	Juli 06	07.32	CAP
	Dez 30	11.33	CAN
1983	Juni 25	08.32	CAP
	Dez 20	02.00	GEM
1984	Mai 15	04.29	SCO
	Juni 13	14.42	SAG
	Nov 08	17.43	TAU
1985	Mai 04	19.53	SCO
	Okt 28	17:38	TAU
1986	April 24	12.46	SCO
	Okt 17	19.22	ARI
1987	April 14	02.31	LIB
	Okt 07	04:12	ARI
1988	März 03	16.01	VIR
	Aug 27	10:58	PIS
1989	Feb 20	15.32	VIR
	Aug 17	03.07	AQU
1990	Feb 09	19.16	LEO
	Aug 06	14.19	AQU
1991	Jan 30	06.10	LEO
	Juni 27	02.58	CAP
	Juli 26	18.24	AQU
	Dez 21	10.23	GEM
1992	Juni 15	04.50	SAG
	Dez 09	23.41	GEM
1993	Juni 04	13.02	SAG
	Nov 29	06.31	GEM
1994	Mai 25	03.39	SAG
	Nov 18	06.57	TAU
1995	April 15	12.08	LIB
	Okt 08	15.52	ARI
1996	April 04	00.07	LIB
	Sep 27	02.51	ARI
1997	März 24	04.45	LIB
	Sep 18	18:51	PIS
1998	März 13	04:34	VIR
	Aug 08	02.10	AQU
	Sep 06	11.21	PIS
1999	Jan 31	16.07	LEO
	Juli 28	11.25	AQU
2000	Jan 21	04.41	LEO
	Juli 16	13.55	CAP
2001	Jan 09	20.25	CAN
	Juli 05	15.05	CAP
	Dez 30	10.42	CAN
2002	Mai 26	11.52	SAG
	Juni 24	21.43	CAP
	Nov 20	01.35	TAU
2003	Mai 16	03.37	SCO
	Nov 09	01.14	TAU
2004	Mai 04	20.34	SCO
	Okt 28	03.08	TAU
2005	April 24	10.07	SCO
	Okt 17	12.15	ARI
2006	März 14	22.37	VIR
	Sep 07	18.43	PIS
2007	März 03	23.18	VIR
	Aug 28	10.36	PIS
2008	Feb 21	03.32	VIR
	Aug 01	21.18	AQU
2009	Feb 09	14.50	LEO
	Juli 07	09.23	CAP
	Aug 06	00.56	AQU
	Dez 31	19.14	CAN
2010	Juni 26	11:31	CAP
	Dez 21	08.15	GEM
2011	Juni 15	20.15	SAG
	Dez 10	14.37	GEM
2012	Juni 04	11.13	SAG
	Nov 28	14.47	GEM
2013	April 25	19.58	SCO
	Mai 25	04.26	SAG
	Okt 18	23.39	ARI
2014	April 15	O7.43	LIB
	Okt 08	10.52	ARI
2015	April 04	12.07	LIB
	Sep 28	02.52	ARI
2016	März 23	12.02	LIB
	Sep 16	19.06	PIS
2017	Feb 11	00.34	LEO
	Aug 07	18.12	AQU
2018	Jan 31	13.28	LEO
	Juli 27	20.21	AQU
2019	Jan 21	05.17	LEO
	Juli 16	21.39	CAP
2020	Jan 10	19.22	CAN
	Juni 05	19.14	SAG
	Juli 05	04.46	CAP
	Nov 30	09.31	GEM

MONDZEICHENTABELLE

FÜR DIE JAHRE 1920–2020

TABELLE 1

GEBURTSJAHR						JAN	FEB	MÄRZ	APRIL	MAI	JUNI	JULI	AUG	SEP	OKT	NOV	DEZ
1920	1939	1958	1977	1996	2015	TAU	CAN	CAN	VIR	LIB	SAG	CAP	AQU	ARI	TAU	CAN	LEO
1921	1940	1959	1978	1997	2016	LIB	SCO	SAG	CAP	AQU	ARI	TAU	CAN	LEO	VIR	SCO	SAG
1922	1941	1960	1979	1998	2017	AQU	ARI	ARI	GEM	CAN	LEO	VIR	SCO	CAP	AQU	ARI	TAU
1923	1942	1961	1980	1999	2018	GEM	LEO	LEO	LIB	SCO	CAP	AQU	ARI	TAU	GEM	LEO	VIR
1924	1943	1962	1981	2000	2019	SCO	SAG	CAP	AQU	ARI	TAU	GEM	LEO	LIB	SCO	SAG	CAP
1925	1944	1963	1982	2001	2020	PIS	TAU	TAU	CAN	LEO	LIB	SCO	SAG	AQU	PIIS	TAU	GEM
1926	1945	1964	1983	2002		LEO	VIR	LIB	SCO	SAG	AQU	PIS	TAU	CAN	LEO	VIR	LIB
1927	1946	1965	1984	2003		SAG	CAP	AQU	PIS	TAU	GEM	LEO	VIR	SCO	SAG	AQU	PIS
1928	1947	1966	1985	2004		ARI	GEM	GEM	LEO	VIR	SCO	SAG	AQU	PIS	ARI	GEM	CAN
1929	1948	1967	1986	2005		VIR	SCO	SCO	CAP	AQU	PIS	TAU	GEM	LEO	VIR	LIB	SAG
1930	1949	1968	1987	2006		CAP	PIS	PIS	TAU	GEM	LEO	VIR	SCO	SAG	CAP	PIS	ARI
1931	1950	1969	1988	2007		TAU	CAN	CAN	VIR	LIB	SAG	CAP	PIS	ARI	GEM	CAN	LEO
1932	1951	1970	1989	2008		LIB	SAG	SAG	AQU	PIS	TAU	GEM	CAN	VIR	LIB	SAG	CAP
1933	1952	1971	1990	2009		PIS	ARI	TAU	GEM	CAN	VIR	LIB	SAG	CAP	AQU	ARI	TAU
1934	1953	1972	1991	2010		CAN	VIR	VIR	LIB	SAG	CAP	PIS	ARI	GEM	CAN	VIR	LIB
1935	1954	1973	1992	2011		SCO	CAP	CAP	PIS	ARI	GEM	CAN	VIR	SCO	SAG	CAP	AQU
1936	1955	1974	1993	2012		ARI	TAU	GEM	LEO	VIR	LIB	SCO	CAP	PIS	ARI	TAU	CAN
1937	1956	1975	1994	2013		LEO	UB	LIB	SAG	CAP	PIS	ARI	TAU	CAN	LEO	LIB	SCO
1938	1957	1976	1995	2014		CAP	AQU	PIS	ARI	TAU	CAN	LEO	LIB	SCO	CAP	AQU	ARI

TABELLE 2: ANZAHL DER ZEICHEN, DIE FÜR JEDEN TAG DES MONATS DAZUGEZÄHLT WERDEN MÜSSEN

Tag	dazuzählen (Zeichen)	Tag	dazuzählen (Zeichen)
1	0	16	7
2	1	17	7
3	1	18	8
4	1	19	8
5	2	20	9
6	2	21	9
7	3	22	10
8	3	23	10
9	4	24	10
10	4	25	11
11	5	26	11
12	5	27	12
13	5	28	12
14	6	29	1
15	6	30	1
		31	2

TABELLE 3: TIERKREISZEICHEN

1 WIDDER (ARI)		7 WAAGE (LIB)	
2 STIER (TAU)		8 SKORPION (SCO)	
3 ZWILLINGE (GEM)		9 SCHÜTZE (SAG)	
4 KREBS (CAN)		10 STEINBOCK (CAP)	
5 LÖWE (LEO)		11 WASSERMANN (AQU)	
6 JUNGFRAU (VIR)		12 FISCHE (PIS)	

Bitte beachten Sie: Zählen Sie die Zeichen durchgehend weiter, d. h. Nummer 1 folgt direkt auf Nummer 12.

ERMITTLUNG IHRES MONDZEICHENS MIT OBIGER TABELLE

Der Mond durchschreitet jedes Tierkreiszeichen in etwa 2¼ Tagen und vollendet einen Tierkreis in etwa 27 Tagen. Alle 19 Jahre kehrt er zu der gleichen Position im Tierkreis zurück. Dieser Zyklus ermöglicht die Erstellung von Tabellen, aus welchen Sie Ihr Zeichen ermitteln können. Dazu nehmen Sie zuerst Tabelle 1 zur Hand und stellen fest, in welchem Zeichen sich der Mond am ersten Tag des Monats Ihrer Geburt befunden hat. Dann nehmen Sie Tabelle 2 und ermitteln die Anzahl der Zeichen, die Sie durch den Tierkreis (Tabelle 3) zählen müssen, um herauszufinden, in welchem Zeichen der Mond an Ihrem Geburtstag stand. Wollen Sie ermitteln, in welchem Zeichen sich der Mond an einem beliebigen Zeitpunkt befindet, gehen Sie genauso vor. Diese Methode ist in den meisten Fällen relativ genau, wenn die Eigenschaften des ermittelten Zeichens jedoch nicht mit den Ihren übereinstimmen, könnte der Grund dafür sein, daß Ihr Geburtstag auf einen Tag fällt, an dem der Mond das Zeichen wechselt. Lesen Sie bei dem vorangehenden bzw. folgenden Zeichen nach, um festzustellen, ob eines der beiden passender ist.

Beispiel 1:
Jemand wurde am 12. Oktober 1975 geboren:
Aus Tabelle 1: Am 1. Oktober 1975 stand der Mond im Löwen.
Aus Tabelle 2: 12. Tag bedeutet, man muß fünf Zeichen weiterzählen.
Aus Tabelle 3: Fünf Zeichen weiterzuzählen bringt uns zu Steinbock – dem Mondzeichen dieser Person.

Beispiel 2:
Der berühmteste russische Ballettänzer des 20. Jahrhunderts wurde am 17. März 1938 geboren. Wenn Sie wie oben vorgehen, werden Sie herausfinden, daß sein Mondzeichen die Waage ist – das Zeichen perfekter Harmonie (die betreffende Person ist Rudolf Nurejew).

REGISTER

Körper und Geist 103
Partys 105

Register